スピノザの政治思想

◆デモクラシーのもうひとつの可能性

Baruch Spinoza

柴田寿子［著］

未來社

スピノザの政治思想　目次

第五章　スピノザ主義者は「自由主義《リベラリズム》」の何を批判するか

凡　例

一、スピノザの著作＊および頻繁に引用、参照される古典的文献は、全文を通じて下記のような略記法を用いて註記した。書名の略記号以下の数字は、順に、章あるいは部（および節がある場合は節）、原書のページ、である。なおスピノザの著作には邦訳書のページも漢数字で付記した。

〈例〉（TP. V-4, 296, 五九）→*Tractatus Politicus*. Caput V, §4, p. 296, 畠中尚志訳『国家論』岩波文庫、五九頁。

（E. IV pro. 37 sch. 2, 237, 下四九）→*Ethica Ordine Geometrico Demonstrata*. Pars IV propositio 37 scholium 2, p. 237,（畠中尚志訳『エチカ——倫理学——』岩波文庫、下巻四九頁）

＊*Spinoza Opera*, im Auftrag der Heidelberger Akademie der Wissenschaften, herausgegeben von Carl Gebhardt, Carl Winters Universitaetsbuchhandlung, Heidelberg, 1925.

KV.→*Korte Verhandeling van God, de Mensch en des zelfs Welstand*.（Bd. I）（畠中尚志訳『神・人間及び人間の幸福に関する短論文』岩波文庫、一九五五年）

RD.→*Renati Des Cartes Principiorum Philosophiae, Pars I, & II./Cogitata Metaphysica*.（Bd. I）（畠中尚志訳『デカルトの哲学原理　附　形而上学的思想』岩波文庫、一九五九年）

TIE.→*Tractatus de Intellectus Emendatione*.（Bd. II）（畠中尚志訳『知性改善論』岩波文庫、一九三一年、改訳版一九六八年）

E.→*Ethica Ordine Geometrico demonstrata*.（Bd. II）（畠中尚志訳『エチカ——倫理学——』上・下、岩波文庫、一九五一年、改版一九七五年）def. ＝Definitio（定義）、axi. ＝Axioma（公理）、pro. ＝Propositio（定理）、cor. ＝Corollarium（系）、dem. ＝Demonstratio（証明）、sch. ＝Scholium（備考）、lem. ＝Lemma（補助定理）、等。

TTP.→*Tractatus Theologico-Politicus*.（Bd. III）（畠中尚志訳『神学・政治論——聖書の批判と言論の自由——』上・下、岩波文庫、一九四四年）

TP.→*Tractatus Politicus*.（Bd. III）（畠中尚志訳『国家論』岩波文庫、一九四〇年、改版一九七六年）（筆者は『政治論』と訳し、頁数は一九四〇年版で示した）

Ep.→Epistolae. (Bd. IV)（畠中尚志訳『スピノザ往復書簡集』岩波文庫、一九五八年）

PM.→Johannes Althusius, *Politica Methodice digesta atque exemplis sacris & profanis illustrata*, 3. Auflage, Herbornae Nassoviorum, 1614, Scientia Aalen, 1961.

JBP.→Hugo Grotius, *De Jure Belli ac Pacis*, accompanied by an abridged translation by William Whewell, Cambridge, 1853.（一又正雄訳『グローチウス　戦争と平和の法』巌松堂書店、一九四九年）

Lev.→Thomas Hobbes, *Leviathan*, edited by William Molesworth, English Works Vol. 3, Scientia Aalen, 1962.（水田洋・田中浩訳、ホッブズ『リヴァイアサン』世界の大思想、河出書房新社、一九六六年）

CS.→Jean-Jacques Rousseau, *Du Contrat Social*, Œuvres Complètes de Jean-Jacques Rousseau, III, Pléiade, Gallimard, 1964.（作田啓一訳『社会契約論』ルソー全集　第五巻、白水社、一九七九年）

WM.→Friedrich Nietzsche, *Der Wille zur Macht*, Gesammelte Werke, Bd. 18 u. 19, Musarion-Ausgabe. 1926.（原佑訳『権力への意志』上・下、ニーチェ全集12、13、ちくま学芸文庫、一九九三年）

二、本文中で参照ないし引用される右記以外の文献は、著者、初版刊行年、参照箇所の（ページ数あるいは章・節など）順に下記のような略記で示した。なお、初版発行年を明記し難い文献は、使用した版の刊行年を示した。書名、雑誌名等の詳細は巻末の文献表を参照されたい。

〈例〉（Deleuze 1968, p. 235）→Gilles Deleuze, *Spinoza et le problème de l'expression*, Minuit, 1968, p. 235.

三、（　）は当該文献の著者による補足ないしは原語、〔　〕は本著者による補足説明である。引用文中の傍点は特に断りのないかぎり当該文献の著者のイタリックなどによる強調である。

四、邦訳文献はできるかぎり参照したが、訳語は変更した。

スピノザの政治思想

――デモクラシーのもうひとつの可能性

装幀——岸顯樹郎

はじめに

〈スピノザの抑圧と復活〉

知の歴史を画するような異端的な思想のなかには、その本質が継承されないまま久しく忘却され、その後何十年、何世紀を経た異なる時代、異なる社会において、再び人々の注目を集める営みがある。デカルト哲学やホッブズ政治論とともに近代初期の最良の理論的遺産でありながら、「屍と化した犬」のように全く忘れ去られ、その後一世紀を経たドイツ古典哲学期に「スピノザ・ルネサンス」として思想界の争点となって再登場するスピノザ哲学は、こうした営みの典型だろう。デカルト哲学やホッブズ政治論のように、革新的な思想として登場しながらその後西欧近代思想の主流となって脈々と受け継がれ、歴史の表舞台をつくってきた思想は「連続」と「継承」という視点から語るにふさわしい。しかしスピノザの哲学のように、つねに西欧思想のなかの異端であり続ける思想は、「不連続」と「復活」によってしか語りえない。

スピノザと同じユダヤ人であるベンヤミン（一八九二―一九四〇）は、時代と人間がひたすら連続的に進歩していくという近代啓蒙主義の進歩的歴史観に反対して、「歴史がそこに集中しているひとつの焦点」があり、その諸要素は「このうえない危険にさらされ、このうえなく悪評たかく嘲笑された作品や思想として、つねに現在の奥底ふかくに埋もれている」(Benjamin 1915, S. 75) と語った。スピノザ思想のように、「抑圧」されることによって「不連続」と「復活」の運命をたどる思想は、まさに歴史の底ふかく埋もれてしまった「廃墟」であり、また歴史が新しい思想を必要としたとき、人々がそこにたちもどる「焦点」のひとつでもある。こうして永遠性のなかを疾走し続けるスピノザは、現代の私たちの前に再び立ち留まって何を語ろうというのだろう。

一九六〇年代後半からフランスを中心に起こったスピノザ哲学研究の興隆は、「スピノザ・ルネサンス」とも呼ばれ、スピノザのテキスト、なかでも『エティカ』を中心とした詳細なテキスト・クリティークやそれにもとづくスピノザ哲学体系の新解釈が次々と生み出された。それとともにスピノザ研究の様相は一変され、必然性による単純決定論、一元的全体論、永遠の相の下の静止的体系、悟性的非弁証法的方法等々の、スピノザ哲学にかんする旧態依然とした解釈は一掃された観がある。(1) 古い革袋として廃棄されたそうしたスピノザ解釈のほとんどが、ヨーロッパ啓蒙思想およびヘーゲルを代表とするドイツ観念論によってレッテル貼りされたものであることを考えれば、スピノザへの眼差しの変化は、近代哲学の再検討や西欧思想史全体にわたる再構築の歩みを思想的に象徴している。

実際、スピノザ研究の活況は「ポストモダン」と呼ばれる現代思想の活発な動向と歩みをともにし、新しく捕捉しなおされたスピノザの哲学は、西欧形而上学およびその正統な嫡子としてのデカルト、ホッブズ、ヘーゲルなどの近代哲学や人間論のオルタナティヴとして注目されている。こうした傾向をいちはやく萌芽的に示した一例は、ヘーゲル主義的歴史主義のオルタナティヴとしてスピノザの「読解」をすすめていたアルチュセールにあり（Althusser 1965）、そこにはマルクス主義およびコミュニズム運動の再生という明確な政治的意図が潜在していた。その後アルチュセール学派のバリバールやマシュレらによるスピノザ研究の進展と相まって、「差異の哲学」を掲げるドゥルーズらがスピノザをニーチェ主義の側面からも読み込み、形而上学や方法論ばかりかスピノザの感情論や認識論をも「ポストモダン」の構図で再読しようと試みた結果、スピノザの再評価は哲学上の新解釈にとどまらず、社会的政治的メッセージを明確に放つものとなった。スピノザ哲学の特異性は、個人や集団や社会における、より自由な共同と解放のイメージと結びつけて語られるようになったのである。

たしかにスピノザの形而上学は、相互に他者であり続ける併存性・多元性と相互内在的な必然性・統合性とを、対立させず、どちらかがどちらかに止揚・消去しあうこともない稀有な体系をなしている。そこでは、人間を含む無限に多様な有限存在（様態）や無限に多様な存在様式が相互に関係しあいながら、個的な特殊性が抽象的な全体性に解消されることはない。しかもそうした様態の一回性や相互の多様な関係の力動性を合理性や必然性として根源的に肯定しているものこそ、能産的自然としての神＝実体であり、どのような個的存在のどのような存在様式にも普遍的法則性＝無限性が内在している。しかも、無限な実体は有限な様態にとってはあくまで他者であり続けるため、諸様態に内在する実体がある種の閉域を形づくることはなく、むしろ様態の運動を無限に開いていく。こうしたスピノザ哲学の体系からは、社会的個人や集団にかんしても新しい自由と共同の可能性を見出す理論が展望されうるだろう。しかし、スピノザ哲学や倫理学の研究の進展に比して、スピノザの政治・社会理論にかんする具体的で本格的な研究は多くはない。それはスピノザの政治論や宗教論が哲学のたんなる補論や付属物とみなされる傾向が強く、スピノザの政治・宗教論にかんするテキスト・クリティークが乏しいこと、また政治・社会思想史の分野でのスピノザにたいする関心がきわめて薄かったことなどに起因する。

本書は、新しいスピノザ研究の方向性を批判的に摂取しつつ、新しいスピノザ像にふさわしいスピノザの政治思想の内容とその現代的意義を明らかにすることを目的としている。なお理論的作業をすすめるさいに筆者がとった参照点は、西欧政治思想史および政治哲学にあり、ネーデルランドにおける政治思想のパラダイムや西欧政治思想史全体の流れのなかで、スピノザの政治・宗教論が、同時代およびそののちの思想とどのような併存と偏差の関係にあるかを探究する視点をとった。ユダヤ人スピノザは、西欧哲学史あるいは西欧政治思想史上の主流には組み込まれえず、異端として理論的に整理不可能な位置にあり続けるがゆえに、スピノザが当時の西欧政治思想をどのように捕捉しつつ転換したか、また逆に西欧近代の政治思想がスピノザの何を見落とし何を無意識的に「抑圧」したのかを明らかにする作業は、西欧近代政治思想が一種の精神分析を受ける場面でもある。(2) それによって、西欧政治思想史そのものがスピノザ的な視点から新たに読み替えられ、再構築される可能性の一端が見出され、現代思想が何を再びスピノザに求めているのか、なぜいま私たちがスピノザに心ひかれるのかという問題の一部に、ささやかな解答を提示することができるのではないだろうか。

〈リベラル・デモクラシーのオルタナティヴ〉

ところで、スピノザ・ルネサンスの洗礼を受けたネグリやバリバールら「スピノザ政治論解釈の第二世代」と呼ばれる人々が、『神学政治論』や『政治論』の再検討によって、スピノザは社会契約論者ではないと主張し、それに代わる政治原理として大衆（multitudo）の提示をもって口火をきったことは興味深い。たとえばネグリによれば、ホッブズの社会契約論は、資本主義的な占有を政治的法律的形式としてあらわしたブルジョア・イデオロギーであり、自然権の放棄と権威主義的な主権への服従を先験的に正当化する絶対主義的な有機体説である（Negri 1981, p. 110）。またルソーのように個人と普遍とのあいだに弁証法的な契約を設定する方法も、人民の創造性を人民の従属へと逆転させる点で、国家に関するブルジョア・イデオロギーの神秘化を招く（ibid., p. 113）。

これにたいしスピノザが真の政治的主体として提示するのは、主権としての既成力（potestas）ではなく、大衆（multitudo）の潜在力（potentia）である、とネグリは主張する（ibid., p. 140）。社会契約論にたいするこうした否定的評価は、アルチュセールによるルソー解釈以降に現れた「ポストモダン」と呼ばれる論者のディスクールの随所に共通してみうけられる。こうした社会契約論の把握は一面的であり、また、反社会契約論者としてのスピノザの社会理論を浮き彫りにしようとする彼らの議論の根底には、資本主義からの集団的解放というユートピアや、大衆の力を最終審級とみなすマルクス主義的運動論の構図が横たわっている。それは、バリバールらが内在主義的に他者を止揚してしまうヘーゲル弁証法を批判し、外部の他者の現実性を消去しないスピノザの実体の方法を高く評価しつつも、その外部を性急に大衆の力と同一視する傾向にも表れている（Balibar 1985）。こうしたマルクスないしマルクス主義とスピノザとの性急な接合は、スピノザの理論のなかに歴史的主体という集団形成や集団的解放運動を読み込む点で、スピノザ解釈としての妥当性を問われる必要がある。しかし、こんにち多くの国家の原型となっている資本主義的な国民国家とは原理を異にする、人間の共同性の新しいあり方をスピノザ政治論のなかに見出そうとする彼らの問題意識そのものは、積極的に受けとめられるべきだろう。

モダニティを形づくってきた政治的社会的諸原則の再検討と、スピノザの再読解という作業をある意味ではパラレルに考える彼らの眼差しは、ある局面でスピノザの眼差しと重なり合う。スピノザは、西欧近代の歴史的起点において、まさに構成されようとしていた政治社会秩序を冷徹に見つめ、その基本原則であるリベラル・デモクラシーや近代道徳がその後超越的に設定していく数々の規範性――自然法、権利、主権、主体、自由、平等――の幻想的抑圧的作用を哲学的に解体しつつ、それらの実質的意義と有効性をいかに継承し変容するかを思考したからである。こうした意味では、スピノザのデモクラシー論を西欧政治思想において主流を占めるリベラル・デモクラシーにたいするオルタナティヴとして提示することは、本書全体を貫くモティーフでもある。しかしそのオルタナティヴとは、スピノザにとっても筆者にとっても、当時の西欧近代政治思想のなかに胚胎し成長しつつあったリベラル・デモクラシーと、敵対と闘争の関係にあるものではない。たしかにスピノザは、当時の西欧政治思想の最良の知的伝統である社会契約論や共和政論における諸概念を、独自の哲学的視点から定義しなおすことによって、より現実的な基盤と水準から構成しなおす作業をおこなっている。そして「スピノザ政治論解釈の第二世代」が強調する「大衆（multitudo）」による力動的な権力の形成システムが、その現実的基盤の重要なポイントのひとつとなっていることは言うまでもない。しかしスピノザは、当時のネーデルランドにおける社会契約論や共和政論のディスクールを、自己の哲学的見解を基準に否定したり廃棄したりせず、むしろ変形させつつその現実的機能を肯定的に継承している。従来の政治思想史研究が、スピノザの政治思想をリベラリズムの古典とみなし、ホッブズやロックやルソーの政治論と類似はしているが、それには及ばない不可思議な亜流だと位置づけたのも、そうしたスピノザの戦術の一面での成功と一面での失敗を物語っている。

スピノザは当時の社会契約論や共和政論を特異な読み方で換骨奪胎してはいるが、それにたいして全く新しい自己の哲学や政治的ヴィジョンを対置するというよりも、社会契約論や共和政論をより根底的逆説的な水準から構成しなおすことによって、既存のパラダイムがおのずからより寛容で多元的な、また自由で力動的なデモクラシー論へと転換される必然性を示しているようである。そうした現実主義的認識こそ、政治の領域におけるスピノザの哲学的実践である。それゆえスピノザの政治思想は、その後二十世紀にいたるまで西欧で主流をなしていくリベラル・デモクラシーの哲学的諸原則とは異なる形而上学や認識論にもとづくものではあるが、ある種の局面においてはリベラル・デモクラシーの政治論やその現実政治における機能と共働するパースペクティヴをもちつつ、それを批判的に修正する視点を提示できる。こうしたスピノザにおける形而上学と政治論、あるいは哲学とリベラル・デモクラシーとの関係は、現代的なリベラリズムの視点から見ても、興味深い方向性として評価され始めている。たとえばフェミニストであるゲーテンスやロイドは、個人対共同体、あるいはリバタリアニズム対コミュニタリアニズムという対立を越える、新しい相互性の原理を提示する政治哲学としてスピノザの議論に注目し、スピノザと類似した方向性をとる論者として、孤立した個人から社会を構成するのではなく共同体的で道徳的な個人および個人を支える全体論的存在論を設定し、全体論的存在論と個人主義的政治論を融合させるC・テイラーを挙げている（Gatens & Lloyd 1999, pp. 132–134）。

本書における具体的な理論作業も、まず社会契約論とシヴィック・ヒューマニズムという、近代初期における代表的な二つの秩序形成のパラダイムとスピノザの政治論・国家論との偏差を検討することから始められている。この二つのパラダイムは十七世紀西欧の政治思想を席巻したばかりか、その後も久しくさまざまな割合とヴァリエイションで並列・補足・結合しあいながら、近代国民国家論およびそれと深く関係するリベラル・デモクラシーの理論の骨組みを形づくっていく。

第一章では、社会契約論の確立者であり、スピノザが政治論を思考するうえで最も多くを負った思想家の一人であるホッブズの社会契約論を、スピノザが独自の改鋳によってどのようにデモクラシー論へ転換したかを論じる。第二章では、スピノザの思想がフランスで継承されていった思想史的経緯を追いながら、一般にヨーロッパ的啓蒙と呼ばれる思想構造とその源泉のひとつと言われるスピノザ思想とが、実はどのように不連続な関係にあったかを浮き彫りにする。それによってルソーの社会契約論とスピノザの国家論との同一性と差異性がどのように生じていくかを明らかにする。第三章では、当時のネーデルランドにおける人民主権論、なかでもアルトゥジウスやグロティウスの国家論と比較検討しながら、スピノザの大衆論の独自性を検討し、同時にアリストテレスやマキァヴェッリに発するシヴィック・ヒューマニズムや共和政論と、スピノザのデモクラシー論がどのように異なるかを検討する。

こうした理論的作業をおこなうさい、スピノザの残したテキストとともに、当時の歴史的政治的状況や他の政治思想家群との連関を必要に応じて参照した。テキスト相互間ないしはテキストと歴史的現実との相互間を理論的に架橋する作業を、思想史研究者の主観的で恣意的なフィクションとみなし、スピノザという著作者の一主体や一テキスト内の統一的整合性の設定さえ慎重に避ける思想史の方法もあるが、筆者はそうした方法論的立場をとっていない。もちろん観念や思想は、政治や経済やさらにもろもろの要素を含んだ社会的諸関係や歴史的状況とはあくまで異なるものであり、どちらか一方を他方の起源や根拠とみなす還元主義的な方法論は避けられるべきである。しかしあるテキストは、テキストそれ自体として空《クウ》に存在するものではなく、それが過去にテキストたらしめられた歴史的な現実的基盤に、そして今またそれがテキストたらしめられている現実的基盤に支えられて存在している。テキストを読む者にとっては、そうした現実的基盤は捕捉しがたい「外部」にありつづけるのだが、困難であろうとも「外部」からの声にできるかぎり耳を傾ける必要がある。歴史と社会と思想における多様で異質な諸要素間に無数の裂け目があろうとも、その偶然的な連動性や躍動感を、昇華され再構成された理論的連関性として提示するよう努力する他はない。

そして古典的思想家自身も、そうした方法でテキストを読んだに違いない。例えば本書第一章第二節「スピノザはホッブズをどう読んだか」という標題には、そうした意味あいがこめられている。もちろん永く歴史に名を残す思想家の天才的な読みと筆者の読みとのあいだには雲泥の差があるが、そうした全く異質なパースペクティヴがなんらかの視点の重なりをもったとき、私たちはその思想家の思想を自分たちにとって魅力的で意味あるものと感じ、また古典的テキストが多くの人々によって共通したパースペクティヴで読まれたり才能ある読み手によって再読された場合には、その思想は歴史的な復活を果たすことになるのだろう。古典的思想家のテキストはそうしたあまたの遠近法的な読みを可能にする無尽蔵の鉱脈である。

〈政治と宗教・政治と哲学〉

こうした意味で筆者は、十七世紀において歴史と社会と思想が架橋された場面をよりリアルに示すテキストとして、思想家による聖書の読みに注目した。第四章では、スピノザ、ホッブズ、アルトゥジウスの聖書解釈を比較分析しつつ、ヨーロッパ近代社会を生成させたエートスとして最重要視されるカルヴィニズムの理論を参照しながら、スピノザ独自の権力観が立ち上げられる日常的社会意識の現場に迫ろうと試みた。聖書解釈によってスピノザは、社会契約論も共和主義的な徳論も宗教も、それぞれ分離されながら相同的に併存し、ともにミクロな権力の場で相似の機能を果たすという機構を明らかにし、同時に社会契約論を社会経済的システム論へと結合しつつ、マキァヴェッリ、ハリントン、モンテスキューなどに連なる政治権力の解析方法を開拓していく。

第五章、第六章では、第四章までに論じられたスピノザ政治思想の具体的内容をうけて、スピノザによるリベラル・デモクラシーの批判と再構築を、より一般的抽象的な政治哲学のレベルで検討する。第五章では、自由主義がその政治哲学の基礎に据えている「自己自身あるいは我々自身である」というアイデンティティの自由にたいして、スピノザ哲学にもとづいてどのような批判が展開されうるかを論じる。自由主義《リベラリズム》におけるアイデンティティとしての自由とは、具体的には、個人における欲望・選好・意志・道徳・理性における自由、あるいはそれらが階級・国家・民族などの集合意識として成立するさいの自由であり、それらをスピノザは、「私」の「身体＝精神」の場をめぐって機能する社会的権力の諸相として批判的に分析する。それは、スピノザ独自の差異を基礎づける実体の形而上学にもとづいて可能となった批判的視点である。そうした批判的検討を経てはじめて、社会的権力が政治的抑圧や隷属の方向に働くことを阻止し、逆に近代自由主義が政治理論として蓄積してきた、思想・信条の自由や寛容の保証、法治主義や権力のチェック・アンド・バランスなどの政治的諸原則および諸制度を進展させ、さらに人々の実質的な差異を配慮しうる政治的諸制度へと改良しうると、スピノザは考えていた。こうした政治的社会的環境を整えることこそ、人々が真に自由な境地に達するための客観的条件となるからである。

第六章ではそれまで展開した本書全体の内容をまとめつつ、スピノザ独自の差異を基礎づける実体の形而上学に依拠すれば、自由主義的政治思想が論じてきた平等とデモクラシーにたいしどのような批判的議論が展開可能なのか、またスピノザが設定しなおす実質的差異にもとづく同等性と新たなデモクラシーの理論的射程とは何かを論じる。スピノザによれば、デモクラシーとは、その時々に大衆が形成する表象体系とそれに伴う権力の結集システムの必然的運動を最も明示的に現出させうる政治体制である。それゆえスピノザは、大衆によって形成されるそうした表象と力の体系を、多様性としての自然権と万物に共通する非排他的な理性の力へと変換する可能性を展望し、その結果彼は、その後の西欧近代政治思想史において自然権論とシヴィック・ヒューマニズムが共同して設定していく平等やデモクラシーの概念の限界性を先取的に批判することになる。なお以上の第五章、第六章ではスピノザ自身のディスクールを詳細に追うことよりも、いくつかの近・現代思想から逆にスピノザの思想に光をあてることによって、スピノザの政治思想・政治哲学の現代的意義を推理しようと試みている。従来の政治思想史の方法に共感をもつ方は第一〜三章から、近代における聖書の再解釈やプロテスタンティズムの政治的意味に興味のある方は第四章から、現代思想を標準点とされる方は第五、六章から先に読まれることを期待するが、章の配列は問題が順次、政治の表相から深相へ深化していく過程にそったものである。

なおスピノザの哲学や倫理学自体を論じることは目的としていないが、政治や社会を論じるさいにときおり顔をのぞかせるスピノザ哲学の特異性とその機能についてはそのかぎりで論じている。そもそもスピノザの議論においては、政治と宗教が、そして政治と哲学が奇妙な併存状況にある。スピノザは、政治的事象に関する理論や議論を哲学や神学や科学の帰結や応用とみなすことはなく、また政治的領域において哲学や神学や科学を規範やユートピアとして立ち現われさせることもしない。哲学は政治化されず、政治は哲学化されない。こうした政治と哲学の関係づけは、ギリシャ以来の西欧政治思想の伝統における認識と大きく異なるスピノザの思想の特異性であり、スピノザの思想における寛容と自由を保証する要のひとつとなっている。しかしスピノザにおいて政治と哲学が無関係であったり、政治がたんにプラグマティックなものであるわけではない。スピノザの哲学によれば、まず政治的領域における実践や理論や制度は、そうした諸様態に変容したかぎりでの実体＝神＝自然であり、その諸生起は必然性の秩序をもつが、その秩序を遍く永遠の相のもとに確知することは人間には不可能であり、しかも人間は自然を支配できるどころか、その力に無限に凌駕され隷属した受動の状態にある。しかしスピノザ哲学の目的は、さまざまな局面でこの神を認識することであり、それによって受動を能動に転換することにある。つまり政治的領域のさまざまな事象や理論や表象の連鎖を探究する者にとって、神＝自然を認識する場面とは、従来の政治理論にそって諸事象を連結していったとき、その理論的秩序化を外から寸断し凌駕し従属させるような全くの他者でありながら、秩序全体を根拠づけるような必然性がかいまみられた時ということになるだろう。

実際スピノザは、既存の社会契約論や共和制論や徳論や聖書物語《ヒストリア》などの政治的エクリチュールの要点を適確に摂取しながら、現実にはいつもそれを外から規定している必然的な大きな力と法則をかいま見ることによって、旧来の概念を定義し直し、より寛容で自由な政治的エクリチュールの解釈と実践への可能性を押しひろげていく。あたかも表象としての受動的認識が理性としての必然的で自由な認識へ転換されていくようにである。政治論にとって哲学とは、抽象的な法則や規範として自己を規制するものではなく、具体的経験的な場面で、言わば自分にとってまったく見ず知らずの外部から突然訪れて「光」を放つものであり、しかもそれは実はすでに自己自身の「闇」として存在していたものである。それゆえ本書全体を通して、スピノザ政治論・宗教論の独自性、スピノザの哲学の独自性、そして彼をとりまく環境や歴史の特殊性が、相互前提的に関係し合いスピノザ思想が織りなされていくプロセスを、できるだけダイナミックに描くよう努力した。

しかしもちろんそのような目論見が充分果たされているとはいえない。どの問題もより緻密で詳細に論じることは可能であるし、政治論の分野に限っても重要な問題がふれられることなくいくつも残されている。国家論を論じる以上、それと対関係にある国際関係論や外交論は欠くべからざる要素であり、グロティウスをはじめ著名な国際法学者を輩出するオランダで、国際関係論の占める意義はことさら大きいだろう。またスピノザに限らず十七世紀の西欧思想一般について言えることだが、自然科学や数学、さらには人類学や言語にかんする認識は、人間や社会を論じるうえで重要な役割を果たしている。このように果たされない課題を数え上げ始めればきりがないことだが、なによりも本来扱うべきでありながら本書で充分扱うことのできなかった問題は、歴史《ヒストリア》と政治との関わりである。スピノザの時代、歴史《ヒストリア》は聖書物語《ヒストリア》やローマ史の解釈という形態で論じられるが、本著で扱った聖書解釈は、普遍的宗教や社会契約論といった社会認識や国家形成論と係わる部分や視点からの考察に限られている。シヴィック・ヒューマニズムのパラダイムも、本来ポーコックが十七世紀のイギリス政治思想における歴史意識と法論・政体論・社会規範などとの複雑な絡み合いを切り口に抽出したパラダイムである以上（Pocock 1971, p. 80）、契約論や主権論および政治機構のような水平方向の分析視角とのからみあいだけで論じることは不可能である。また、スピノザ哲学の究極の到達点が、継起的時間や空間を越えた永遠の相のもとにおける認識である以上、スピノザにおける歴史《ヒストリア》の位置づけや内容を検討することは、彼の理性や直観知などの内容にも新たな意味づけを与えることにもなるだろう。しかし歴史の問題を問うことは、フランス革命以降の歴史認識の変化や、それにともなう政治や社会にかんする認識パラダイムの変化との関わりや相違を考えることなしには不可能であろう。そうした検討をもってはじめて、ドイツ観念論におけるスピノザ・ルネサンスやマルクスとの接合、さらにはその後のゲルマン人とユダヤ人との複雑な文化的葛藤を経て、ハイデガーやシュミットにおいて総括を迎えるような、一連の「スピノザ主義的な」思想的系譜を語ることができるだろう。こうした系譜におけるスピノザ的な問題構成の抑圧と復活については、筆者はまた稿をあらためて検討したいという希望をいだいている。

註

（1）通常、フランスのスピノザ・ルネサンスにおける記念碑的作品とみなされるのは、Martial Gueroult, *Spinoza : Dieu*, Aubier 1968, *Spinoza : L'âme*, Aubier, 1974. Gilles Deleuze, *Spinoza et le problème de l'expression*, Minuit, 1968.

（工藤喜作・小柴庸子・小谷晴勇訳『スピノザと表現の問題』法政大学出版局、一九九一年）。Alexandre Matheron, *Individu et communauté chez Spinoza*, Minuit, 1969. Pierre Macherey, *Hegel ou Spinoza*, François Maspero, 1979.（鈴木一策・桑田禮彰訳『ヘーゲルかスピノザか』新評論、一九八六年）である。なお日本でも、スピノザ哲学がドイツ古典哲学、なかでもヘーゲル哲学による定式化を通じて流布されたことにより、スピノザ解釈に一定の偏りが生じたことについては、たとえば、Hiroshi Saito, Spinozism and Japan, in *Speculum Spinozanum 1677-1977*, Routledge & Kegan Paul, 1978, pp. 442-454. における指摘がある。

（2） スピノザがユダヤ教を破門されたユダヤ人である以上、たとえばユダヤ思想の側からスピノザ思想の「不連続」を跡づけることも可能であり、また偽装改宗を余儀なくされたユダヤ教徒「マラーノ」という「周縁的でハイブリッドな歴史集団」のもつ規定性から、スピノザの思想とその継承を考えることもできる。後者のような研究の近年の代表例として、近代化以降の主要な西欧諸思想とスピノザ思想とを繋ぐ数々の鉱脈を、「マラーノ」の理性化として読み解くヨベルの研究がある。Yirmiyahu Yovel, *Spinoza and Other Heretics*, vols. I, II, Princeton University Press, 1989.（小岸昭、E・ヨリッセン、細見和之訳『スピノザ　異端の系譜』人文書院、一九九八年）。

文献学的にいえば、イスラエルのゼーヴ・レヴィ（Ze'ev Levy, *Baruch or Benedict: On Some Jewish Aspects of Spinoza's Philosophy*, Peter Lang, 1989）が指摘するように、十九世紀中葉にスピノザの初期草稿『神・人間および人間の幸福に関する短論文』が発見されたことにより、スピノザと近代西欧思想よりも、スピノザとユダヤ思想との類似性、関連性を学問的に確定しようとするモティヴェイションは強まった。『短論文』をみると、超越的な人格神の否定、内在的必然的に運動する唯一実体としての神＝自然、目的因や自由意志の否定、思惟と延長・身体と精神の同等性・平行性など、スピノザ独自の哲学体系はすでに出来上がっていたことがわかる。とするとスピノザがユダヤ教を破門されたのちに親しむようになった、コレギアント派［寛容で教会組織をもたないオランダ新教セクト］やデカルト左派の人々、あるいはラテン語を介したデカルト、ホッブズらの近代哲学からの影響は、かなり差し引いて考えなければならなくなるからである。筆者にはユダヤ思想・哲学の側からスピノザ思想を論じる素養がないが、しかしいずれの思想史の側に理論的立脚点をおいたとしても、スピノザ思想とスピノザ的モメントは、いつもしっくりと整理しきれない不思議な「不連続」として現れるに違いない。

第一章　スピノザと社会契約論
——大衆の力の構成としての社会契約論

第一節　スピノザとその時代

1　境界人《マージナル・マン》として生きる——漂流する哲学者

後世に名を残すような著名な思想家の多くは、第一級の教育を受けられるような好環境に育ったり、あるいは生い立ちは恵まれなくとも功なり名を遂げた後は、著名な知識人、大学人、王侯貴族、体制側・反体制の大物といった人々と交わり、そうした人々が構成するなんらかの社会集団に属して活躍している。しかしスピノザは終生どのような集団にも帰属せず、たび重なる迫害を迫害とも思わず、一人もの静かに、淡々としかも喜びにみちた開放的な生活を送り、四十四歳の生涯を人知れず閉じた。(1)

スピノザの祖父と父は、ポルトガルから迫害されてネーデルランド〔現在のオランダ〕に定着した改宗ユダヤ人「マラーノ」〔豚を意味する蔑称〕の一族であり、スピノザは生まれながらに離散《ディアスポラ》と無国籍の運命を背負っていた。

当時のネーデルランドは鎖国時代の日本の貿易相手国だったことからもわかるように、世界一の商業発展と海外植民を誇る黄金時代にあった。それを支えたのは当代一といわれた宗教的寛容の風土と科学の発展であり、その文化的水準の高さは、光と影の画家レンブラントをはじめとする数々の著名な画家の名とともに知られている。栄光のオランダを象徴する中心地アムステルダムは、近代国家に先駆けて発展した近代諸都市のなかでも最大級の規模を誇る「光」あふれる場所だったが、その「影」をなすスラム街の一角に、「光」を支えたユダヤ商人たちが礼拝堂（シナゴーグ）を精神的絆として群居していた。そのなかの比較的裕福な一ユダヤ商人の二男として生まれたスピノザは、ユダヤ人街とユダヤ律法学院で育った。

才気あふれるスピノザは、当初ユダヤ共同体のエリートとして期待され、ユダヤ教哲学やカバラなどを学んだ後、家業である商売に就いた。商人としての彼は、世界中の金品と文化を運ぶオランダ貿易商や、世界の印刷所を自認した開明的なオランダ出版・書籍商とも交流をもち、近代科学や古代以来の西欧哲学をも精力的に吸収するようになった。その後彼は二十四歳でユダヤ教団から破門された。当時の破門とは、「彼に四キュビト（約二メートル）以上近づいてはならない」という破門状が示す通り、教会ばかりか共同体そのものから完全に排除され、生活も生命も保証されないことを意味した。ユダヤ人のスピノザにはオランダの市民権さえなく、彼は住居・財産剝奪、縁故隔絶の身のままネーデルランド国内を放浪する身となった。

しかしその後も彼は、キリスト教に改宗することもなく無宗派・無宗教を通し、生涯伴侶も家族も定職ももたなかった。同時代においてもその後の歴史においても、追いつめられたユダヤ知識人がたび重なる改宗と悔悟と自己分裂のはてに、破滅していった例が数多くあることを思えば、スピノザのそしてスピノザ哲学の不思議な強さを思わずにはいられない。しかも彼はけっして孤高でも孤独でもなかった。スピノザはネーデルランド政府高官と政治について論じる政治学者であり、コレギアント(2)と呼ばれるきわめて寛容な宗派を問わない聖書講読サークルのレクチャラーであり、当時のハイテクであるレンズを磨く先端技術者だった。無神論者と非難されるスピノザを金銭的に援助したいと申し出るコレギアントの友人たちをはじめとし、著名な思想家、科学者、外交官から大学生や一般庶民にいたるまで、国の内外を問わずスピノザを訪ねて来る者は数多く、研究時間を確保するために喧騒を避けて何度も引っ越しせざるをえないほどだった。

人間社会には、民族・言語・信仰・信条・生活・慣習・利益などそれぞれ独自の特質と目的の下に求心力をもって人々を集合させ、それによって一定領域を形成する大小さまざまな共同体、共同性がいつの時代にも存在している。しかしそのような共同体に自己を同一化することなく、共同性の領野の狭間にとどまりながら排他的でも孤独でもなく、国・宗派・階層・職業を問わずさまざまな人々とコミュニケートしえたスピノザのような生き方を貫く人物は「境界人《マージナル・マン》」と呼ばれる。こうしてユダヤ人として漂流していた商人は、漂流する哲学者となった。その哲学者が境界からみた光あふれるネーデルランドの政治とは、どのようなものだったのだろうか。

2　ネーデルランドにおける分権主義的共和政の伝統

すぐれた政治思想のすべてがそうであるように、スピノザ自身がネーデルランド共和国（De Republiek der vereenigde Nederlanden）の直面する政治課題と独自のしかたで格闘した思考の形跡が、スピノザの政治論のなかにも少なからず残されている。スピノザは『政治論』のなかで理論的な課題を追求すると同時に、ネーデルランドの市民をして「新しい国家改変を考え」させ、「以前のままの状況に放置」（TP. IX-14, 352, 一六四）されているネーデルランドの現状を打破するという、現実的な国家的課題を強く意識している。彼の政治思想の基本的課題と理論構造を理解するためには、最初に当時のネーデルランドの政治や政治思想をめぐる状況とスピノザとの関わりについて、最低限必要な事柄を確認しておかなければならない(3)。

近代国家の形成という点からみたとき、当時のネーデルランドにおける政治情勢のうちで最も重要な争点となっていたのは、連邦制と統一主権をめぐる問題だった。同時代のイングランドは、ピューリタン革命を経た王政復古の時期であったとはいえ、王の大権の制限と議会の権限の拡大を承認する方向はすでに定着しつつあり、その後に続く名誉革命によって統一的な主権の確立による国民国家の形成が導かれた。またフランスでもルイ十四世以降、絶対主義的な王権の確立によって官僚機構と軍隊は強化され、ナショナルな中央集権国家の形成が目指されつつあった。経済覇権をめぐってネーデルランドと頻繁に戦火を交えていた英仏両国は、その国家形態のあり方は大きく異なるものの、ともに強力な統一主権と国民経済の基盤をもつナショナルな近代国家の原型を整えつつあった。

これにたいしネーデルランドでは、いまだ強力な中央集権的国家体制が成立していなかった。ネーデルランドは、中世における領邦国家の分立状態からブルゴーニュ公やハプスブルグ侯による政治的統一を経て、一五五五年からはスペイン国王の支配下に入った。しかし諸州の独立性は強く、またオランダに世界随一の商業的発展をもたらした自由都市群が強大な自治権を有していた。そして長期にわたるスペインからの独立戦争(一五六八〜一六四八年)を有利に闘い抜くなかで、一六〇九年、北部七州がネーデルランド共和国として実質的にその独立を果たすが、そのさいにも共和国は強力な中央政府をもたないまま、各州が主権を有する連邦制として出発した。

このようなネーデルランドの分権主義的傾向は、単一の主権形成を遅らせ統一的な国民経済の形成を阻んではいたが、反面ヨーロッパのなかでも例外的に市民による共和主義的自治を残存させる要因ともなった。元来自由農民と商人の国と言われてきたオランダには、都市を中心とした市民の自治が早くから存在し、オランダの政治思想に如実に影響を与えた。たとえばネーデルランド独立戦争を積極的に支援したアルトゥジウスが、共和国（res publica）の権力主体は契約によって生じる「人民（populus）」であると中世末期に述べたことに象徴されるように、ネーデルランドでは古典古代とマキァヴェッリの伝統を継承する共和政や、その自治主体である「人民」の概念が強く保持されてきた。その後グロティウスなどを輩出することになる人民主権論的自然法思想の潮流は、エラスムスに代表されるオランダ・ルネサンス期のヒューマニズムや、新教・諸セクトを受け入れる宗教的寛容の風土、発展途上の巨大商業資本を背後にもつ都市貴族の自由主義的気質などと結合して、ネーデルランドにおける共和主義的なシヴィック・ヒューマニズムの優勢を決定づけた。(4) 十八世紀にいたるまでオランダの政治思想において、ボダンに由来する絶対君主政的あるいは中央集権的な主権論が主流となることはなかった。のちにモンテスキューは、小共和国の連邦制によってのみ大国での共和政は可能であると述べ、その例として「ネーデルランド共和国」をあげている（Montesquieu 1748, VIII-16-1, -2, IX-2）。同じ分権的状況にあっても、のちにヘーゲルが英仏の近代国民国家と比較して、多数に分裂したドイツの封建的領邦国家を「国家ではない」と嘆いた「ドイツ的自由」の状況と、ネーデルランドの「自由」の様相は全く異なったものだった。

政治思想の先達の名をほとんどあげないスピノザが、その『政治論』のなかでことさらマキァヴェッリの名をあげ、彼こそ君主を暴君にしないためにはどうしたらよいかを民衆に教えた「自由の味方」であると称賛し、ハリントンやルソーと同様のマキァヴェッリ評価を与えているのは興味深い（TP. V-7, 296-297, 五九）。(5) マキァヴェッリの著作に脈打つ「人民」と「共和政」の概念をスピノザが感得しえたのも、イタリアの都市国家とネーデルランドの政治状況との類似によるものであろう。そもそもスピノザの述べる「国家」とは「civitas」であり、(6)

近代以降の「state」や「nation」という、多数の人口と広大な領域をもった国民国家の概念とは異なっている。

3　十七世紀ネーデルランドにおける権力闘争の構図

とはいえネーデルランド連邦共和国の政治は、必ずしも安定していたわけではない。なるほどスピノザが青年期を迎えた一六五〇年代のネーデルランドは、史上初の巨大金融資本による経済発展を遂げ、また強力な海軍を擁して海外植民地への進出も果たした。しかし国内では、政治抗争が深刻の度を増しつつあった。従来から共和国の政治は、各都市・各州の利害対立が交錯し複雑に揺れ動いていたが、独立後も統一的政策の実施は困難な状況にあり、統一連邦議会は政治的決定権をもたないたんなる利害調整の場でしかなかった。スピノザも国制が混乱していることを憂慮して、共和国の最大の問題点は「統治の最高権力（summa imperii potestas）」が確立しておらず、そのため「統治（形態）（imperium）」が「なんとも名称のつけようもない」あいまいな形をとっていることにある（TP. IX-14, 352, 一六四）と指摘している。なかでも、独立戦争に功績のあった軍事顧問的存在であるオラニエ公およびカルヴィニズム正統派（彼らは総督派、ホマルス派と呼ばれる）と商業資本を蓄え都市や州の高級官職を独占する都市貴族派（彼らは法律顧問派、アルミニウス派と呼ばれる）との二大対立が、独立戦争の終結とともに一段と激しさを増した。

オラニエ家は、独立戦争以前から封建貴族のなかの最高実力者であり、オラニエ公ウィレム（Willem I van Oranje, 1533–1584）は、独立戦争の過程で大半の諸州議会から州総督（Stadhouder）の指名をうけ、さらに一五八一年スペイン王の追放を宣言した全州議会によって総督（Stadhouder-general）に任命された。州総督や総督とは、カール五世の治下において中央集権化を促進するために設置され、その後ネーデルランドに定着した統治組織である。州総督とは、君主が各領邦を支配するために各貴族に任じた職務であり、総督とは、各州のあいだの調停や裁定をとりおこない、宮廷会議である国務会議（Raad van Staten）をとりまとめる君主の代理職だった。独立戦争が勃発すると、州議会や全州議会は総督の任命権が議会にあることを宣言し、スペイン王にたいする反乱の先頭に立っていたオラニエ公を指名した。さらにオラニエ公はカトリックからカルヴァン派に改宗し、独立戦争の過程で増大したカルヴァン派信徒の守護者ともなった。彼は国教会化をめざす改革派教会を後押しし、予定説に厳格な神学者、ホマルス（Franciscus Gomarus, 1563–1641）の教義を支持して巧みに神学論争に介入し、自己の権力伸長に利用した。こうして公は聖俗両界において実質上の君主的立場を確立しつつ、みずからを頂点とした中央集権体制を築くべく策をめぐらしていた。

　他方、オラニエ公派の対抗権力を形成していたのが法律顧問派である。法律顧問（Pensionaris）[7]は当時の州行政に携わる高級官吏だったが、その法律的知識を駆使して州議会や州政府の指導者となり、とくにネーデルランドのなかの最有力州ホラント州の法律顧問は、連邦議会や共和国レベルでの内政・外交に関しても指導的役割を果たした。法律顧問派を支持したのは、主として都市部の州で貴族的寡頭政をおこなっていた都市貴族《レヘント》[8]や商人層であり、かれらは商業の繁栄を確保するために、商業の自由や平和主義を優先し、自由意志を認める寛容なアルミニウス（Jacobus Arminius, 1560–1609）の教義を支持してオラニエ派に対抗し、またオラニエ派の中央集権化政策に反対して従来からの州主権主義を主張した。

　おりしも一六二五年、オラニエ公ウィレムの後継者だった総督マウリッツ（Maurits van Nassau, 1567–1625）が急死すると、アムステルダム市政府やホラント州議会、そして都市貴族派の政治家は一六三〇年代から政治力を伸長させることになる。さらに一六四八年ミュンスターの平和条約が締結され、ネーデルランドの独立が対外的に正式に認められるに到ると、一六五〇年ホラント州議会はオラニエ公ウィレム三世（Willem III van Oranje, 1650-1702）の幼少を理由に総督就任を拒否し、第一次総督不在時代が始まった。この総督不在時代に一六五三年よりホラント州の法律顧問に就任したのが、敏腕で名高いヤン・デ・ウィット（Johan de Witt, 1625-1672）であり、かれは一六七二年、オラニエ派による政変と虐殺事件に殉難するまでの約二十年間、共和派の政策を実行した。スピノザは一六五〇年には十八歳であり、一六五六年のユダヤ教からの破門を経て、一六七二年の政変の五年後にこの世を去っているから、彼の思想的営為の大半はヤン・デ・ウィットの治世のさなかになされたということになる。

そもそもウィットによる共和政の推進は、安定した社会基盤のうえになされたものではない。大商業資本が急成長し資本家相互の優勝劣敗が激化するなかで、一方では金利生活者が増大し、他方では封建貴族の没落や国内産業の不均衡な発展により、毛織物・造船業・海運業その他各種製造業に携わる職人・労働者・水夫などの半失業者が急増し、諸外国からも大量の労働者が移民していた。失業者や浮浪者など議会とは無縁な大衆がしばしば起こす暴動は、ウィット政権崩壊の危機を招いていたが、それは一六七二年の政変として爆発した。当時、経済的に第二位に置かれていたイギリスやフランスは、重商主義政策と軍事行動を駆使してネーデルランドが掌握していた世界的経済覇権に挑戦しており、この政変もルイ十四世の南ネーデルランドへの進軍という外交問題に端を発したものだった。当時権力の座にあったウィットは、外交によってイギリス、フランスと平和的関係を保ち、他方で陸軍を中心に軍縮を進め、ホラント州の課税負担を軽減させ、ネーデルランドの商業利益の確保を図っていた。しかしその外交政策が失敗に終わりルイ十四世の軍隊がホラント州に迫るや、小市民層や労働者階級のなかで反ウィットの声が広まり、ウィレム三世の総督就任要求が高まった。当時ネーデルランドの比較的下層の人衆の多くはカルヴァン派に帰依しており、オラニエ公派は国教会制度や喜捨施設事業などを巧みに利用して、下層民の支持をとりつけていたからである。

やがてヘルデラントやゼーラントの州議会さらに連邦議会がウィレム三世の総督就任を要請し、ホラント議会もウィット派とウィレム三世派に分裂するにいたった。こうした情勢のなかで、アムステルダム市民は市民軍を結成し対仏戦争に立ち上がるとともに、ホラント州議会のウィット派の一掃を要求して市庁舎に押し寄せた。この騒乱のなか、ウィット兄弟は青年カルヴィニストたちによって虐殺されたが、この事件の背後にはオラニエ公派とカルヴィニストたちの示唆と煽動があったといわれる。この事件のさいスピノザがいかに動揺したかは数々の伝記作家が伝えている。平生冷静であったスピノザが、ウィット兄弟虐殺に狂喜する民衆をみて怒りに震え落涙し、我を忘れた行動に走りそうになるのを家主が必死に押し止めたと言われる。

この事件を契機に、ホラント州議会の大半が親総督派に入れ替えられ、オラニエ公派は都市貴族派と妥協しつつも、議会や軍隊における権力確立を着実になしとげていく。ネーデルランド共和国は明確にひとつの転換期に向かいつつあった。総督ウィレム三世が権力を得て以降十八世紀に入ると、総督権力の擁護者の側にもその反対者の側にも、古典古代やイタリア諸都市に範をとる共和主義のパラダイムに依拠する傾向は急激にみられなくなっていった(Mulier 1980, pp. 209-214)。おりしも一六七二年の政変に先立つこと三年、一六六九年のオスマン帝国によるクレタ島の征服によって、すでにベネチアをはじめとしたイタリア都市国家群の経済的繁栄には終止符が打たれていた。さらに長期的にみれば、一五七〇年代以降百年を通じて破竹の勢いで成長を続けてきたオランダ経済と人口とは、この一六七五年前後をさかいに頭打ちとなり相対的停滞期へと向かう。その後世界経済の覇者としての地位は、オランダからフランスとイギリスへと譲り渡されるのである。

4 ネーデルランドの政治家とスピノザ

デカルト哲学の注解書を含む『デカルトの哲学原理および形而上学的思想』(一六六三)の出版をのぞけば、スピノザが存命中に出版した著作は、宗教と政治について論じた『神学政治論』(一六七〇)のみである。それは匿名で、しかも発行所アムステルダム発行人リュウウェルツを、ハンブルグとキュンラートと偽って出版されており、当時きわめて先鋭な政治的宗教的対立のなかで執筆されたことが窺われる。スピノザは、『エティカ』の執筆を中断して『神学政治論』を執筆、出版しており、その後スピノザは、すでに完成していた『エティカ』の第三部から第五部にわたって大幅に加筆・修正をほどこした(Gebhardt 1925, S. 341–343)と考えられる。この事実は、スピノザ哲学の最終的な成立が、『神学政治論』における思想の展開と深く関わっていた事実を物語っている。

『神学政治論』が、当時のオランダの政治抗争と密接に関連して執筆された事情については、従来の研究によってもしばしば言及されてきた。通常スピノザは、共和派ないしはレヘントと政治的立場を同じくし、正統的カルヴァン派教会とそれと結んだ封建貴族オラニエ公派に対抗したとみなされてきた。共和派の政治指導者ウィットは、自由主義、平和主義にもとづく諸政策を実施するかたわら、その推進のためスピノザやド・ラ・クール(9)に政治経済論や宗教論の執筆を依頼したと言われる。またウィットは、スピノザに年金を提供していたとも言われるが、スピノザとヤン・デ・ウィットとのつながりは、資料のうえでは確定されえない(Meinsma 1909, S. 397–

399)。

とはいえウィットの一派あるいは大都市貴族層の有力者たちが、スピノザにたいして共感と寛大な理解を示していたことは確かだろう。なぜならスピノザが、クーンラート・ファン・ボイニンヘン、アドリアーン・パーツ、アブラハム・クッフェラー、ヨハン・フッデといった大都市貴族層の指導的政治家と交際があったことは、事実として確認されており、またかれらがスピノザとウィットとのあいだを仲介していた可能性はきわめて高い(10)。したがって、ネーデルランド共和国の政府高官であった彼らが、政治・外交問題についてスピノザに機密性の高い情報を提供して詳しい論議を交えたであろうこと、さらにはスピノザが、都市貴族たちが有していた近代科学に関する学識や自由主義的気質に、敬意を払っていたことも推測にかたくない。

しかし遺稿集『スピノザ往復書簡集』(一六七七)には、スピノザとレヘントたちとのあいだで政治問題を論じた往復書簡がほとんど残されていない。これは、『神学政治論』の匿名出版以来ヨーロッパにおける最大の危険思想家となってしまったスピノザとのあいだで交した書簡を、レヘントたちがなんらかの手段をもって速やかに回収・焼却したからだと言われている。たとえばスピノザがフッデに宛てた書簡は三通残っているものの、編集者により宛名が伏せられており、逆にフッデからスピノザに宛てた書簡は一通も残っていない。『神学政治論』は、当時ネーデルランドで急進的とみなされていたデカルト主義者たちや宗教的寛容の旗手と目されていたアルミニウス派の人々にとってさえも、容認しがたい糾弾の対象であったから(11)、こうしたレヘントたちの態度はしごく当然であろう(12)。

このように、スピノザがはたして現実政治に直接関与したのか否か、またどのような政治信条をもちどのような政治活動をおこなったのか等々、現実政治に関与した「政治家」スピノザの顔を史料や書簡にもとづいて推定することはほとんど不可能である。たしかにスピノザが『神学政治論』において展開した宗教論や政治論には、当時の共和派が掲げていた政治理念や政策と一致する点もいくつかみられるが、共和派のイデオローグとしてのスピノザの党派的な立場を推定することは、彼の政治・宗教論における理論的課題を見定めるうえでの決定的要因とはならないだろう。

ここでは一六七二年の政変の後スピノザが、平和と自由が保たれるためにはいかに国家が組織されなければならないかについて考察した遺稿『政治論』の一部から、スピノザが当時のオラニエ公派とウィット派にたいしどのような評価を与えていたかを推察しておこう。スピノザは、総督が議会のコントロールを離れて長期にわたり不当な軍事権力を伸長させることも（TP. VIII-9, 327-328, 一一九）、また議会の一官職にすぎない法律顧問が過大な権力を終身的に掌握することも（TP. VIII-14, 344, 一四八）、ともに国家を崩壊に導く大きな原因である、と両派にたいし批判的な見解を述べている。さらにスピノザは、ネーデルランド共和国が英仏列強からの攻撃を受け、また内政不安定のためつねに崩壊の危機に瀕している根本的原因は、「かずかずの協議に空しく時を費やしているからではなく、統治組織の歪みと為政者の数の少なさにある」（TP. IX-14, 352, 一六四）とも指摘している。少人数からなる権力は多数者である大衆に充分依拠しきれず、内乱の危機を抑えることもできなかった。スピノザの関心は、オラニエ公派とウィット派のどちらを支持するかという問題にはなく、当時のネーデルランド議会の寡頭的性格と弱体性をいかにして克服するかという点にあったことがうかがえる。

それはスピノザが、すでに一六七二年の政変以前から寡頭政から排除された多くの大衆の問題を、政治論を考察する場合の重要問題のひとつとしてとらえていたことと不可分である。スピノザは『神学政治論』のなかで、「大衆は理性によってではなく、たんに感情によってのみ支配される」がゆえに、大衆が「信義（fides）と有徳さ（virtus）をいつも保つよう導かれる」ようにするという政治課題の解決には絶望すると述べながら、敢えてその問題解決をみずからの政治論の中心に据え、「どのような気質の者であれすべての人間が私益よりも公の権利＝法（jus publicum）を重んじるようにすべての制度を定めること、これは困難であるけれども果たすべき課題である」（TTP. XVII, 203, 下一九四〜一九五）と述べている。

以上述べてきたように当時のネーデルランドは、旧態依然とした代表制度とごく一部の特権階級による寡頭政的な支配体制を改革し、共和国に共通する利益を代表する近代的な統一主権をいかに形成するかという西欧諸国に共通する課題を、イギリス、フランス、ドイツなどとは異なる政治的局面において模索しつつあった。この時代的要請に答えるにさいして、王権と議会の関係あるいは世俗権力と教会権力や法王権などの関係の設定に苦慮する同時代の他の政治思想家とは異なり、スピノザは独自の問題の立て方をしている。スピノザによる政治論の目的は、国家の最高権力とその制度とが「大衆」の感情と力にどのように依拠して構成されているか、あるいは一見非合理的な発現形態をとるようにみえる大衆の政治的力が、現実にはどのような法則に則っているのか、その力学と合理的再編の方向と方法を知ることに定められた。こうしてスピノザの国家論は、「最高権力（summa potestas）」（スピノザはロックと同じく「主権（majestas）」という用語を使用していない）と大衆という二つの問題を軸に繰り広げられることになるが、スピノザの炯眼は、問題解決のための最も重要な理論的素材を当時主流であった共和主義や混合政体論にではなく、評判の芳しくなかったホッブズ国家論に求めたところにある。

第二節　スピノザはホッブズをどう読んだか

1　ネーデルランドにおけるホッブズの受容とスピノザ

スピノザがアムステルダムに生まれた一六三二年、奇しくもロック、プーフェンドルフが時を同じくして生まれ、近代自然法論の祖・ホッブズをそれぞれ異なる仕方で理論的に継承する三人の国家論者が、同時に歴史上に姿を現した。

スピノザがホッブズから深い影響を受けるようになったのは、成人したのちのことであろう。一六五六年二十四歳でユダヤ教を破門される以前の一六五二年より、スピノザは自由思想家ファン・デン・エンデン[13]のラテン語学校に通っており、近代哲学や自然科学に関する書物を急速に読破し、新思想を精力的に吸収しつつあった。エンデンはマキァヴェッリに心酔していたと伝えられるが、エンデンから直接受けた影響は別にしても、当時評判の高かったホッブズの『市民論』（ラテン語版、一六四七、アムステルダム）と『法の原理』（一六四七、アムステルダム）をスピノザが読んだことは確かだろう。[14]ホッブズの『物体論』（一六五五）と『人間論』（一六五八）も、スピノザの人生の最大の転機となった破門と前後して出版されており、スピノザの注目を引いたはずである。のちにスピノザとホッブズは、知己の間柄になったと推測される。スピノザの『往復書簡集』[15]に最も多くの手紙を残している、ロンドン王立科学協会の理事兼書記官であったハインリヒ・オルデンブルクは、イングランドを中心とした著名な知識人とスピノザとの情報交換役となっていたが、彼を介してスピノザとホッブズが知り合った可能性は高い。

また、両思想家は相互に賞賛しあっていたという話も伝えられている。(16)

さて十七世紀後半にいたると、ホッブズとスピノザとは、ネーデルランドさらにはヨーロッパにおける無神論の二大巨匠となった。一六六七年、アムステルダムで『リヴァイアサン』のオランダ語版が、翌年にはラテン語版が出版され、その二年後スピノザの『神学政治論』が匿名で出版された。両書はともに、神学＝信仰と哲学＝理性との分離や宗教からの政治の解放を基本理念に据え、教会権力にたいする国家権力の優位と個人の信仰の自由を聖書に則して緻密かつ大胆に展開していたから、ただちに各種の教派と敬虔な知識人たちから激しく糾弾された。一六七一年、オランダ宗教会議により両書は瀆神目録に載せられたが、当時オラニエ派とカルヴァン派教会を押さえて権力を伸長しつつあった共和派の首領、ヤン・デ・ウィットは両書を擁護した。共和派の主流をなす都市貴族は、商業ブルジョアジーの活動を自由にかつ有利に展開するために、政治権力の教会からの独立を強く望んでいたし、なによりもカルヴァン派に対抗しては宗教的寛容を、オラニエ公派に対抗しては商業促進政策と平和主義を擁護する必要に迫られていた。

そうした視点からすれば、両書は、共和派のイデオロギーとして利用しえるものであり、イングランドにおいては絶対王制の擁護者として誤解を受けることになったホッブズの国家思想が、ネーデルランドでは比較的自由主義的で共和主義的な党派と結びついた書物として影響を与えたことになる。しかしウィットが虐殺されると、一六七四年『神学政治論』と『リヴァイアサン』はオランダ法院から発禁処分を受け、とくに『神学政治論』は、十七世紀末には人々の目にほとんどふれられなくなったと言われる。このような事実経過からみて、スピノザがホッブズから多方面にわたりきわめて大きな影響を受けたことは明らかであろう。

当時のオランダはヨーロッパ随一の商業的繁栄と文化水準を誇り、市民的自由と宗教的寛容が最大限に保証されている新思想の国として、西欧の他国の自由思想家たちからモデル・象徴として仰ぎ見られ、実際デカルトが漂泊しロックが亡命したように、多くの科学者や知識人たちが旅行し亡命する急進主義的潮流の避難所だった。しかし政治体制という点では近代的統一主権の形成に難渋し、絶えずイギリスやフランスなどの近隣諸国からの軍事的脅威にさらされていたネーデルランドの政治状況は、そのままネーデルランドの政治思想にも反映していた。十七世紀にはいっても、オランダ・アカデミズムの世界で支配的だったのは、独立戦争を理論的に支えたカルヴァン主義的抵抗論の思想や、立憲主義にもとづく制限君主政論、混合政体論であり、アルトゥジウス、グロティウスという二大政治理論家の国家論も、そうしたオランダ・アカデミズムの伝統を根底的にくつがえす理論ではなかった。こうした状況下に導入されたホッブズ国家論は、オランダにおける政治思想の創出をうながすひとつの要因となり転機となった。とりわけ分権主義的であったオランダに衝撃を与えた要点は、ホッブズ国家論のなかの主権の絶対性の理論であったといわれる（Kossman 1960, p. 100）。本章ではとくにスピノザとホッブズの最高権力論とそれを理論づける社会契約論の問題に焦点をあててみよう。

2　スピノザの最高権力論と社会契約論

最高権力論を社会契約論によって構成するスピノザの議論には、ホッブズ国家論の影響が強く見られる。まずスピノザの論述の概要をみてみよう。スピノザは『エティカ』において、人間や生物に限らず「各々の物（unaquaeque res）は自己の存在（esse）に固執しようと努める（conatur）自己保存力（conatus）」をもち（E. III, pro. 7, 190, 上一七七）、人間の場合の conatus とは身心の「活動能力（agendi potentia）」とそこから生じるさまざまな感情や欲望であると述べる。そこにスピノザは国家論の出発点を定め、各人が自己の意のままに自己の利益を図る自己保存力を「自然の権利（jus naturae）」ないし「自然権（jus naturale）」と言い換え（TTP. XVI, 190, 下一六五―一六六、TP. II-5, 277, 一九）、各人は「自然権」にもとづいてなしうることすべてをなしうる権利をもつとされる（TTP. XVI, 190, 下一六七、TP. II-8, 279, 二三）。

しかし共同社会が形成される以前の「自然状態（status naturae［naturalis］）」においては、各人が感情や欲望のままに行動することによって相手を「敵とみなす」闘争状態が生じ（TTP. XVI, 190, 下一六六、E. IV pro. 37 sch. 2, 237, 下四九）、結局各人は自然権によって何も得ず何もなしえない。「人間の自然権（jus humanum naturale）は、それが各人の力によって決定され各人のものであるかぎりは無にひとしく、実質をもたず勝手な意見（opinio）としてのみ存在する（TP. II-15, 281, 二七）」にすぎず、自然権を自由に行使していると思っている状態が、実際は「他者の力の下」にあり「他者の権利の下にある」（TP. II-9, 280, 二七）非自由の状態にすぎない。

それゆえ、「各人の自然権を、自己および他者を害することなしに、最もよく保持するようにすること」（TTP. XX, 241, 下二七五）――それはたんに身の安全をはかるだけでなく、物質的精神的に充実した「よき生活を送ること（optime vivendum）」（TTP. XVI, 191, 下一六八）を意味する――を究極目的として「国家状態（status civilis）」ないし「国家（Civitas）」（E. IV pro. 37 sch. 2, 237-238, 下四九～五〇）が樹立される必要がある。国家形成は各人の理性による自発的で主体的な契約（pactum）にもとづいてなされるが、そのさいに各人に自然権の放棄と共同体の形成を指示する自然法は、各人の自己保存追求の計算の結果でもある（TTP. XVI, 192, 下一七一）。したがって理性とは、自己保存力やそこから生じる各種の欲望、感情に対立するのではなく、自己保存達成の最善の道（E. IV pro. 18 sch. 222, 下二八）を示すものにほかならない。

しかし、すべての人々が利益計算を正しくおこない、理性を見出しえるわけではない。「国家の功利性と必然性」を認識しえない無知で公共心に欠ける「大衆」や、「公務に忙殺される」がゆえに、理性的判断を失いやすい統治者が存在すること（TP. I-5, 275, 一五）は、憂慮すべき問題である。それゆえ国家の成立とその後の安定のためには、「すべての人を力ずくで強制し、またすべての人があまねく恐れる重罰への恐怖によってすべての人々を制御しうる最高の権力を有する」（TTP. XVI, 193, 下一七二）統治権（imperium）が必要となる。スピノザは、国家とは、統治権にたいするいかなる反対勢力も考えられず、治者と被治者とが完全に一致する「絶対統治（imperium absolutum）」（＝最高で分裂のない統治）の形態をとるべきである（TP. VIII-3, 325, 一一五）と主張し、そうした最高権力を創設するためには、ある特定の一部の人が一定の権利を留保する方式ではなく、ホッブズ流に構成員すべてが自己の自然権を絶対的に委譲しなければならない（TTP. XVI, 193, 下一七三）、と主張する。

このように、「自己保存にもとづく自然権」「闘争状態としての自然状態」「利益計算による自然権の全面譲渡と契約による最高権力の設立」というスピノザの最高権力論は、ホッブズ主権論の論理構成と一見きわめて類似している。しかし他方ではまた、哲学体系の根本的相違をはじめとして、「自然権」「自然法」「契約」といった社会契約論を構成する用語法においても、両思想家のあいだにはさまざまな異同が存在し、それについてはすでに多くの検討がなされている。(17) もちろんそうした両思想家相互における概念規定の相異を、両哲学者の体系を客観的にみうる後代の人々の視線によって比較することも重要だが、むしろ注目すべき点は、ホッブズとスピノザとの哲学的見解の相違が歴然としているにもかかわらず、スピノザが意識的にその点に踏み込まずに、ホッブズのディスクールに従う形で社会契約論を論じようとしている点である。ここに、社会契約論を哲学上の問題としては扱わないスピノザ独自のパースペクティヴが現れている。ここでは、両思想家の概念設定の同一性・差異性に関する細目的な検討ではなく、スピノザがホッブズの社会契約論の概念や構成を形式的に踏襲したのはなぜなのか、スピノザがホッブズと根本的に共有しようとした問題は何だったのかを考えてみたい。

3　スピノザにおける権利論

まず従来から多数の論者がスピノザ自然権ないし自然法論のきわだった特徴として指摘してきたことは、スピノザが、「自然権」と「自然の力（naturae potentia）」を同一視し、「自然権」とは自然物すべてがもつ自然的力であり、さらに「自然権」とは万物のもつ自然力が織りなす自然法則（regulas naturae）ないしは自然の秩序（institutum naturae）としての「自然法」にほかならない、と主張した点である（TTP. XVI, 189, 下一六三、TP. II-4, 277, 一八）。人間の権利に限定されない「形而上学的宇宙論的性格」（Strauss 1930, p. 244）として知られるスピノザの「自然権」の概念は、本著第六章で論じるように政治思想史上特異な意義をもつが、従来の近代社会契約論およびリベラリズムの側からは、権利と力と法の同一視として批判の対象とされてきた。

まず権利と法の同一視を当時鋭く批判したのは、ほかならぬホッブズである。彼は、権利と法の両方を意味するラテン語 jus のもとに、従来の法学者が権利と法を混同してきたことを批判し、「おこないまたはおこなわないことの自由」としての権利（right）と「それらのうちの一方に決定し拘束する法（law）」とを明確に区別し、自由を「外的障害の存在しないこと」という自由主義的で個人主義的な視点から定義しなおした（Lev. I-14, 117）。スピノザの自然権論はホッブズ、ロックに代表される英米系近代自然権論とは異質である（福田 1971, 三四）、という通説もこの点を重視しており、権利と事実ないし法則の区別が取り去られると、権利保証のために社会や国家を作為的に形成するという、人間の主体性の成立基盤が危ぶまれるという批判がなされてきた。

しかしまず根強く存在する誤解を避けるため確認しておかなければならないのは、スピノザの述べる自然法則とは、人間の意志的自発的活動の余地のない機械論的決定を意味しない。『神学政治論』においてスピノザは、「法（lex）」という言葉の意味するところをいくつかに分類して論じている。スピノザ哲学にとって法とは、まず端的に「自然の必然性にもとづく法則」つまり「事物の本性すなわち事物の定義そのものから必然的に発生する法則」にほかならないが、通常人々は、人間の意志によるものか否かという表象にもとづいて法を二つに分類している、とスピノザは考える。つまり一方には、たとえば運動量の保存の法則のような「物体に普遍的な法」や、類似したものによって記憶が喚起されるといった「人間の本性から必然的に生じる法」があり、他方には「人間の意志に依存した法」があるというように。そして後者の典型として、「人間が自己の自然権のなかのあるものを自発的か強制的にか放棄して一定の生活規則に自己を束縛する」という法がある。そのような自然権＝自然法の動向や機能は、哲学の立場からみればやはり第一の法の場合と同様、「自然の普遍的諸法則」に則って存在し機能しているのだが、その必然性とは人間の力による必然性である以上、人々はそれを人間の「意志」によって生じるとみなしている。また「自然の普遍的諸法則」による哲学的な説明は、諸個物間相互の、つまり諸様態相互の関係を規定している「直接的原因」の認識を必要とする具体的な場面においてはあまり役にたたないとみなされ、実生活においては人々は、むしろ諸事象を可能的なものとしてあるいは人間の意志にもとづくものとして考え行動する必要に迫られる、とスピノザは説明する（TTP. IV, 58, 上一四八〜一五〇）。

とするとスピノザの述べる自然法＝自然法則には、人間相互の自然的で無意識的な共同性も意識的ないしは意志的な選択によると考えられている共同性もともに、本来的にはある同一の秩序連関によって生起している事柄として含意されている。つまり各人が契約にもとづいて自然権を譲渡し国家を形成する過程には、ホッブズが社会契約成立の要と考えていた自然法の認識や自発的な意志や理性の働きなどが含まれることはもちろんのこと、共同性すべての動向と機能を総括・統合するきわめてひろい要素が含まれている。スピノザは、一方で国家の成立を契約にもとめながら、他方では、人間は本質的に政治的（社会的）動物（*ζῷον πολιτικόν*）であるという有名なアリストテレスの言葉に賛同を示し（E. IV pro. 35 sch., 234, 下四四、TP. II-15, 281, 二八）、国家（politia）成立の要因を分業や協業といった相互扶助活動（mutua opera）の自然発生にも求めている（TTP. V, 73, 上一八一）。この点をめぐって、スピノザは個人主義者なのか共同体主義者なのか、といった解釈の相違が生み出されてきたが、両方のアスペクトは、スピノザ哲学それ自体のなかでは「自然の普遍的諸法則」による統合的なプロセスとして存在しており、相互に矛盾しない。

そのうえでスピノザの次のような説明に耳を傾けてみよう。「それぞれの個体（individuum）は、そのなし得るあらゆることにたいして最高の権利を有するということ、すなわち、それぞれの個体の権利は、その定められた（determinata）力が及ぶところまで及ぶということが帰結される」（TTP. XVI, 189, 下一六四）。ここからわかるように、スピノザの述べる権利の概念とは、法的あるいは道徳的な規範的意味のレベルではなく、ある特定のものがある具体的場面において現実に何をなしえるかという実質的レベルで定義されており、他の無数の力である自然権との連関が織りなすさまざまな物理的社会的制限のもとにある「定められた力」という具体的内実が指示されている。

それゆえスピノザのいう人間の「自然権」の内容とは、「一個人に可能なかぎりでの」個人の身体的精神的能力の総体を指し示す(18)、と解釈するのが妥当であろう。とすると、自由にかんするスピノザとホッブズの哲学的見解が本著第五章で論じるように根本的に異なっているとはいえ、政治的領域における権利論としてみるかぎり、自然権の内実がホッブズとスピノザとで大きく異なるわけではない。ホッブズも、「自然の権利（right of nature）」［＝自然権 jus naturale］とは、「かれ自身の自然すなわちかれ自身の生命を維持するために、かれの欲するままに自己の力（power）を用いる」ことであると定義し（Lev. I-14, 103）、さらに個人の力＝自然権は無制限なものではなく、なんらかの「外的障害」や「判断や理性」による主体の側からの内的制限をともなうと考えているからである。スピノザは、ホッブズが自己の内在的力としての自然権とそこに加えられる外的内的制限として対立的にとらえた権利と法の構造を、より広範囲のファクターをも含めてさまざまな力の累積から生まれるある構造的な法則の問題として統一的に把握し、それによって具体的場面における個別的で実際的な権利の実質＝力を理論化しえる可能性を開いていく。

4 「力の合成」としての最高権力論

さて権利と力と自然法則と自然法を同一視し、自然権から自然法による国家権力の樹立を一貫して自然的な力の運動法則によって説明しようとするスピノザの理論は、自然法論の側からも批判にさらされてきた。たとえばスピノザの同時代人プーフェンドルフは、スピノザの自然法は規範性の欠如した不道徳なものであると非難した（Pufendorf 1688, ch. 2）。スピノザが「自然法＝自然法則」の例として「大きいものが小さいものを食する（TTP. XVI, 189, 下一六三～一六四）」という説明を与えていることから、スピノザの自然法とは自然界における弱肉強食の法則であり、それは強者による弱者の支配やパワー・ポリティックスを正当化するものであるといった解釈は、

今日でも存在している。(19)

まずここで留意しなければならないのは、スピノザが、先の法の区別に関する議論に続いて、「自然の普遍的諸法則」と「人間が遂行することも無視することもできるような命令」を区別している点である（ただしスピノザは、命令が遵守されうるか否かは命令する者のもつ一定の力、つまり命令する者とされる者相互の関係を規定する自然権＝自然法を越えることはないと注意深く限定しているが）。後者の命令にあたるものは、「人間がある目的のために、自分ないしは他の人々にたいして規定する生活規則」（TTP. IV, 58, 上一五〇）であり、国家における法［＝市民法］や人間相互の関係を円滑にするための倫理上の生活規則や、立法者が定めた宗教法などがこれに含まれる。それゆえ自然法＝自然法則に従うことは、既存のすべての法規に従うことを意味しない。

また国家形成における自然権＝自然法は、たんに既存の最強者を最高権力として追認するよう機能するわけではない（ただし多数の構成員が共働してそのような判断と行動をとる場合はそうであるが）。自然権の譲渡について、スピノザは次のように説明している。まず自然権を絶対的に譲渡するといっても、各人が自分の諸能力の総体を放棄することを意味してはいないし、そのようなことは現実的に不可能である。自然状態における各人の「力（potentia）」としての自然権は国家状態においても停止されることはなく、「自己自身が裁判官」（TP. III-3, 285, 三五）である状況から「共同的に所有する」状態へ、つまり「その権利が各人の暴力（vis）と欲望によってではなく、万人の力と意志とによる決定」（TTP. XVI, 191, 下一六八）へ移行されるにすぎない。そこに生じる最高権力の権利とは、構成員である「大衆の力によってひとつの精神であるかのごとく導かれる自然権そのもの」（TP. III-2, 284, 三四）であり、「より多くの人々が……一体に結合するにしたがって、すべての人々がますます多くの権利をともにもつようになる」（TP. II-15, 281, 二八）。

すでにメンツェルが、スピノザの国家契約とは各人の自然権を最も有効に発揮させるための「利益の共同性」であり、各人の「力の組織化」を意味する（Menzel 1907, S. 452-453）と特徴づけたように、スピノザによれば、国家の統治権の力とは大衆の力＝自然権の結集度を示し、構成員の自然権＝力の合成が完全であればあるほど最高権力は確固としたものとなり、最高権力が強大であればあるほど各構成員の自然権も強力で豊かなものとなる。それゆえメンツェルは、スピノザは社会契約の細かい定式化に特別注意を払っておらず、契約が単一のものか否か、あるいはまず社会契約によって民主政が基礎づけられ、つぎに従属契約によって君主政と貴族政が基礎づけられるのか否か、といった問題は不明であると論じているが（ibid., S. 455-456）、それはスピノザにとって「契約」とは、実質的に各人の力が合成されたことを意味するのであって、なにか一定の場で一定の形式をもっておこなわれる取決めや合意として考えられてはいなかったからである。

そしてこのように各人の生命、平和、福祉を確保するために構成員すべての自然権＝力を結合させ、合成力を形成することによって「共通の権力（common power）」を構成するという考え方こそ、ホッブズがみずからの主権論の中核にすえている理論だった[20]。ホッブズは次のように述べている。共通権力＝主権を設立するためには、「かれら〔大衆〕のあらゆる力と強さとを、多数決によって、すべての意志をひとつの意志にすることができる一人あるいはひとつの合議体に与える」必要がある。それは各人が「共通の平和と安全に関して、そのひとつの意志がおこないあるいはおこなわせるすべてのことがらについての本人であるとみずから認めること」であり、こうして「一人格に統合された大衆」こそが、「コモンウェルスつまりラテン語でいえばキウィタス」と呼ばれると（Lev. II-17, p. 158）。しかもスピノザにとって自然権の共同的所有を現実に可能とさせるものとは、ホッブズやプーフェンドルフが提示したような各人の道徳的規範としての自然法やそこに基礎づけられた法的規律ではなく、各人の力より圧倒的に強い唯一の絶対権力の存在であり、それを形成するのはひたすら各人の自然権＝力の運動法則という意味での自然法のみであり（TTP. XVI, 193-194, 下一七四）、だからこそできるだけ多数の構成員の力を実質的に合成する方策が要請される。

つまりスピノザは、ホッブズによって確立された「自然権の圧倒的優位」（福田 1971, 六六）を継承したうえで、ホッブズ国家論の最良の理論的眼目は「自然権＝力の合成」論にあることを見抜き、ホッブズ自然法論が残存させていた規範性を除去し、[21]それによって自然権という力の集合の論理として徹底的に一元化して改作した。こうして、近代ブルジョアジーの政治思想へとホッブズ理論を改変、適合させていくロックを待たずして、ホッブズ国家論の最良の理論的改作はイングランドではなくネーデルランドに見出されることになる。スピノザはホッブズの社会契約論の論理構成を追いながら、自然必然性のもとに論理を一貫させることによって、もうひとつの可能性を切り拓いていくことになる。このもうひとつの可能性は、各人の自然権＝力の合成の具体的様式や方法をめぐる、両思想家の理論的相異に明確に表れることになる。

第三節　デモクラシーへの転換点

1　ホッブズにおける「代表人格」論

大衆各人の力の合成によって共通権力を形成するという同一の最高権力論を共有しながら、ホッブズとスピノザとのあいだには、力の合成とはなにかをめぐって考え方の落差が存在している。まず先にふれたホッブズによる力の合成の原理をみてみよう。先の記述に続いてホッブズは、多数の大衆の意志をひとつに統一するロジックを次のように説明している。「これは、同意や一致といったもの以上のものであり、まったく同一の人格（person）のなかへのすべての人々の真の統一である。それは、各人すべてが各人すべてとおこなう信約（covenant）によって形成される。それはあたかもすべての人がすべての人に向かって、私はみずからを統治する私の権利をこの人あるいはこの合議体の権限の下へと放棄すると宣言するようなものである。ただしあなたが私と同様に、あなたの権利をそこ〔一人ないしひとつの合議体〕に与え、そのすべての行動に権限を認めるという条件のもとでのみだが」（Lev. II-17, 158）。

このホッブズのロジックにおいてまず留意されるべきことは、ルソーの社会契約論と同様、自然権の全面的委譲は平等な各人相互間でおこなわれる社会形成の論理であり、すでに存在する共同体内部の主権者と臣民のあいだの支配・服従契約ないしは統治契約とは本質的に異なるという点である。[22] そのうえで、ホッブズが何をもって「大衆」の意志が主権者へ統合されたとみなしているかを問題としなければならない。そのメルクマールは明らかに「人格」の形成である。ホッブズが、大衆という多数者が一個の人格として意志し行為する集合人格の概念を重視したのは、通説が説くように彼が絶対君主政を正当化しようという目的をもっていたからではない。

実際ホッブズは、コモンウェルスの種類を、代表人格が一人の人であるか、一部の人々だけの合議体か、全体の人々の合議体かにより、それぞれ「王政（Monarchy）」〔＝一人支配〕、「貴族政（Aristocracy）」〔＝少数支配〕、「民主政（Democracy）」〔＝多数者支配〕の三種類に区別し（Lev. II-19, 171f.）、それぞれの特色を述べてはいる。しかしどの政体が最も優れているかとか、イングランドにおいて主権者は誰かといった議論は展開していない。ホッブズはただ主権という人格の統一性と絶対性を主張するのみである。ちなみに当時の集合人格の概念を詳細に検討したギールケは、「多数者（major pars）」を全体（universus）と法的に同一視する集合人格の考え方は、絶対君主政の主唱者によってではなく、多数者による支配としての共和政を支持する思想的系譜において展開されていたと指摘している（Gierke 1913, S. 295-306, 414）。

もちろんホッブズにおける「人格」の概念が、君主の個人的命令や独裁と結びつきやすいメタファーであったことは、否定しえない。のちにシュミットがホッブズ『リヴァイアサン』第四二章から「従属・命令・権利および権力は、諸人格の属性であって、諸権力の属性ではない」という命題を引きだし、国家学説における「人格主義」を称揚して法治国家論を排したことからも明らかである（Schmitt 1922, S. 45）。そしてスピノザはホッブズの理論が、シュミットの解釈するような方向へ展開される可能性を予測しえたとさえ考えられる。その痕跡は、スピノザがホッブズについて唯一名指しで語っている書簡の一箇所に現れている。「ホッブズ国家論とあなたのそれとの最大の差異はなんですか」という友人の質問に、スピノザは次のように答えている。「その相違は次の点にあります。すなわち私は、自然権（naturale Jus）をつねに損なうことなく保持しています。それゆえ私は、どのような都市〔国家〕（Urbs）の政府（Supremus Magistratus）であれ、政府が臣民（subditus）たちにたいしてもつ権利（jus）の強大さは、政府が臣民より多く保持している力（potentia）の大きさと同等である、と考えています。これは自然状態においても同様なのですから。」（Ep. 50, 238-239, 二三七〜二三八）。

この一見わかりにくい回答から判明することは、スピノザが次のような点に気づいていたということである。つまりホッブズ契約論のロジックにおいては、自然状態において各人が保持していた自然権としての力の総和と、契約によって樹立された政府の権利としての力とは等しい、というホッブズが立てた原則自体が成立していないということである。そうした等式が成り立たないということは、各々の臣民の力の総和と政府の力とは不等式の関係にあるということになる。つまり臣民の力の総和が政府の力より大きければ内乱、闘争、政府の無力や不安定が帰結するし、逆に臣民の力の総和以上の力を政府が行使すれば抑圧、独裁、隷属といった事態が生まれる。このまったく異なるかのようにみえる二つの政治状況は、実は表裏一体のものであり、ともにホッブズ社会契約論のロジックがもつ不徹底性とそこから帰結する不確実性、不安定性から帰結する。まさにスピノザは、その表裏一体の二つの実例をピューリタン革命にみていたようであり、スピノザにとってピューリタン革命は革命ではなかった。スピノザによれば、ピューリタン革命によって「[イングランド人民は王を廃止することに]成功したかのようだが、じつは統治の形式（forma imperii）を変更することができなかったばかりか、むしろ多大な流血ののちに得られたものは、異なる名前によって称えられる新しい王［クロムウェル］だった」（TTP. XVIII, 227, 下二四四）。どこかの地点でホッブズは、政治における必然的な力と運動の法則を捕捉しのがしたのであり、これにたいしスピノザは、自然状態から変わらず作用し続ける各人の自然権＝力の必然的運動をあくまで保持し続けるロジックを対置しようとする。ではたしてスピノザは、どのような政体論をもって大衆の自然権＝力の合成と運動を理論的に保持しようというのだろうか。

2 スピノザの政体論

政治機構論を詳しく論じた『政治論』においてスピノザは、「統治権（Imperium）」が「一人の手中」にあるか、「少数の選ばれた人々からなる会議体」にあるか、「大衆全員からなる会議体」にあるかによって「君主政（Monarchia）」、「貴族政（Aristocratia）」、「民主政（Democratia）」と区別し、ホッブズ同様の分類をおこなう（TP. II-17, 282, 二九）。ただし前節で論じたようにスピノザによれば、いずれの統治形態であろうと「最高権力の権利」とは「ひとつの精神によるかのごとく導かれる大衆の力によって決定されている」（TP. III-2, 284-285, 三四）のだから、『政治論』の副題にみられるように、君主政であろうと貴族政であろうと「国家が圧政に陥らないようにし、かつ国民の平和と自由が侵されることなく保持される」ような絶対統治に近い政治体制と機構を整備することは可能である。たとえばスピノザは、君主政においては、市民軍の創設や軍司令官の任期制（TP. VI-10, 299, 六五）、土地や家屋の共同所有制（TP. VI-12, 300, 六六）、君主が法治主義を貫くべきこと（TP. VII-1, 307, 八一）、多数の市民を「顧問官（conciliarius）」として登用し（TP. VI-15, 300-301, 六七）、「会議（concilium）」の意見を尊重すること（TP. VII-5, 310, 八五〜八六）などを、具体的施策として提言している。

しかしスピノザは、「あらゆる権力を一人の人間に委託すること」は「隷属状態（servitus）」を意味し、それによって戦争状態が回避されたとしてもけっして「平和状態（pax）」とはいえない（TP. VI-4, 298, 六二）と述べているように、君主政を積極的に推奨してはいない。スピノザによれば、「たった一人の人間が国家の最高の権限（summum Civitatis Jus）を掌握しえると信じる者は、たいへんな間違いをおかしている」（TP. VI-5, 298, 六二〜六三）。一人の人間の生命と能力には限りがあり、強大な権力を一人で支えることも公共の福祉を十分に図ることも無理であり（TP. VI-3, 298, 六一）、王の死によって権力が大衆にもどりアナーキーとなったり、他者による権力奪取が容易なため国家が不安定になりやすい（TP. VII-14, 313, 九二）。結局臣民が真の自由を享受しえない場合が多い（TP. VII-29, 321, 一〇五）。

スピノザが「絶対統治に最も接近した統治」として、君主政以上に高く評価するのは貴族政である。かれによれば、最高権力の権利が大きければ大きいほど、つまり貴族政における最高会議（supremum Concilium）が絶対的に統治権を掌握すればするほど、統治は危機にさらされることなく安定し「絶対統治」に近づく。つまり「絶対統治」に近いとは、最高権力にたいする大衆からの支持が厚く、大衆の自然権＝力の結集や調達という政治過程がうまく機能し、平和と自由が維持されている状態を示している（TP. VIII-7, 326-327, 一一七）。たとえば貴族政においては統治権は会議という「つねに唯一で同一性」を保った「永続的」な形態をとることができ、アナーキー状態が招来される可能性が低い（TP. VIII-3, 325, 一一四）。また会議が十分な大きさを保ち、十分な協議・傾聴・討論を経て意志決定がおこなわれるならば、その意志は理性的方向に向かい、かつそれが「法」という理性的形式で表明されるという利点がある（TP. VIII-6, 326, 一一六）。スピノザによれば、「中程度の大きさの国家」において最高会議を構成する貴族（patricius）が五千人、そのなかから選ばれる「最善者（optimus）」が百人（TP. VIII-2, 324, 一一二）、また貴族の数と大衆の数との比は一対五十（TP. VIII-22, 332, 一二八）と述べられているから、人口二十五万の大衆のなかから五千人の代表が選出され、さらにそのなかの百名が行政を担当することになる。このように貴族政においては、大衆の自然権＝力の譲渡や結合という政治過程がうまく機能するよう、国家の諸基礎が工夫されなければならない。貴族政の悪しき組織例として、スピノザがネーデルランドの寡頭政を考えていたことは前にふれた。

結局スピノザが、完全な絶対統治であり人々に「平和」と「共感（concordia）」をもたらすと考えるのは、「大衆全体（integra multitudo）が支配する」民主政（民衆国家（imperium populare）、民主国家（imperium Democraticum））ということになる（TP. VIII-3, 325, 一一五）。民主政とは、生まれながらに「市民権（jus civis）」をもつすべての人々が、最高会議における投票の権利ならびに国家の官職につく資格をもつ国政である（その権利資格には、年齢や納税額による一定の制限が法律上加えられる場合もある（TP. XI-2, 358, 一七八〜一七九））。

スピノザは、『神学政治論』においては、この政体が「最も自然的であり……また自然が各人に許容する自由に最も近い」（TTP. XVI, 195, 下一七七）と評価して、民主政へのコミットを明確にしている。スピノザの政体論は、ホッブズ同様アリストテレス流の伝統的分類に従ったものだったが、民主政（δημοκρατία）とは、「無産者が自己の利益のみを配慮する支配体制」であり「共和政（πολιτεία）」から逸脱し邪道にそれた不安定な国制である、[23]という古典古代以来の衆愚政治の意味は、ここで一転されることになった。

3　「力の合成」論の民主的再編成

政治思想上における近代的民主政論への大転換を、スピノザはド・ラ・クールの著作から、そしてド・ラ・クールを通じてハリントンから学んだと言われる。[24]ただしハリントンは、経済活動の変動に対応した政治体制の構築という視点を最重視し、多数の中産ヨーマン層を主体とした共和政にもとづく真に「法の支配」が貫徹する政治機構の理論化に努力を傾けた。それゆえハリントンはホッブズを高く評価はしていたが、ホッブズの契約論的な主権構成論は、彼の政治論の主題とするところではなかった。[25]これにたいしスピノザのデモクラシー論の第一の特色は、ホッブズ主権論の受容と改作にもとづいて、デモクラシーを社会契約論によって理論化した点にある。

スピノザによれば民主政とは、各人が「社会（societas）」全体にたいして、つまり「自分自身がその一員であるところの全社会の大多数者（major totius Societatis）」にたいして、全面的に自然権を放棄することによって成立する（TTP. XVI, 195, 下一七七）。全員が自然権を絶対的に譲渡するのだから、だれかが自分の自然権を一部だけ留保していたり、構成員の上位に位置する第三者やそれにたいする「服従（obedientia）」が生みだされたりすることはなく、自然状態と同様にみんなが同等な（aequalis）「社会の権利〔関係〕（societatis jus）」（TTP. XVI, 193, 下一七三）＝「共同の権利（jura communia）」（TP. II-16, 281, 二八）が創設される。しかも自然権を放棄する対象は、「意見（consultatio）しえないような他者」にたいしてではなく、各人が国政の相談にあずかりうるような「社会」全体にたいしてなされるのだから、何人も自然権を他者にまかせきることなく、各人は自律的自由を獲得する（TTP. XVI, 194-195, 下一七五〜一七六）。本来スピノザにとって、国家とは、「ひとつの精神」によるかのごとく導かれる「（ひとつの）身体」とも言うべきものであり、国家の意志とは、構成員をなす「すべての人々の意志」（TP. III-5, 286, 三七）であるとみなされるところに成立する。もちろん、この集合体は、あたかもひとつの精神と身体をもつかのような場に成立するのであって、ホッブズのように統一的な意思決定能力と権利能力＝権力をもつ、ひとつの集合人格をなすことはない。まして、プーフェンドルフのいう社会（国家やすべての中間諸団体）のように、複合的な道徳的人格をなすわけではない。それゆえスピノザは、主権設立のさいに同時に主権者を決定するというホッブズ契約論を取り入れることなく、構成員全員が平等で水平的な結合をつねに保ちながら、放棄した自然権の総和が一人格に結晶しないまま、あたかもひとつの統一的な意志と力を形成し続ける運動のプロセスを表わす契約の方式を案出する。そうした力の合成の過程においては、「大衆」が退場することはない。ホッブズにおいては、大衆（multitude）は国家形成以前に存在する無規定な集団であり、契約と主権形成には参加するが、主権成立後には代表者が主権者としての行為を代行する。しかしスピノザにおいては、大衆はいかなる政体においても最高権力の形成母体であり、民主政においては「なしえるすべての事柄にたいする最高権力を共同して（collegialiter）有する人間の普遍的結合（coetus universus）」（TTP. XVI, 193, 下一七三）であり「公共的な大衆（commune multitudo）から成る会議体」（TP. II-17, 276, 二八〜二九）

とも言われる。

4　ルソー的社会契約論

さてこの自然権の委譲の方式が、ルソーの社会契約の原理にきわめて類似していることはだれの眼にも明らかだろう。ホッブズとスピノザの国家形成論の根底には、各人の力を合成することによって統一的な最高権力を形成しようとする問題意識が共通に存在していたことは前節で論じた。ここではさらにスピノザとルソーを結びつける根本的な問題意識として、再びこの「力の合成」論による主権論を見出すことができる。ルソーは社会契約の原理を述べるまえに、みずからの問題意識を次のように述べている。「人間は新しい力をつくりだすことはできず、現にある力を結合し導くことができるだけであるから、自己保存のための手段としては、〔もろもろの障害という〕抵抗に打ち勝ちえる力の総和を集合することによって作りだし、それをただひとつの動機で動かし共同の活動にむけることのほかに方法はない」(CS. I-6, 360)。さらにルソーによれば、自然状態において共同体をうちたてるための社会契約の諸条項は「すべてが次のただひとつの条項に帰着する」。つまり、「協力する(associé)各人は自分のもつすべての権利とともに、自分を共同体(communauté)の全体に完全に譲渡することである。その理由は第一に、各人は自分のいっさいを与えるのだから、すべての人々にとって条件は平等である……。そのうえこの譲渡は留保なしにおこなわれるので、結合はこのうえなく完全」である。しかも「各人は自分を各々の人全体に与えるのであって、ある人格(personne)に自分を与えるわけではない。そして、各協力者は自分にかんする権利を他人に譲渡するが、それと同じ権利を他人から受け取らないような協力者はだれもいないのだから、人は失うすべてのものと等価のものを、またさらには持っているものを保存するための力をより多く得る」（CS. I-6, 360-361）。こうした社会契約の方式によってのみ、「〔市民は〕なんらかの人格（personne）に服従せず、自分自身の意志のみに服従する」（CS. II-4, 375）ことが可能となる。こうして生みだされた主権の意志をルソーは、「個々人の利益の一致」であるとともに「共通の利害」である（CS. II-1, 368）「一般意志（volonté générale）」と呼んでいた。

さらに注目すべき点は、スピノザが契約によって生じた権利・義務関係を個人において保証するため、個人に「市民（civis）」と「臣民（subditus）」という二重規定を与える点である。各人は一方では自然権を全面的に譲渡したのだから、行動においては全面的に国家の諸法律に従う義務を負う「臣民」である。しかしまた他方では、各人は自然権の完全な保持者としては「市民」であり、最大限自己保存を追求し「国法にもとづいて国家のいっさいの便益を享受する」とともに、思想・信条・討論の自由は完全に保証されている。これも、社会契約を結んだ個人は、法の創造に参加し法的保護を受ける権利を有する点では「市民（Citoyen）」であり、法に服従する義務を負うかぎりでは「臣民（Sujet）」である（CS. I-6, 362）という、ルソー人民主権論の根幹をなす有名な定義が、すでに一世紀前にスピノザによって定式化されていたことを示している。

それゆえ「スピノザ政治論解釈の第一世代」(26)と呼ばれる研究者たちが、スピノザ国家論の民主的性格を、ルソーの社会契約論との同一性を根拠に主張してきたことは、一面においてはまったく正しかった。以上のようなスピノザとルソーにおける国家論の理論的同一性は、政治思想史上において現在でも正当に評価されてはいないがゆえに、この点を再確認することはきわめて意義深いだろう。

しかしこのような重要な位置を占めながら、スピノザの政治論がその後西欧政治思想史上で注目されることはなく、まして正統的位置づけを与えられることはなかった。それは、あくまで大衆を最高権力や統治権の担い手とみなし、大衆の集合体そのものが絶えずあたかもひとであるかのごとく、力と意志を形成しつつあるシステムを表示する契約論を探究するという、スピノザとルソーとを結びつけた主要な問題が喪失されていったことを意味しないだろうか。そもそも、ホッブズ国家論の本質として各人の力の合成という理論を抽出すること自体、西欧政治思想史上の通説とは言いがたく、そのようにホッブズを読みとったスピノザと、その後社会契約論やリベラリズムの系譜として本流をなしていく西欧近代政治思想との本質的なズレを予感させる。この問題を考えるため、まずフランスにおいてルソーにいたるまでのあいだスピノザ思想がどのように受容されていったかを追い、そこからスピノザとルソーの政治論の決定的相違をみることにしよう。

註

（1）スピノザの生涯については以下の代表的な伝記および資料集を参照。Jacob Freudenthal, *Die Lebensgeschichte Spinozas in Quellenschriften, Urkunden und nichtamtlichen Nachrichten*, Veit, 1899.（リュカス／コレルス、渡辺義雄編訳『スピノザの生涯と精神』学樹書院、一九九六年）。Jacob Freudenthal, *Spinoza : Leben und Lehre*, Carl Winter, 1927.（工藤喜作訳『スピノザの生涯』哲書房、一九八二年）。K. O. Meinsma, *Spinoza und sein Kreis*, Karl Schnabel Verlag, 1909. Theun de Vries, *Baruch de Spinoza*, ro-ro-ro bildmonographien, Rowohlt, 1970. 清水禮子『破門の哲学』みすず書房、一九七八年。A. M. Vaz Dias & W. G. Van Der Tak, *Spinoza : Merchant & Autodidact*, Reprint from Studia Rosenthaliana, vol. XVI, Num. 2, 1982. Margaret Gullan-Whur, *Within Reason : A Life of Spinoza*, Jonathan Cape, 1998.

（2）宗教改革によって生じた各セクトは、カトリックや国教会の教会組織とは異なり自覚的に信仰を選択した人々の自由な結社だったが、とくにスピノザが親しく交際していたコレギアント派サークルは、新教国でも異端として迫害されていたメンノー派、クウェーカー派、ソチニ派等をはじめ、ルター派、カルヴァン派、カトリック派までをも包含する寛容な団体（collegium）だった。かれらの団体規律は、聖書を学び各人が自由に解釈するという一点での一致のみであり、その自発的民主的雰囲気はスピノザに大きな影響を与えたと言われる。スピノザと親しかったコレギアントのなかには、スピノザの最初の著作『デカルトの哲学原理』に序文を書いたルードヴェク・マイヤー（Lodewijk Meyer）、一六七七年の『スピノザ遺稿集』に序文を書いたヤーリヒ・イエルス（Jarig Jelles）、スピノザの著作のすべての発行者であるヤン・リュウエルツ（Jan Rieuwertsz）などがいる。彼らはスピノザとは哲学的宗教的見解を異にはしていたが、スピノザを敬愛し金銭的にも厚い援助を与えた。スピノザとコレギアント派の関係については、W. Meijer, Wie sich Spinoza zu den Collegianten verhielt, in *Archiv für Philosophie, I. Abtheilung ; Archiv für Geschichte der Philosophie*, Bd. XV H. 1, 1902. Adolph Menzel, Spinoza und die Collegianten, ibid., H. 3 1902. Madeleine Francés, *Spinoza dans les Pays Néerlandais de la seconde moitié du XVII*^{e} *siècle*, Felix Alcan, 1937, pp. 35–72 参照。とくに政治思想との関連でみると、コレギアントにおける革命的コミュニズムの風潮がスピノザに与えた影響を重視する研究が目につく。そうした風潮を当時のアムステルダムで担っていたグループは、コレギアントのなかでもとくにミュンスターの流れを組むアナバプティストであり、レヴェラーズやクロムウェルらと結んでイングランドにコミューンの建設を夢見たメナッセ・ベン・イスラエル（Menasse ben Israel）などのユダヤ人だった（Lewis Feuer, *Spinoza and the Rise of Liberalism*, Beacon Press, 1964, pp. 40–57. Antonio Negri, *L'anomalia selvaggia : Saggio su potere e potenza in Baruch Spinoza*, Giangiacomo Feltrinelli Editore, 1981, translated by Michael Hardt, *The Savage Anomaly*, University of Minnesota Press, 1991, pp. 27–29, 40–43）。

（3）オランダの政治情勢や歴史については、以下個別に参照、引用される文献の他に下記のものを参照した。Charles Henry Wilson, *The Dutch Republic and the Civilisation of the Seventeenth Century*, World University Library, Weidenfeld & Nicolson, 1968.（堀越孝一訳『オランダ共和国』平凡社、一九七一年）。Leo Balet, *Rembrandt and Spinoza*, Philosophical Library, 1962.（奥山秀美訳『レンブラントとスピノザ』法政大学出版局、一九七八年）。Charles. R. Boxer, *The Dutch Seaborne Empire 1600–1800*, Huchinson, 1963. Pieter Geyl, *The Netherlands in the Seventeenth Century*

1648-1715, Barnes & Noble 1964. J. L. Price, *Culture and Society in the Dutch Republic during the 17th Century*, B. T. Batsford, 1974. Immanuel Wallerstein, *The Modern World-System II : Mercantilism and the Consolidation of the European World-Economy, 1600-1750*, Academic Press, 1980.（川北稔訳『近代世界システム 1600-1750――重商主義と「ヨーロッパ世界経済」の凝縮』名古屋大学出版会、一九九三年）。森尾忠憲『デモクラシー論の先駆――スピノザの政治理論』学文社、一九八三年。川口博『身分制国家とネーデルランドの反乱』彩流社、一九九五年。J. C. H. Blom & E. Lamberts edited, *History of the Low Countries*, translated by James C. Kennedy, Berghahn Books, 1999.

（4）十七世紀を通じてネーデルランドにおいてヴェニスやジェノヴァなどのイタリア都市国家モデルがいかに強い影響を与えていたかについては、Eco O. G. H. Mulier, *The Myth of Venice and Dutch Republican Thought in the Seventeenth Century*, translated by Gerard T. Moran, Van Gorcum, 1980. 参照。また共和派ヤン・デ・ウィットの治下、アムステルダムとアテネを比較類推する試みが一般的におこなわれていたという（E. H. Kossman, The Development of Dutch Political Theory in the Seventeenth Century, in *Britain and the Netherlands*, edited by J. S. Bromley & E. H. Kossman, Chatto & Windus, 1960, p. 105）。ポロックは、スピノザ国家論の主題がイギリスの立憲王制的民主主義の指導者たちの目的ときわめて類似していると指摘しつつ、スピノザの論ずる政治機構の概念は古典古代に属するものであるとみなしている（F. Pollock, Spinoza's Political Doctrine with Special Regard to his Relation to English Publicists, in *Chronicon Spinozanum* Bd. I, Hagae Comitis Curis Societatis Spinozanae, 1921, pp. 48-50）。スピノザが現実の国家の諸形態について論じたさいにモデルとなったのはネーデルランドとイタリアの共和政であるとの指摘は従来から多々なされている（I. P. Razumovski, Spinoza and the State, in *Spinoza in Soviet Philosophy*, Routledge and Kegan Paul, 1952, p. 161）。また最近ではネグリが、スピノザ政治論の基本的要素としてマキァヴェッリの共和主義とアルトゥジウスの民主主義を挙げている（Negri, op. cit., 1991, p. 113）。

（5）James Harrington, *James Harrington's Oceana*, edited by S. B. Liljegren, Hyperion Press, 1924, p. 12. および Rousseau, CS. III-6, p. 409 参照。

（6）ダントレーヴによれば、中世ヨーロッパでは、「civitas」「regnum」「respublica」が国家を表わすためにもちいられ、「civitas」はイタリアに典型的な都市国家を、「regnum」は封建的な領邦的君主国家を、そして「respublica」はあらゆる国家のキリスト教信者をひとつの普遍的な帝国の住人とみなす「respublica christiana（キリスト教国家）」を意味していた。やがて respublica から civitas や regnum が徐々に分裂してくるに従って、一定の自足的な社会の単位として state（ラテン語 status は一定の生活状態・社会的地位・法的構造などを示す）が使用されるようになる。すでに中世後期から status は、ある特定の組織された権威と権力の行使としての統治および統治がなされる国民および領土とを渾然一体と示す言葉として使用されるようになったが、そうした意味を決定づけたのがマキァヴェッリの stato である。しかし仏語圏、英語圏では state の使用は好まれず、近代的主権概念の樹立者ボダンは国家を république で表し、ホッブズは civitas、commonwealth（respublica の訳）、state を意識的に等置した。イングランドでは王制崩壊（一六四二）後 commonwealth が公式に採用され、王制復古（一六六〇）後はあまり使用されなくなったが、ロックも commonwealth を用いている（Alexander Passerin d'Entrèves, *The Notion of the State : An Introduction to Political Theory*, Oxford at the Clarendon Press, 1967, ch. I-3)。ギールケは、civitas や respublica という概念は人々の結合体としての政治社会というほとんど同一の意味をもつ言葉だが、ニュアンスの区別はあり、civitas は国家の基礎をなす人々の結合や集合体を、respublica は国家の体制や秩序関係をあらわしており、前者のメルクマールは（市民）社会（societas, societas civilis）であり、後者のメルクマールは主権（majestas, dominium）であると指摘している（Otto von Gierke, *Die Staats- und Korporationslehre der Neuzeit*, Das deutsche Genossenschaftsrecht, Bd. IV, Weidmannsche Buchhandlung, 1913, S. 285, Anm. 35)。

（7） 法律顧問：オランダにおける法律顧問制度も以下のようなドイツにおける法律顧問制度の成立と同様の歴史的経緯によって生じたと考えられる。中世末期以降、一方では、都市において合意によって法定立がおこなわれるという動向が、他方では、国王や諸侯（領邦君主）の命令によって法定立がおこなわれるという動向が、ともに活発になった。それにともなって、法を法的共同体の成員の確信から切り離して専門家の手にゆだねる必要が生じ、同時にローマ法の継受がおこなわれた。ドイツにおけるローマ法の継受は、すでに十三、十四世紀にはじまり、本格的進行は十五世紀中葉以降である。十五世紀から十六世紀には、都市や領邦君主が、Bede と呼ばれる税金の自発的拠出を各等族に懇願する必要から、固有の財政と行政を展開し始め、そのさい専門的な行政技術、法技術を独占したのが、学識法曹（Gelehrte Juristen）であった法律顧問（Syndicus）である。かれらは、ボローニァをはじめとするイタリアの大学において、註解学派から法的構成の技術を学んだ。なお十七世紀から十八世紀におけるローマ法研究の主導権は、オランダにあったといわれている（碧海純一、伊藤正己、村上淳一編『法学史』東京大学出版会、一九七六年、一二三〜一二四頁。および Franz Wieacker, *Privatrechtsgeschichte der Neuzeit unter besonderer Berücksichtigung der deutschen Entwicklung*, 1952, 2 Auflage, Vandenhoeck & Ruprecht, 1967, S. 101–104. 参照）。

（8）　レヘント（Regent）：ネーデルランド諸州は、中世においても封建貴族や高級聖職者の権力が弱く自由小作農民と商人の国といわれたが、対スペイン独立戦争の過程で貴族とカトリック聖職者の大部分が没落した。そのなかで勢力を伸長してきた階層が、世界貿易、大製造業、投機などにより巨額の富を蓄積し、領主権を手に入れた上層市民であり、かれらは、大都市貴族（オランダ語でレヘント）と呼ばれ、アムステルダムをはじめとする大都市の市政を独占し、ひいてはネーデルランド共和国全体の政治支配層となった。詳しくは、栗原福也「オランダ共和国における大商人層の支配」（日蘭学会編、栗原福也・永積昭監修『オランダとインドネシア――歴史と社会』山川出版社、一九六八年）、上野喬『オランダ初期資本主義研究』御茶の水書房、一九七三年、第一章、参照。

（9）　Pieter de la Court（1618-85）はライデンの独立的な布商人の家に生まれ、家業を継ぐ。一六六二年の主著 *"Interest van Holland ofte Gronden van Hollands Welvaren"*（『ホラントの利益あるいはホラントの富の基礎』、一六六九年に改題再版）においては、ギルドや都市支配者による商業の規制に反対し、ホラント州の発展のために、経済的自由を主張。東・西両インド会社による寡占的な貿易を非難し、多数の商人の参加による商業の活性化を提案した。しかし自由貿易の主張者ではなく、重商主義の立場から国内生産物の保護や植民地建設を擁護した。また政治論については、ホッブズに言及しつつ、個人は本性上エゴイスティックで自然状態は闘争状態であるから、国家権力による社会の形成が必要であるとの議論を展開した。ネーデルランドの寡頭的な貴族政には反対で、臣民と支配者の私的利益の一致のため、支配者の選出にすべての成人男子（奴隷、外国人、賃金労働者＝下層民）が参加すべきことを主張した。（J. van Daal & A. Heertje edited, *Economic Thought in the Netherlands : 1650–1950*, Avebury, 1992, pp. 17–21.）ただし Pieter の著作は、実際は兄の Johan（1660 没）との共著であると言われ、兄弟のうちどちらの主導権がどの著作において発揮されたかという「Johan-Pieter 問題」は資料上未解決である。政治論についてもピーターが貴族政を支持していたのにたいし、ヨハンはライデン大学在学中にデカルト主義やホッブズの『市民論』の影響を受け、民主政の支持者だったと言われる（H. W.

Blom, Political Science in the Golden Age: Criticism, History and Theory in Dutch Seventeenth Century Political Thought, in *The Netherlands' Journal of Sociology*, 15, 1979, Elsevier Scientific Publishing, pp. 48-53)。

（10）クーンラート・ファン・ボイニンヘン（Coenraad van Beuningen）は当時のアムステルダム市長の息子であり、瞑想的な隠遁生活と慈善を好み、コレギアントの集会に顔をだしたり、レインスブルフ時代のスピノザを訪ねたりした。

　アドリアーン・パーツ（Adriaan Paets）はロッテルダムの陪審員や公証人を努めた自由思想家。後年は学園を設立したり、ピエール・ベールの後援者になったりした。

　アブラハム・クッフェラー（Abraham Cuffeler）はデ・ウィットの友人で、ホラント州政府の法務官を努めた。デ・ウィット一派のなかでも、みずからをスピノザ主義者と表明した最初の人物と言われる。スピノザにたいし並々ならぬ驚嘆と畏敬の念を抱き、スピノザの死後、スピノザ体系の要約を下記のラテン語の三巻の書にまとめて匿名で出版した。Specimen artis ratiocinandi naturalis & artificialis ad pantosophiae principia manuducens..., 3 Bd. Hamburg（実際は Amsterdam), 1684.

　ヨハン・フッデ（Johan Hudde）はデ・ウィットの親しい友人で、年金の計算など実践面でウィットと数学（統計学および確率論）の共同研究をおこない、また建築学、光学にも造詣が深く、スピノザにレンズの作成を依頼している（Ep. 36 参照）。またスピノザの哲学体系にも関心を示し、スピノザはフッデ宛ての書簡のなかで、『エティカ』の第一部、定理一、八、十一、十二、十三を説明している（Ep. 34, 35, 36 参照）。なおかれは、デ・ウィット失脚後もアムステルダム市長となっている（de Vries, op. cit., S. 81, 95-98, Francès, op. cit., pp・86-92）。

（11）『神学・政治論』が出版されたのちの、デカルト派の反応について、スピノザは書簡において次のように述べている。「とりわけ愚かなデカルト主義者たちは、私に好意をいだいていると誤解されているものですから、その疑いを晴らそうと、いたるところで私の見解や著作をためらいなく罵倒したのです」（Ep. 68, 299, 三一四）。一六四〇年代以降のオランダの大学では、デカルト主義が一世を風靡し、知性的なレヘントの多くは、デカルト主義をみずからの信条としたと言われる。比較的若い世代のなかには、デカルト主義をのり越えて、さらに思想を押し進めたいと望むのも多く、かれらは、ユダヤ教を破門されたのちにライデン大学の近くに移り住んだスピノザを頻繁に訪ねた。そのなかの一人、ヨハネス・ケーツェル〔=カセアリウス〕（Johannes Keezer〔=Casearius〕）は、一時期スピノザと同居を許され、スピノザからデカルト主義の原理について講話を受けた。これを機会にスピノザは、デカルト哲学の注解書をまとめ、『デカルトの哲学原理および形而上学的思想』として一六六三年に出版した（de Vries, op. cit., S. 68, 73-76）。この書は、スピノザが生前実名で出版した唯一の書物であったため、スピノザはデカルト主義から出発した、との評価をまねくこととなった。しかし、スピノザは当時の書簡のなかで、スピノザ思想はデカルト主義とは異なることを明言しており、十九世紀中葉に処女作『短論文』が発見されてからは、スピノザが初期の段階で独自の汎神論を確立していたことが内容的に証明された。

(12) 反三位一体説と救いにおける個人の能力を主張するアルミニウス派は、プロテスタントのなかでは異端的宗派であったが、宗教的寛容の風土をもつオランダにおいては大きな勢力をもち、とくに自由主義的な都市貴族層や知識人のあいだに広まっていた。しかしスピノザの宗教思想とは大きな隔たりがあった。たとえば当時のオランダのアルミニウス派の代表格、フィリップ・ファン・リンボルフは、一六七一年に『神学政治論』について次のように述べている。「かれ〔スピノザ〕は、無神論者でなければ、理神論者になったユダヤ人です。私はかつてこれほど有害な書物を読んだ記憶がありません。」(Freudenthal, op. cit., S. 220)。なおリンボルフは、のちにオランダに亡命したジョン・ロックの親友でありロックの『寛容に関する書簡』は、リンボルフに献じられた。

(13) Franciscus Van den Enden（1602-1674）は一六〇二年アントワープに生まれ、イエズス会で教育を受けた後、ベルギー各地の同会で文法や詩学を教える。一六二九年から命をうけルーヴァンで神学を学んだが、一六三三年に「過ち」をおかしたかどでイエズス会から放逐され、一六四二年の結婚にいたるまでは消息不明。一六四五年にアムステルダムに移り住み、画廊兼書店を始めるが一六五二年破産。その後スピノザが通うことになるラテン語学校を設立して成功する。当時の解剖学者 Olaus Borch の日記（一六六〇―一六六五）には、「ユダヤ人でキリスト教徒になり、いまはむしろ無神論者というべきスピノザは、レインスブルフに住んでおり、デカルト哲学に秀でているばかりか、その明晰判明な観念によってデカルト哲学を越えている」(1661. 9. 9) という記述とともに、急進的で無神論的なカルテジアンのグループで指導的役割を果たす人物としてエンデンへの言及がある。その後エンデンは一六七〇年にパリに現れラテン語学校を設立するが、一六七三年ルイ十四世暗殺への共同謀議に加わったかどで逮捕され、一六七四年バスチーユで絞首刑に処せられた。エンデンの手によると推定される一六六二年の *Kort Verhael van N. Netherlandt*, enz.（およびその別ヴァージョン）において彼は、社会のすべての人々にとって有益な国家を大多数の市民の選挙を通じて形成するというリベラルな福祉システムや認識の三段階説など、スピノザに近い見解をいくつか披瀝しているという。Wim Klever, Spinoza and Van den Enden in Borch's Diary in 1661 and 1662, in *Studia Spinozana* 5, Spinoza and Literature, Königshausen & Neumann, 1989, および Wim Klever, A New Source of Spinozism : Van den Enden, in *Journal of the History of Philosophy*, 29-4, 1991 を参照。

(14) 現在残存しているスピノザの蔵書目録のなかには、ホッブズの『市民論』(*Elementa philosophica de Cive*, Amstel., L. Elzevir, 1647) が見出される。De Boekerij van B. de. Spinoza, in *Catalogus van de Bibliotheek der Vereningin 'Het Spinozahuis' te Rijnsburg*, E. J. Brill, 1965.

(15) Heinrich Oldenburg (1615?-78) は、ボイル、ホッブズ、ミルトンなどの著名人と親交を結び、イングランドを中心とした各国科学者や知識人のあいだの情報交換に重要な役割を果たした。かれは一六六一年、まだ若くして無名であったスピノザを突然訪問し、二人のあいだに親密な情報・思想の交流が始まった。二人が交わした往復書簡の数は、スピノザ『遺稿集』中の書簡全体の三分の一を占めている。とくに Ep. 1-7 参照。

(16) Ferdinand Tönnies, *Thomas Hobbes : Leben und Lehre*, Faksimile-Neudruck der 3. vermehrten Auflage, 1925, Friedrich Frommann, 1971, S. 286, Anm. 60. ただしホッブズ自身は、スピノザの『神学政治論』における見解と全く異なる有神論、ないしは人格神論の立場にたっており、当時ホッブズとスピノザを結びつけ両者の理論的親近性を強調する見解は、大陸における無神論者によって流布されたとの見方もある。大陸の無神論者はスピノザの宗教批判の理論的基礎をホッブズ哲学にもとめ、他方イングランドでは、バクスター (Richard Baxter, 1615-91) やケンブリッジ・プラトニストのカドワース (Ralph Cudworth, 1617-88) やモア (Henry More, 1614-87) などが、スピノザとホッブズをひとくくりにして無神論的傾向やホッブズ主義に対抗した。そうした思想史上の経緯から、ホッブズ＝スピノザ＝無神論という見方が成立したことになる (Samuel I. Mintz, *The Hunting of Leviathan : Seventeenth-century Reactions to the Materialism and Moral Philosophy of Thomas Hobbes*, Cambridge University Press, 1962, pp. 57-59)。

(17) スピノザとホッブズとの契約論の相違については、たとえば最近では以下のアイルによる整理が論点の羅列としては簡潔である (Douglas J. Den Uyl, Sociality and Social Contract : A Spinozistic Perspective, in *Studia Spinozana, 1, Spinoza's Philosophy of Society*, Walther & Walther 1985, p. 21)。

①ホッブズは、「権利」の概念を「正しい理性」という用語で定義したが、スピノザは「権利」を「力」によってのみ定義した。

②ホッブズは、「自然権」と「自然法」の概念を人間に限定したが、スピノザにおいては存在するものすべてが「自然権」を有している。

③前記①②から導きだされるように、ホッブズ理論の基礎には規範的要素が保持されているが、スピノザは異なる。

④ホッブズにとって、権利を譲渡することは本質的にあらかじめ学習されるべきことであり（proactive）、意志を充分示すことと結果について洞察することが必要とされる。これにたいしスピノザがいう権利の譲渡とは、本質的に反作用的（reactive）であり、優越した力に服従することによって決まる。これは、スピノザ理論が構成的（institutional）というよりも進化論的（evolutionary）であるからである。

⑤ホッブズにとって、自然状態を脱する運動は意図的であり、はっきりした目的（主権の設立）をもった予見的行為である。他方スピノザは、自然状態にある人々は理性と予見を欠いており、そのために社会契約が不可能になっているとみていた。

⑥ホッブズ的な体系においては、主権やその諸機関（たとえば法）が、どちらかといえばその他の社会の部分から独立しており、意識的に設立されたものであるが、スピノザは、主権や社会的諸制度をもっと自然発生的で（emergent）反応的（responsive）な現象として論じている。

なお近年さかんに議論されるようになった、スピノザとホッブズにおける自然権や自然法の概念および社会契約論の相違については、すでに多くの研究が蓄積されている。契約論における概念規定の比較対照をもっとも詳細におこなった研究として、Christian Lazzeri, *Droit, pouvoir et liberté : Spinoza critique de Hobbes*, Presses Universitaires de France, 1998を、哲学、科学、聖書解釈などの諸点から両思想家の比較検討をおこなった論文集として、*Studia Spinozana, 3, Spinoza and Hobbes*, Walther & Walther 1987を参照。日本においても、スピノザとホッブズにおける自然、自由、理性、自己保存等々の哲学的概念の相違から両者の社会観を比較検討した河井徳治『スピノザ哲学論攷――自然の生命的統一について』創文社、一九九四年、第三部自然と社会や工藤喜作「スピノザの国家論――ホッブズと関係して」神奈川大学人文学研究所編『国家とエスニシティ』勁草書房、一九九七年、およびホッブズ契約論におけるイマージナルな「残りの者」とスピノザにおける「群衆の力能（multitudinis potentia）」との関係を鮮やかなロジックで論じた上野修『精神の眼は論証そのもの——デカルト、ホッブズ、スピノザ』学樹書院、一九九九年、第一章「残りの者、あるいはホッブズ契約論のパラドックスとスピノザ」などの成果がある。

（18） Robert. J. McSchea, *The Political Philosophy of Spinoza*, Columbia University Press, 1968, p. 151. 森尾忠憲氏も、『エティカ』の詳細な分析の結果、スピノザの自然権の内容を同様に解釈している（森尾忠憲、前掲書、一〇七～一一八頁）。

ただし註（17）でもふれたように、ホッブズの立論によれば、「力」に「意志」や「同意」が付加されたと認められたとき初めて「権利」となる。たとえば、命の危険を感じて戦闘を放棄することは、不名誉ではあるが不正ではない。しかし意志的な契約によって戦闘に加わった兵士が逃亡するのは不正であり、契約は遵守されるべきである。（Lev. II-21, 205）こうした意志の徴証（signum voluntatis）を外的行為に見出すホッブズの意志論が、死の回避のための契約を強制的に成立させるホッブズ契約論独特のカラクリを支えている点に関する示唆に富む論考として、上野修、前掲書、第2章意志・徴そして事後　ホッブズの意志論を参照。ただしスピノザ自身は、社会契約論を論じる場面において、こうした哲学的に本質的な差異にあえてふみ込んでいない。

（19） たとえばHermann Steffen, *Recht und Staat im System Spinozas*, H. Bouvier, 1968, S. 100 参照。

（20） ホッブズ主権論の本質を力の合成論としてとらえ、ホッブズとルソーの主権論の継承関係を指摘する見解は、田中浩『ホッブズ研究序説——近代国家論の生誕』御茶の水書房、一九八二年、第四章ホッブズとルソー参照。

（21） スピノザの自然法が実定法に指図を与えず、また人間の義務を規定しない点で伝統的自然法と全く異なる概念であることについては、Gail Belaief, *Spinoza's Philosophy of Law*, P. H. Klop, 1971, p. 41 ; J. H. Carp, Naturrecht und Pflichtbegriff nach Spinoza, in *Chronicon Spinozanum* Bd. 1, 1921, S. 7 参照。ただしカープは、それによってスピノザは既成の強権力を正当化しているとみなしている（J. H. Carp, Die metaphysische Grundlage der Spinozanischen Politik, in *Chronicon Spinozanum*, Bd. 4, 1926, S. 72.）

（22） ちなみにネグリは、近代社会契約論において理論化された個人主義的で自由・平等な権利・義務関係や、それを基礎とした作為的・主体的な結合契約、また政治権力の規範的正統性への問いかけや法治主義などの諸原則に関して、それ自体としての積極的意義をほとんど見出していない。この点についてはすでに加藤節氏が、ネグリは前近代的な支配・服従契約説と社会契約説を混同しているのではないかという指摘をおこなっている（加藤節「スピノザ解釈の一パラダイム――倫理学と政治学の間」『成蹊法学』第二九号、一九八九年）。ネグリの近著によれば、結合契約は従属契約によって制限され再編されるのであり（Antonio Negri, *Le pouvoir constituant : Essai sur les alternatives de la modernité*, Presses Universitaires de France, 1997, p. 190）、従来の政治思想史が重視してきたような、前近代的で団体的な支配・服従契約説やそれにもとづく混合政体論や立憲主義と、近代的個人主義的な社会契約説やそれにもとづく分権主義・立憲主義との質的相違は軽視され、民衆の革命的力動的な力や民主主義的意志、その表れである社会的問題への配慮に本質的評価の基準がおかれている（ibid., pp. 34-36, 48-49）。そのため政治思想史の把握としてもスピノザの政治論の読み取りとしても一面的な側面をもつ。

（23）　Aristotle, *Politics*, with an English translation by H. Rackham, Loeb Classical Library, Harvard University Press, 1932, III-5, 1279b. ただしアリストテレスは次のように述べて、multitude に多義的ないし積極的な評価も下している。「多数者はその一人一人は優れていないにしても、集まれば少数の優秀者にまさるかもしれない。それはちょうど多数者が各自で費用を負担しあった食事のほうが、一人の出費で賄われた食事よりはよいことがあるようなものだ。多数者の各々は徳と思慮とをいくらか分有しうるし、それにみんながいっしょになれば、その集団は多くの手足や多くの感覚をそなえた一人の人間のごとくになるように、性格や思考についてもこれと同様のことがいえるだろうからである。多数者が音楽作品についても詩人の作品についても、一人の人間よりよき批評家たるのもそのためである」（ibid., III-11, 1281a40-b8）。Waldron によれば、アリストテレスは、multitude の多数性から経済力や軍事力といった集合力の優勢さをひきだすばかりか、思考や芸術的判断におけるミル的な功利主義的優越性を提示している。しかしそこで言われる multitude とは、言論 speech と理性 logos の能力を介して相互関係をつくりだす人々であり、そこにおける政治には、功利主義的なメリットばかりか善や正義の自然的な相互分有も存在している（Jeremy Waldron, *The Dignity of Legislation*, Cambridge University Press, 1999, pp. 97-109）。

（24）　スピノザは英語が不自由であったからハリントンを読むことはできなかったが、ハリントンに依拠していたピーター・ド・ラ・クールの著作を通じて、ハリントンを学んだと推測されている。スピノザの蔵書目録のなかにはクールの

Politike Discoursen, handlende in Ses onderscheide Boeken van Steeden, Landen, Oorlogen, Kerken, Regeeringen, en Zeeden, P. Hackius, Leyden, 1662 があり（De Boekerij van B. de. Spinoza, op. cit., p. 21）、スピノザがクールに好意的であったことは、「きわめて賢明な Belga の V. H.〔Van Hove = de la Court〕」（TP. VIII-31, 338, 一三七）というスピノザの叙述からもうかがえる。クールはホッブズにおおいに興味は示したが、ホッブズの絶対主義的傾向を嫌い、マキァヴェッリやタキトゥスによるローマ史の研究から学んだ共和政論、とくにジェノヴァの例証を応用した。スピノザの貴族政の叙述における民主主義的改革論の具体例の多くは、クールのジェノヴァ研究やハリントンのヴェニス研究に負っていると言われる（Mulier 1980, pp. 196-201）。

（25）*James Harrington*, op. cit., pp. 16-17. 田中浩、前掲書、第二章ホッブズとハリントン参照。

（26）たとえば、メンツェルは、晩年のスピノザはルソー的契約論を棄てたという見解に立ちながら、『神学政治論』における民主政論が、ルソーの社会契約論を先取りしたものであることを指摘している（Adolph Menzel, *Wandlungen in der Staatslehre Spinoza's*, J. G. Cottaschen Buchhandlung, 1898, S. 23-27）。ヴォーンもスピノザとルソーの社会契約論の同一性を強調して、ルソーはスピノザに学んだはずであると推定し、とくに「一般意志」論の同一性を論じている（C. E. Vaughan, *Studies in the History of Political Philosophy before and after Rousseau*, 1925, Russell & Russell, 1960, vol. I, pp. 124-127）。さらにエクシュタインは、スピノザとルソーにおいて社会契約論の同一性が帰結する根拠を、両思想家に共通する自由の理念に求めている。エクシュタインの論ずるところによれば、スピノザは、「理性に導かれる人間は、孤独のなかで自己自身にのみ従うよりも、共同の決定に従って生活する国家においていっそう自由である」（E. IV pro. 73, 264, 下八四）と述べて、人間の「真の自由」は、自然状態における人間の勝手きままな奔放さにあるのではなく、国家における人間の理性的生活にあるとみていた。これは、ルソーが「社会契約によって人間が失うもの、それはかれの自然的自由（liberté naturelle）と……かれが手に入れることのできるあらゆるものにたいする無制限の権利であり、人間が獲得するもの、それは市民的自由（liberté civile）と、かれがもっている物すべてについての所有権」および「道徳的自由（liberté morale）」である（CS. I-8, pp. 55-56）、と述べたことと同一の論理であり、国家において人間が、みずからを社会的道徳的に律するという自律的自由の理念を、両思想家が共通の思想的基盤にしていた、とエクシュタインは主張する（Walther Eckstein, Rousseau and Spinoza : Their Political Theories and their Conception of Ethical

Freedom, in *Journal of the History of Ideas*, vol. V, Num. 3, June, 1944)。森尾忠憲氏も前掲書において、スピノザのデモクラシー論がホッブズを越えてルソーに繋がるものである点を指摘している。なお本章および次章で論じるように、三者の理論的関係について、こうした先行研究と筆者は見解を異にする。

第二章　スピノザとフランス啓蒙思想
——異端の「抑圧」と「復活」

政治思想史上、スピノザ政治論の直接の後継者を探究することは困難である。スピノザ亡きあと、彼の思想がオランダで学統をなすことはなく、むしろそのインスピレーションが国境と時間を越えていったことは、スペインからポルトガル、ポルトガルからオランダへと亡命したユダヤ人の末裔であり、境界人として生涯をまっとうしたスピノザの出自と生き方にふさわしい。当時、危険思想の筆頭であったスピノザの学説を参照したと公然と発言する思想家はいなかったが、次世代の思想界を担った著名な思想家、たとえばイングランドのロック[1]、ドイツのライプニッツ、フランスの自由思想家などにたいしスピノザは大きな影響を与え、西欧近代におけるそれぞれの国のそれぞれの思潮のなかに、スピノザ思想の「不連続」と「復活」が演じられる舞台が設えられたことになる。

ここでは、社会契約論の系譜上スピノザの国家論そのものが復活したとみなされるフランスの場合に焦点をあててみよう。とくに従来の数少ない「スピノザ政治論解釈の第一世代」が、スピノザ国家論の影響を一世紀以上を経たフランス革命の思想家ルソーに見出したのにたいし、今日の「スピノザ政治論解釈の第二世代」が、スピノザとルソーの国家論は全く対極にあると主張している論争の推移には、スピノザ政治論の特異性と西欧政治思想史上におけるスピノザの奇妙な位置が象徴的に表されている。なぜこのような解釈の相違が生じるかは、十八世紀の西欧を席巻した啓蒙思想が、スピノザ思想をどのように受容していったかという経緯をフランスにおいて簡単にスケッチすることによって、ある程度明らかになるだろう。

結論を先に述べれば、スピノザ思想は西欧啓蒙思想の全盛期を準備する土壌をつくりながら、その思想内容は啓蒙主義とは本質的に相反するものであり、(2) 啓蒙主義思想はみずからとは異質な諸原理を展開するスピノザ思想を継承したというよりも、受容しつつその真髄を無意識的にすりかえ排除し、思想史の奥底に「抑圧」したと言ってよい。啓蒙主義時代にただひとりスピノザ国家論の本質に接近し、これを摂取したルソーにおいてさえも、スピノザがとらえた、個人や集団における多様で不透明な力動性の表象やそれを貫く必然的運動法則は、近代国家を支える市民が身につけなければならない啓発された理性的な社会倫理と普遍的で調和的な公共性へと、完全に置き換えられたのである。これと同時に再度スピノザの国家論は、ながらく西欧思想の潮流の底に埋もれていく。ここではまず最初に、スピノザと同時代人であったフランスの自由思想家たちが、スピノザ思想をどのように自国に輸入したかという経緯からたどってみよう。

第一節　フランス啓蒙思想はスピノザをどう読んだか

1　自由思想家とスピノザ

スピノザが思想と言論の自由をまもるため、ハイデルベルク大学からの正教授就任要請を辞退したのは有名なエピソードである。同年の一六七三年、彼は祖国オランダに侵攻したフランス軍の司令官、コンデ公と会見するためにユトレヒトに向かった。当時スピノザは、自由主義と分権主義的共和政を掲げた商業都市貴族派に好意的であったと伝えられるが、彼の政治行動についてはほとんど知られていない。その意味でこの会談は、異端者、隠遁者として知られるスピノザが、他面ではオランダの政局や政界の主要人物と密接なかかわりをもっていたことを推測させる特筆すべき事件だった。

コンデ公は武勇に優れていたばかりか文芸愛好家であり、自由思想家との会見を好んだ。しかし結局この会見は実現せず、スピノザと実際に会うことができたのはストゥッパ中佐（Jean Baptiste Stouppe,〔Stoupa, Stouppa, Stoppa とも記される〕）と、ユトレヒトのフランス人総督リュクサンブール公爵だった。この会見においてスピノザは、ルイ十四世に自著を献呈するならば年金を受領できるように取り計らうとの申し出を、丁重に断ったと伝えられる。

この年ストゥッパは『オランダ人の宗教』（一六七三）[3]のなかで、オランダの宗教状況を次のように報告している。オランダ人はプロテスタントであると言われているが、その実オランダには「ローマ・カトリック、ルター派、会衆派、独立派、アルミニウス派、再洗礼派、ソチニ派、アリアーナー、狂信者、クウェーカー、ボランディスト、アルメニア正教徒、モスクワ〔ロシア〕正教徒、自由思想家」など、ありとあらゆる宗派が雑居し、あげくのはてはユダヤ人、ペルシャ人、自分の帰属集団がわからないような「放浪者」までもが共存している。そして彼によれば、このようなオランダ人にとって唯一共通の神はキリスト教ではなく商業利益であり、オランダの宗教状況はスピノザの『神学政治論』に端的に示されている。というのもこの書物は、ユダヤ教やキリスト教はもちろんのことすべての既存の宗教を覆して、無神論と自由思想と宗教の自由に道を開くものだからである、と彼は述べている（Meinsma 1909, S. 436-437）。

ストゥッパやコンデ公に限らず、フランスの自由思想家たちはスピノザ思想に興味を抱き、スピノザに会見しにきた者も何人かいた。(4) 当時の自由思想家たちは、教会のドグマに苛立ち精神の解放を望んではいたが、放縦な欲望の解放を自由と同一視する傾向があり、みずからの理論体系の欠如をスピノザの思想で補おうとしていたようである（Hazard 1935, p. 143）。自由思想家の多くは、ガッサンディらデュピュイ・アカデミーの常連と思想上あるいは人脈上のなんらかのつながりをもち、彼らのほとんどが、デカルトの理性や形而上学ないし自然学にたいして懐疑の眼を向けるエピュキュリアンだった（赤木 1993, 五七〜六二）。スピノザ自身も、周囲の人々から自由思想家＝無神論者という誤解を多々受けたが、彼自身は、無神論者とは「名誉や富を過度に追い求める者」であり、自分の思想はそれとは正反対であると弁明し（Ep. 43, 219, 二二〇）、無神論者と呼ばれることを嫌った。スピノザの言う「無神論（Atheismus）」とは、主にフランスやネーデルランドで流行していた自由思想を念頭においたものであり、エリート層（多くは高級官僚）にあって知的エスプリと不信心と不道徳が渾然一体となった生活を送っていた当時の自由思想家たちにたいし、スピノザは批判的であり彼らを警戒していたようである（de Vries 1970, S. 45, 120）。

一方フランスの自由思想家たちは、スピノザ思想を理論的に咀嚼する作業を開始し始めた。十七世紀後半のフランスの自由思想家のなかでも、デュピュイ・アカデミーのエピュキュリアンとはやや見解を異にするアンリ・ジュステルのサークルが、思想の自由や寛容、実証的研究を旗印に、ロック、プーフェンドルフ、ライプニッツなどの外国訪問客から新思想を受け入れていた。当時危険思想だったスピノザの『神学政治論』を初めてフランスにもちこんだのはライプニッツであり、ジュステルのサークルはそれに好意的だったと言われる。そのジュステルのサークルのなかの一人リシャール・シモン（Richard Simon, 1638–1712）もスピノザの旧約聖書批判に強い影響を受け、『旧約聖書の批判的歴史』（*Histoire critique du Vieux Testament*, 1678）を著した。シモンのこの著作は出版と同時に発禁処分となり、そうした弾劾の先頭にたったのが、当時のフランス・カトリック教会の指導者であり、宗教・政治思想の第一人者でもあったモーの司教ボシュエ（Jacques Bénigne Bossuet, 1627–1704）だった。ボシュエは聖書の記述を論拠に、神から与えられた絶対的な王権と王権の家父長的な権威を基礎づけ、ルイ十四世の王政擁護論を展開した。この点でかれは、ロックが『政府論二篇』で批判したロバート・フィルマー（Robert Filmer, 1588–1653）にあたる役割を、当時のフランスにおいて果たしていた思想家だった。そのボシュエにとって、シモンの聖書解釈とその背後に控えるスピノザの『神学政治論』とは、みずからの論拠をゆるがす最も危険な書物のひとつだった。ボシュエはスピノザを論破するためにヘブライ語を学び、『世界史論』（*Discours sur l'histoire universelle*, 1681）において、旧約聖書の時代からフランク王国建国にいたる歴史を、神の摂理を証明するため詳細に描きだした。

さてここで注意すべきことは、ルソーがボシュエの宗教論・政治論の批判を通して、スピノザ思想に大いに注目していた事実である。(5) ちなみにルソーは、一七六二年『エミール』が押収されパリ高等法院によって有罪判決が下され、故郷ジュネーヴにおいても『エミール』と『社会契約論』が焚書処分となり逮捕令が発せられたさい、パリ大司教に弁明の手紙を送っている。そのなかでルソーは、かつて無神論者スピノザが自由に自説を教え自著を印刷することができ、公然とフランスに来て歓迎され君主たちから敬意を払われ、大学から招聘され人々に尊敬されたのにたいし、「哲学や理性や人間性がこれほど賞賛されている今世紀において」、自分がこれほど迫害される理不尽さを訴えている（Rousseau 1762, p. 931）。そこからは、ルソーがスピノザ思想のラディカリズムに抱いた驚嘆と親近感がうかがえる。一世紀後のフランス思想界においても、スピノザは清廉高潔にして斬新な「無神論」の旗手であり続けていたようである。

2　貴族改革派とスピノザ

こうして自由思想家を介してフランスに紹介されたスピノザは、十八世紀のフランスにおいて、グレン（Gabriel de Saint-Glain）による『神学政治論』の翻訳（一六七八）やブーランヴィリエ（Henry de Boulainvilliers, 1658–1722）の『神学政治論概要』[6]によって流布され広く読まれた。十七世紀末から十八世紀前半にかけて、無神論、唯物論、理神論および聖書批判にかんするラディカルな文書が大量に秘密裏に写本・流布され、現存するだけでもそうした地下文書は一六三篇にものぼるという。なかでも『スピノザのエスプリ』（一七一九年）という異名をとった地下文書『三人の山師論』は最も有名で、モーセ、イエス、マホメットという三啓示宗教の創始者は世界三大ペテン師であり、宗教は無知な人間の恐怖の産物であり権力による人民支配の道具である、というその内容はよく知られている。こうした宗教批判の根拠には、万物は絶えず運動する微細な液体物質であり、人間の霊魂もその一部であるというルネサンス的な「宇宙霊魂説」がおかれており、宗教批判とともにそうした哲学がスピノザの思想であると標榜された（赤木 1993, 七一、一四二、二四九）。このようにスピノザの思想は必ずしも正しく理解・伝播されたわけではなく、かれの思想を認めるのは危険すぎるとみなされていたが、その無神論的唯物論的側面は確実にフランス思想界に浸透した。スピノザの『神学政治論』は、「十七世紀が生んだ宗教的政治的権威にたいする最も破壊的な攻撃」であるがゆえに、啓蒙思想が依拠する「最もラディカルな政治文書」

(Brumfitt 1972, p. 52) となりえた。

ところで十八世紀にはいると、フランスの「スピノザ主義者」たちはたんに無神論的な雰囲気を求めるばかりか、歴史や社会にたいして批判的考察をおこない具体的な政治改革案を提示するようになっていた。たとえば『神学政治論概要』によって知られるブーランヴィリエは、ルイ十五世治下において、王の専制政治を廃して貴族階級による政治改革をめざした貴族、ノアイユ公のサークルのメンバーだった。彼はフランスの古代政体史の研究（*Réflexions sur l'histoire de France, des Etats généraux et des parlements*, 1727）を通して、フランク族のガリア征服時の政治形態、つまり自由人が集合し協議し君主を選出するというゲルマン的封建制度こそ、フランスにとって「自然」であり「正義」であると主張し、世襲的中央集権的な専制王政を廃し、貴族の指導力を導入して権力の分散をはかるよう提案した（Assoun 1980, pp. 190-191）。ブーランヴィリエのような貴族改革派の知識人は、ノアイユ公をはじめオルレアン公、メーヌ公などのもとに集まりサロンを開いていたが、そうした貴族改革派のひとりにサン・ピエール（Bernardin de Saint-Pierre, 1658-1743）がいた。そしてサン・ピエールの代表的著作『ポリシノディ論（複合顧問会議制度論）』（*Discours sur la Polysynodie*, 1718）を批判したのが、ほかならぬルソーである。

ルソーは、『ポリシノディ論批判』（一七五六～六一）において、選挙制による貴族の顧問会議によって専制政治を防止するというピエールの『ポリシノディ論』を批判し、貴族を主体とした暫時的改革案によっては政治の腐敗と混乱を解決することはできず、真の公益を計るためには君主政自体を廃する「革命」が問題なのであると主張した（Rousseau 1782, pp. 635-637）。ルソーは、このような貴族主義的改革派の「スピノザ主義者」たちを通しても、スピノザ思想に興味を引かれていたはずである。

3　百科全書派とスピノザ

百科全書派が活躍する十八世紀中葉になると、相変わらず「スピノザ主義」を標榜することは危険ではあったものの、ドルバックやヴォルテールらによって印刷され広められた各種の地下文書を通して、曲解された「スピノザ主義」はひろがった。それにともなってフランス思想界の唯物論的傾向は強まり、スピノザの哲学体系をはじめ十七世紀の形而上学の批判がなされるまでになった。コンディヤク（Etienne Bonnot de Condillac, 1715–1780）が『体系論』（*Traité des systèmes*, 1749）において、デカルト、スピノザ、マールブランシュ、ライプニッツの体系批判を展開したように、百科全書派は「神」や「実体」などの形而上学的概念やそれらの定義や公理によって体系をつくる形而上学的方法を廃して、感覚的物質的な「自然」という概念だけを残し、またベーコンの帰納法のような実験的科学的方法のみを、真の哲学の方法とすべきであると考えたからである。

ここにいたって、啓蒙思想とスピノザ思想とが実は完全なすれちがいをおこしていたことが明白になってくる。つまり自由思想家たちがスピノザ思想を輸入して以来、「スピノザ主義」は近代啓蒙思想の唯物論的傾向と科学的自然主義の土壌を形づくるうえで大きな役割を果たしてきたが、スピノザ思想の本質そのものは啓蒙思想の内側に摂取されてはいなかったのである。ベーコンやデカルトが人間の自由は機械論的に運動する自然の法則を知り、自然を支配することによって達成されると考えていたのにたいし、スピノザは人間社会をも含めた万物の総体として自然の生＝力を考え、その必然的自然法則をどのようなしかたで人間が受け入れるかに、人間の自由達成の鍵を見出していたからである。スピノザの自然とは「神」という言葉で表わされてはいるが、ユダヤ・キリスト教的な人格神やキリスト、精霊といったものとは関係がなく、万物がそれなしには考えられえず存在しえないような根拠そのものであり、所産的自然（natura naturata）としての多種多様な個物（res singularis）を無限に産出する力に満ちた開かれた能産的自然（natura naturans）である（E. I pro. 29 sch. 71, 上七三）。

実際、百科全書派によるスピノザ形而上学の批判は、スピノザ思想がまったく理解されていないことを明確に示している。たとえば当時フランスでスピノザを一番よく理解している男といわれたディドロ（Denis Diderot, 1713-1784）は、『百科全書』における「スピノザ」の項目の叙述において、半世紀前のベール（Pierre Bayle, 1647-1706）の『批判的歴史辞典』（*Dictionnaire historique et critique*, 1697）によるスピノザ批判をほとんどそのまま踏襲し、スピノザの『エティカ』冒頭における、「実体（substance）」・「属性（attribut）」・「様態（modification）」といった概念や体系を批判に付している。ディドロが、スピノザ哲学は「明らかに誤った命題や異論の余地のある命題を掲げ、……術語の用法を間違えて意味を大部分取り違え、……歴然たる矛盾撞着を無数に犯している」(7)と判断した理由をごく簡単にまとめると、次のような問題に帰着する。

第一点は、自然＝宇宙（univers）はスピノザの述べるような必然性にもとづく唯一実体＝神ではなく、諸部分（諸実体）が複合してできた物質であり、神の自由な創造によって作られたものであるという点である。スピノザの言うように、延長（étendue）＝物質が思惟（pensée）＝観念と同等に神の属性であるならば、神は物質的であることになり、神の本性は卑しめられることになってしまう。第二点は、個々の人間あるいは人間の思考や行為は、スピノザの言うような神の変様ではなく、別々の諸主体であるという点である。そうでなければ神は、人類が引き起こすさまざまな狂気・妄想・不正・悪を生み出した加害者であり、同時にその結果を甘受する被害者であることになってしまう（Diderot 1765, pp. 464-466）(8)。

このようなディドロによるスピノザ批判の内容から、近代啓蒙思想の基本的枠組みを推察することができる。近代啓蒙主義によれば、まず自然は神の創造の産物であるがゆえに、諸部分が緻密にかつ機械的に合成されてできあがった物質であり、他方神の似姿をもつ人間は、その物質を知覚し法則性を発見し作用を加え支配する主体である。人間が自然を支配しえるか否かは、正しい自然科学の知識を獲得しているか否かにかかっており、それと同様社会が正しく構成され運営されるか否かは、人間の主体的で知的な営みの正誤に依存している。つまり社会的な不公正や悪は、人間による錯誤・迷信・狂気・妄想などによって生みだされるものであり、人間の認識が理性的科学的になれば不正や悪は改善される。それゆえ従来の神学や形而上学の抽象性・不確実性・虚為性を排し、それに代わり実験的経験的方法によって確証された科学的真理をたて、百科全書的に体系化されたそうした真理によって人々が啓蒙されるならば、人類全体の「教育」と「精神の進歩」が図られることになる。

このような啓蒙主義の精神とスピノザの体系が示唆した原理とは、根本的に異なっていた。自然は唯一実体＝神であるというスピノザの体系によれば、人間は、自然のなかにおける特別な存在ではなく、自然を支配する力(vis)もなく、むしろ自然における「外部の原因の力(potentia)によって無限に凌駕される」(E. IV pro. 3, 212, 下一六)存在であり、人間の思考や実践およびそれを介して形成される社会や歴史は、自然全体の必然的な統一性のうちに把握されなければならなかった。またスピノザは、神の属性が思惟(cogitatio)と延長(extensio)であり(E. II. pro. 1, pro. 2, 86, 上九五、九六)両者が変様したかぎりでの様態である観念(idea)と物(res)との秩序は同一である(E. II pro. 7, 89, 上九九)という形而上学を根拠に、人間における身体と思考の同一性および観念としての感情や欲望と理性の同一性という問題を提起していた。それは、人間身体にたいする思考の優位性や欲望や感情にたいする理性の優越性を基調に理論構築を続けてきた西欧思想の伝統とは、まっこうから対立する問題設定である。さらにスピノザは、実体とその変容としての人間身体や諸観念という概念装置によって、社会における正義・不正義、善・悪、あるいは人間の認識における迷信・妄想・狂気などが、社会をも含む自然全体の諸関係から必然的に生みだされるプロセスを解明し、個々の人間を主体ではなく、そうしたプロセスに依存しつつも、プロセスの個別的な連鎖については、それを変更しえるものとして把握しようとした。

このようなスピノザ体系の意義が近代啓蒙思想によって理解されなかったことは、次のようなディドロ自身の言葉が如実に物語っている。「スピノザの信奉者がたくさんいるというのは正しくない。……彼の説を研究した人の数は少なく、そのなかでもそれを理解し、正しくその見取図を描けたり、その原理の道筋を敷衍したりできる者はこれまた少ない。もっと正直な人は、スピノザは全く理解不可能で、とくにその哲学は永遠の謎のようなもので、彼に味方をするのは、信じたくないとひそかに考えていたことを彼が大胆不敵に否定してくれるからだ、と白状するほどである」(Diderot 1765, p. 463) と。

第二節　ルソーはスピノザの何を抑圧したか

さて以上のような思想史上の経緯を経て、ルソーはスピノザに出会うことになる。ルソーが自著作においてスピノザにふれている箇所は数少なく、それも比較的瑣末な問題に限られるが、前述した数々のフランス思想家、とくにディドロやプーフェンドルフの著作などを介してルソーはスピノザの思想に注目していたようだ。しかもルソーが着目したのは、自由思想派、ボシュエ、貴族改革派、さらに百科全書派の人々が議論の的にしていた聖書批判や形而上学の問題ではなく、むしろスピノザの国家論だった。両思想家の社会契約論がきわめて類似していた点は前節で論じた通りであり、マドレーヌ・フランセは、ルソー社会契約論の起源はスピノザ『政治論』の第三章にあるとまで述べている（Francés 1951, p. 62）。「われわれは物理学者、幾何学者、化学者、天文学者、詩人、音楽家、画家をもってはいるが、もはや市民をもたない」（Rousseau 1750, p. 26）と述べて、学問や芸術が人々に幸福をもたらさない、という見地に立ち、啓蒙主義と基本的命題を共有しなかったルソーは、ディドロなどの百科全書派とは全く異なる仕方でスピノザを読んだに違いない。ここでは、ルソーがどのような問題意識からスピノザ型の社会契約にたどりついたかを、フランス啓蒙思想における政治論の推移をおいながら考え、さらにルソーとスピノザの契約論の形式的同一性の背後に控える両者の政治論の本質的差異を考えてみよう。

1 統治契約説と社会契約説

ルソーは『社会契約論』の冒頭を、グロティウスの支配服従契約論の論駁からはじめている。これは当時、グロティウスやプーフェンドルフ流の自然法論と支配服従契約論およびそれにもとづく制限王政論が、フランス百科全書派に支配的な政治的見解であったからだろう。ちなみにルソーがホッブズの社会契約論をもグロティウス型の服従契約とみなしている点は、現代のフランスにおけるホッブズ解釈と同様の理論的特徴を表わしており、そうした解釈の古典的典型として興味深い。

『百科全書』における「自然状態」や「自然法」の項目の叙述からわかるように、ディドロやジョクール（Louis Chevalier de Jaucour, 1704–1779）などの百科全書派の理論家たちは、まず自然状態はまったくの無秩序ではなく一定の「自然的社会」をなしており、自然法による一定の規律が支配していると前提し、そうした規律を

「全人類の一般意志（volonté générale）」、「共通の欲望」、「善」などの概念で示した。そして人々は生まれながらに功利を追求する自己愛としての「特殊意志（volonté particulière）」とともに、「一般意志」に従う社交性をもっているが、ただ後者はきわめて不安定なものであるから、社会状態を安定させるためには各人は同意と契約を介して自己の自然権の一部を主権者に委譲し、一定の「服従の秩序」をつくる必要があると主張した（Jaucourt 1756, pp. 17–18. Diderot 1755, pp. 131–134）。こうして主権者（たいていの場合は君主）と人民のあいだには権利・義務関係が設定され、君主の権力の範囲は自然法と支配服従契約によって正当な範囲に限定され、臣民には市民的自由と所有権および抵抗権が認められた。ディドロも、「国民全体は王位、政府、公的権威の所有者」であり、「君主はそれら権利の用益権者、執行人、保管者」であると、グロティウスと同様の理論を展開し、権力の所有者である人民から王に権力が委譲されるときに、人民と君主とのあいだに結ばれた契約が政治的権威の源であると述べている（Diderot 1751. p. 899）。

ルソーは、このようなグロティウス流の自然法論と支配服従契約論は、たとえ人民主権論の名のもとに語られていようとも人民の福利とは両立しない奴隷契約であると主張する。ルソーによれば、政治の説教家たちは人民の力＝君主の力という等式によって、君主の最大の利益は人民の最大の利益つまり「人民が富み栄え人口が多く強力」であることだと主張するが、彼らはウソつきであり、君主の個人的利益とはまず第一に人民が弱く貧しく従順であることにある。このことを証拠を挙げて教えているのがヘブライ語聖書〔旧約聖書〕の預言者サムエルやマキァヴェッリであり、マキァヴェッリの『君主論』は共和派の宝典である（CS. III–6, 409）。ルソーは、マキァヴェッリは国王に教えるふりをして実は人民に重大な教訓をあたえた自由の味方という、スピノザと同様のインスピレーションをマキァヴェッリから得ている。

こうしてルソーは支配服従契約論を排し、正当な権威から新しい権力を樹立する結合の契約（contrat de l'association）（CS. III-16, 433）を提示する。その基本原理とは、多人数（plusieurs）が集合し各人の「力（force）」を総和させることによって、一致した動機で共同の活動をおこないうる統一的な最高権力＝主権を生みだすことである。しかも主権は、各人相互がすべての人々と結びつきながら、どのような他者にも服従せず自由であるような結合方式（CS. I-6, 360）によって生じるから、各人の利益である「特殊意志」は真に一致し、「共通の利害」つまり「一般意志」（CS. II-1, 368）が成立する。このような多数者による水平的な結合の契約を樹立するというルソーのモデルこそ、ホッブズ契約論を改作したスピノザから引き出されたモデルである。しかし、正当な権利にもとづいて大衆（multitude）の力を結集し、「道徳的で集団的なひとつの身体（un corps moral et collectif）」（CS. I-6, 361）を形成すべきであるという問題意識を強烈に前面におし掲げる「革命家」ルソーと、権利は力と同義にすぎないから、まず大衆の力の現実的な結集状況から出発し、あたかもひとつの身体のごとく現出する国家という、政治的社会的プロセスのからくりを分析しようとする「現実主義者」スピノザとでは、次に述べるような興味深いズレが導きだされることになる。

2　権利と力

スピノザは、個人の権利（自然権）と個人のもつ現実的な諸力とを同一視し、国家権力を諸個人の力の合成として理解しようと試みた。スピノザにとって国家形成以前の無法の自然状態においてはもちろんのこと、国家形成以後の法治状態においても権利と力（ないし権力）とは同一のものであり、さらにそれは自然法則と同じものだった。それゆえスピノザは、権利や権力の運動を既存の市民法の範囲内に限定して考えることはなく、あるいは逆に現実における権力の作用形態の変化に先行して、正当な権利をドグマティクに主張することもしなかった。たとえばスピノザによれば、既成の最高権力が崩壊し権力形態が変更されるのは、臣民が正しい権利を主張したからではなく、諸個人の力の結合方式になんらかの変化が起き、人々を結合させていた権力維持機構のメカニズムそのものに多大な変化が生じた結果である（TTP. XVIII, 226, 下二四二〜二四四）。

これにたいしルソーは、主権の形成原理としてスピノザの力の論理を継承しながら、他面では「約束（convention）」としての正当な権利（droit）と事実（fait）としての権力（pouvoir）とを同一視することをひじょうに警戒した。ルソーは、すでに存在する力とあるべき権利を混同することは既成の権力を正当化することにつながると述べて、そうした理論的混同をおかした代表者としてグロティウスとホッブズを論駁し（CS. I-2, 353）、「この〔社会の〕権利は、自然から由来するものではなく、したがって約束にもとづくもの」（CS. I-1, 352）であり、「人間のあいだのあらゆる正当な権威の基礎として約束だけが残る」（CS. I-4, 355）ことを強調する。

それゆえルソーの議論によれば、現実の力よりも正当な権利こそが先行すべきであり、一般意志は契約や法という約束として前提されなければならない。一般意志を明示するものは、少なくとも一度だけは成立したはずである社会契約であり、選挙による全員一致によって成立した決議（CS. I-5, 359）であり、社会契約が成立したのちには一般意志は立法権によって制定された法として示され、合法的な人民集会の同意と決議によってのみ変更可能である（CS. III-13, 426）。つまり「法律」こそが一般意志を明示するものである（CS. III-15, 430）。これは一方では、一般意志と特殊意志との一致を「法」として具体化し、各人がみずからの権利と同意にもとづき正当な手続きによって成立させた法に従うという、近代的な「法の支配」の原理を述べたものである。しかし他方では、ひとたび一般意志を体現する政治体（corps）と法が形成されると、各人の私的利益＝特殊意志とは対立する、「不変で、純粋で」（CS. IV-1, 438）つねに正しく、つねに公の利益をめざす一般意志に服従するよう、人々は「自由であることへ強制」（CS. I-7, 364）されることにもなる。

3　公共的啓蒙の必要性

ルソーは、「意志を一般的なものたらしめるのは、投票者の数よりもむしろ投票者を一致させる共同の利益である」（CS. II-4, 374）と述べて、一般意志と特殊意志の功利主義的な一致を強調している。しかしまた特殊意志の集合体である「全体意志（volonté de tous）」は一般意志とは異なるものであり（CS. I-7, 363, II-1, 63, II-3, 371）、一般意志は私的利益である特殊意志の競合や、「盲目的な大衆」の日常的で自然的な精神からは立ち現れない。「人民（peuple）はおのずとつねに幸福を欲するが、おのずからつねに幸福がわかるとは限らない。一般意志はつねに正しいが、それを導きだす人民の判断はつねに啓蒙されているわけではない。」（CS. II-6, 380）。だから集会（assemblée）での「長い討論、紛糾、喧騒」（CS. IV-2, 439）や正規の定例人民集会以外の人民集会（CS. III-13, 426）、さらには一定の意見をもつ人々が党派的な部分的社会（association partielle）を組んで意志表示の活動をすること（CS. II-3, 371）などは忌避される。ルソーの一般意志には、議論する公衆という公共性の要素が欠けている（Habermas 1962, S. 171）と評価されるゆえんがここにある。[9]

ここでルソーは、人民がつねに一般意志を見出しえるような政治的社会的資質を身につけていないかぎり、社会契約の成立と一般意志の持続と健全な共同体の維持は困難であるが、そうした政治的社会的資質は、逆に人々が健全な国家における政治生活を送ることによってのみ培われるという、よく知られたジレンマに直面することになる。これは、各人の自由で平等な自然権＝力の合成と合意のみを正当な根拠として統一的な主権と権威を一挙に生みだそうとする、ホッブズ以来の社会契約論そのものがはらんでいた論理的アンチノミーそのものである。「生まれたばかりの人民に、政治の健全な格律を是認させ、国家理性の基本的な規則に従わせることができるためには、結果が原因となりえなければならないだろう。つまり本来は制度の所産である社会的精神が、その制度の設立そのものをつかさどることになってしまう」（CS. II-7, 383）。こうしたジレンマを絶つためにルソーは、立法者（législateur）や監察制度（censure）さらに市民宗教（religion civile）を設定せざるをえない。

立法者とは、「民族（Nation）に適する社会についての最上の規則を見つける」ことのできる「優れた知性」の持ち主であり（CS. II-7, 381）、生まれたばかりの人民に適切な法を立案し提案する「神々」にも匹敵する「天才」である。ただし立法者は「行政機関（magistrature）でもなければ、主権（souveraineté）でもない」（CS. II-7, 382）のだから、法律を提案するのみで、それに効力をあたえるのは主権者として立法権をもつ人民の同意である。立法者が建国時の指導者であるのにたいし、監察官は日常的に公共的世論（opinion publique）を矯正する使命を担っている。もちろん「監察官の法廷は人民の世論の判定者ではなく、その表明者であるにすぎないのだから、それが世論からそれるやいなや、そのような決定は空虚で効力のないものとなる」（CS. VI-7, 458）。監察官は統治者（Ministre）と同様、法的な強制力をもたず、個別的事態にのみ対応する。つまりルソーにとって、一般意志が法律として示されるのにたいし、習慣（mœurs）とは特殊意志そのものを表しており（CS, III-1, 397）、「監察制度は、世論の腐敗をふせぎ賢明な方策によって世論の正しさを保つことによって習慣を維持する」（CS. VI-7, 459）。こうして全構成員の真の力の合成によって最大の力を形成するという、最も民主的でリベラルな人民主権論は、人民各人の特殊意志の腐敗をふせぐため、法律によってではなく「公共的啓蒙（lumière publique）」によって人民の習慣を日常的に管理制御するというモチーフとともに登場することになる。

第三節　大衆はいかに力を合成するか

1　異質者の連結

このようなルソーの一般意志論にたいして、スピノザ政治論における「ひとつの精神」には啓蒙主義的視点はない。「ひとつの精神」とはあくまでも個人の私的欲望を基礎として成立するものであり、かならずしも「理性（ratio）」ではない（TTP. XVI, 193, 下一七一〜一七二）。歴史上存在した国家は、理性という一致点によって形成された場合よりも、「安全を図るために必要不可欠なことがら（securitatis causa）」で一致し、「同じ生活様式（TP. III-3, 285, 三七）をもち、「共同の欲望」や「共同の恐怖」などの同一感情を共感しあうことによって生じた場合が圧倒的に多い（TP. VI-1, 297, 六〇）。そして最高権力の成立さえ確保されているのならば、人々のあいだで、利害認識や感情にさまざまな差があってもかまわないし、すべての人々がつねに真に理性的な判断を下す必要もない。スピノザは、自然権にかんして「賢者（sapiens）か愚者（ignarus）か」あるいは「精神錯乱か狂気か正常か」といった区別はまったく存在しない（TP. II-5, 277, 一九、TTP. XVI, 180, 下一六四）ことを強調した。これは、理性的公共的判断をなし得るか否かにかかわらず、すべての個々人が政治的共同体に参画しえる、ないしは参画すべきであるという意味ではなく、歴史上いついかなる状況にあろうとも、大衆はつねになんらかの形で権力形成システムに参画してきたのであり、それが自然権＝自然法則であった、という意味である。

スピノザのイメージする国家とは、個々人が自己利益にもとづく活動をおこなうことによって、たえず自己と他者との欲望や感情の一致点が力動的運動として現出する場であり、そうした場がいくつも複合的に組み合わせられて全体としてはあたかもひとつの精神であるかのように機能する統一体である。個々人の欲望の多様性は普遍的に公的領域の下に一括されるものではなく、その多様性、異質性はたえず編成されつづけるひとつのシステムをなし、そのシステムそのものが大衆という言葉で置き換えられている。

たとえばネグリは、こうしたスピノザの大衆のもつ異質性、開放性を「ルソー的な一般意志」に類比することは根本的に不可能であるとし、特異性が多様な方向性をもって無限の運動をおこなうことによって形成される、全体性とは異なる開かれた集合の力を「構成的権力（pouvoir constituant）」と呼んでいる。ただしネグリが、主権やその代表機関や制度あるいは憲法的規定や法秩序という形態によって、構成的権力を時間的空間的に制限するのを拒否し（Negri 1997, pp. 1–5, 18–21）、あくまでそれを永続的な革命や民主主義運動とのみ等置する議論は、スピノザの解釈としては一面的である。たしかにスピノザの議論によれば、大衆の自然権＝力の集合状況が必然的に現行の法的規定や政治機構の構成を越える場合があり、その場合には既存の統治の「形式（forma）」が変革される（TP. VI-2, 297, 六一）。しかしまたスピノザは、大衆の自然権＝力の集合が、現存する法秩序や代表機関や分権体制といった諸制度に結実する必然性をもみており、後者は前者を一定の時間的空間的規定において表現し、秩序化・組織化し、逆に前者は後者の内在的形式を規定し方向づけ、それを修正・解体・再建する力となる。

こうした相互に結果とも原因ともなっている諸様態の連関性を貫く必然的法則、つまり自然法則たる自然法は、もちろん社会契約説によっては解明されえない。社会契約説が、各人の自然権の集結によって最高権力（＝主権）を成立させ、その正当性のもとに政治機構の構成や法秩序を導き出すという論理によって、アンチノミーに陥ったことは先にみた通りである。その意味で社会契約説は、スピノザ哲学にとって理性的認識とは言いがたい。しかし社会契約説をもっともラディカルな必然性のもとにルソー的なレベルまで追い詰めたスピノザは、のちにルソーが明言することになるこのアンチノミーを明確に意識していた。だからスピノザは社会契約説を棄て代わりに大衆の力と置き換えたのだとみなすことは容易だが、実際スピノザは社会契約論を廃棄してはいないし[10]、大衆の力という概念それ自体をスピノザにおける哲学的形而上学的概念であるとみなすことはできないだろう。

たしかに大衆の力が社会契約説やそれにもとづく政治秩序を動揺させ、その論理的破綻と現実的無力を実証する場合には、社会契約説と大衆の力とは二項対立的な様相を呈するが、その逆に社会契約説が大衆の力を最も有効に組織する場面も存在する。いずれにせよホッブズからスピノザそしてルソーにいたる時代においては、社会契約説が大衆の力の結集や権力形成システムにおいてきわめて現実的で強力な表象として機能していたことは確かである。むしろスピノザにとって重要なことは、大衆が織りなす数々の表象の連結秩序の一種として社会契約論を示すとともに、大衆による力＝権力の集積の動向と社会契約論という表象が交錯する現場の秩序構成がどのような規則性によって統御されているかを分析することであり、身体的力の連結としての権力と観念的連結としての表象相互の同形性、補完性、連動性を論証していくことにあった。この課題は本書第四章でさらに分析、検討しよう。

2 近代国民国家の以前か以上か

スピノザが生きた時代、ヨーロッパはまさに近代の黎明期にあたり、民族を基盤とする近代国民国家が生成しつつあった。イギリスやフランスに典型的に現れた近代国家形成のプロセスは、初期資本主義的流通経済と絶対主義的王政が重商主義政策の下で相互補完的関係を保ち、やがてマニュファクチュアの育成と産業資本の成長が封建的経済基盤を解体するまでに達し、絶対主義国家そのものを揺るがすブルジョア市民層が形成されるという道筋をたどった。そこでは、市民が私的利益の追求者として市民社会圏を形成する力を蓄えていく過程と、同質性を共有する党派を結成して政治闘争に参画し、選挙や議会を通して多数派を形成して行政府の交代をはかる、という議会制民主主義を形成する過程とは相即的にすすんだ。ルソーの時代、彼が歴史はすでに青年期を過ぎ真の民主政はけっして存在しないと述べたように、フランスはすでにナショナルで好戦的な大国の形式を整えつつあった。

ルソーがマルクスに先だって、そうしたブルジョアにすぎない「市民」を告発し、イギリス型の議会制民主主義を鋭く批判したことはよく知られている。ルソーによる同質性の要請は、平等の問題への深いコミットメントの結果提示された論点であり、彼は、近代市民革命と産業革命にともなって浮上する貧困と階級対立の問題をいち早くみずからの政治論の中心課題にすえ、真の民主政は習慣、才能、格律、財産の平等な人々によって構成される（CS. IV-3, 433）と規定した。ルソーが、約束という権利を事実としての力から厳密に区別したのは、圧倒的多数の人民は腐敗した少数者が形成する全体意志としての既成権力下で経済的不平等と圧政に虐げられているという事実と、その大多数者である人民の一般意志による「社会契約」こそが人間の自由と平等を実現する正当な権利をもつという権利とを、激しく対立させて意識していたからだった。

これにたいしてオランダがきわめて特異な状況にあったことは、第一章でふれた通りである。絶対君主や中央集権的政治機構の不在のまま、巨大金融資本とオラニエ公の政治支配機構とが対立・融合・交錯するという政治的状況は、都市の自由や中世的共和政を温存させ、歴史的にも特筆すべき特殊オランダ的な自由と平和を開化させた。こうしたオランダ的状況は、従来では近代化や国民国家形成の遅れと評価されてきた。従来の経済史家は、オランダが十八世紀に急速に国力を失い、イギリスやフランスの産業資本に経済的にも軍事的にも完敗したのは、巨大商業資本による遠隔地貿易がたんなる中継加工貿易に終わり、大量の失業者と貧民を生み出しはしたものの、小商工業者の前近代的ギルド制や農村の農奴制にはなんら本質的変化が及ばなかったからだとみなした。それはオランダが、自立小農民《ヨーマン》層を主体としたマニュファクチュアや産業ブルジョアジーを育成せず、広汎な層を巻き込んで、局地的市場圏から地域的市場圏へそして統一的国内市場へという、国民経済システムを作る方向をとらなかったからである（大塚 1960[1]、二〇七～二三四）との見方にもとづく。さらに当時のオランダ社会は、近代的私的経済の領域としての市民社会の未成熟から国民的規模で社会を編成していく力をもたず、イギリス的議会のような民主主義が育成されなかった（大塚 1960[2]、三九九）という評価さえなされた。

しかし今日の経済史学者は、当時のオランダが「最後の偉大な都市国家」だったという見解から離脱しつつあり、史上初の近代経済だったとの評価も存在する（Van der Woude & de Vries, 1997）。十六世紀後半以来のネーデルランドの経済発展は、たんにアムステルダムなどの代表的な大都市経済によって可能になったというよりも、他の諸都市における産業の振興や農業地域における商品作物生産の増大、また生産性の上昇といった事態とタイアップして進展したのであり、諸都市ないし諸地域間の生産・流通をめぐるネットワークの存在に、史上初と言われる長期的で持続的な経済発展の秘密があったとも言われる。(11) そうした経済構造や中間階級における開拓的な企業心は、十七世紀のネーデルランドにおける共和主義的イデオロギーや政治経済制度の非集権化と即応していた(Van der Wee 1993, p. 36)。

いずれにせよ、当時のネーデルランドが中世的な都市国家であったか、近代国家ないし近代経済であったかという規定自体を争うことは不毛であり、ネーデルランドの事例が、イギリスやフランスを典型として形づくられる「近代」や「国民国家」や「資本主義」といった概念規定にはあてはまらないことだけは確かである。「近代的」と呼ばれる閉鎖的な国民経済や国民国家が不成立であったがゆえに、ネーデルランドにはスピノザのような政治論が成立する余地も存在した。スピノザにとって国家とは、ブルジョア的な市民として公的領域から分離され一様化された人々の私的利益の調整機関であるような市民社会成熟期の近代国民国家ではなく、逆に市民社会の人間関係そのものを包摂してしまうようなキウィタスの延長上にイメージされる国家であり、近代国家形成期に現われた数少ないひとつの典型である。国家と市民社会はまだ分離しておらず、人間が私的経済活動の圏と公的政治活動の圏とに二分され、その分裂・矛盾が社会的規模でも個人的内的葛藤としても固定されるという特殊的近代的意味での公私の分裂の形跡は、スピノザの政治論にはみられない。スピノザによれば、国家は私的な領域から分離された公共的でナショナルな領域に成立するものではなく、さまざまな位相や領域でくりひろげる大衆の自己保存力にもとづく活動が織り成す力の諸関係である。

このように大衆とは、民族的・階層的・思想的相違はもちろんのこと、あらゆる意味で異質である人々の集合体を意味する。そのため、その同意と力の結集は精神の自由な絶えざる運動のなかでしか成立せず、それをスムーズなプロセスで進行させるうえで最も重要で不可欠な条件が、思想信条と言論の自由の完全な保証である。スピノザは、民主政においては人々は「最多票を得た意見」や「共同の決定に従って行動するよう義務づけられてはいるが」（TTP. XX, 245, 下二八五）、内的な信仰の自由を含め各人の判断・思考・発表の自由は完全に認められるべきであり、それは最高権力の権能とはなんら矛盾せず両立すると再三再四強調している。スピノザは、思想の自由を認めない国家がいかに圧政に陥り、結局国家自体の安全と存立を危うくしていったかを「ヘブライ人の国家組織と歴史」を分析しつつ示している（TTP. XVIII, 225-226, 下二四一〜二四二）。結局、思想信条の表明の自由は、国家権力からの私的自由と権利の保証というリベラルな意味ではなく、むしろ「共和国の平和、敬虔、最高権力の権利が維持されるためにこそ……必ず許容されなければならない」（TTP. XX, 247, 下二八八）。スピノザにとって「大衆の力」とは、社会契約や法によってあらかじめ示される理性や一般意志のもとで、啓蒙と指導によって制御・統制されるものではなく、個々人や集団間の絶えざる運動の過程として生成されつつあるものであり、あくまで大衆の力の合成の方式や程度そのものが最高権力の力と権利を決定し続けるからである。

このようなスピノザの寛容論は、当時の西欧的寛容の水準と範囲を大きく凌駕し、キリスト教社会以外の異教徒に向けられるスピノザの平等で寛容な視線は、西欧思想家のなかで際立っている。のちにスピノザの寛容論から大きな影響を受けたロックは、政治・国家と宗教・教会の領域を厳密に区分けし、専制政治に従属する平和よりも自然状態にある人間の自由を優先し、良心と宗教の自由を不可侵の自然権として、キリスト教徒以外の人々までをも含めた「全人類」への寛容を主張した。しかしそのロックといえども、イスラム教など神政一致をかかげる宗教や無神論は危険であるとの根強い偏見をもっている（Locke 1689, pp. 45-47）。スピノザはアムステルダムを、「あらゆる種類の民族、あらゆる種類の宗派の人間がみなきわめて和合的に生活している」（TTP. XX, 246, 下二八六）と称えたが、祖国もなくユダヤ共同体にも属さず無宗教で市民権も家族も職業ももたないユダヤ人、スピノザを受け入れる共同性を別の場所に見出すことは困難だったに違いない。スピノザの政治論がこんにち注目される理由は、財産の平等や経済的階級の問題を要とするルソーやマルクスの問題設定とは位相を異にしつつ、民族・文化・宗教・言語等々における異質性や多様性を抑圧的に統合するのではなく、ダイナミックに変動可能な多元的なシステムとしていかに政治的に連結させていくかを焦眉の課題としたところにあるのかもしれない。

註

（1） ロックはウスター主教の攻撃にたいし、「ホッブズやスピノザ」といった「正当にも悪名高い」人々のものはあまり読んでいない、と慎重に答えている（John Locke, Second Reply to the Bishop of Worcester, 1699 *Works, vol. 4*, Scientia Verlag Aalen, 1963, p. 477）。しかしオランダ亡命中、親友のリンボルフ（Philippus van Limborch, 1633–1712）を介してスピノザ思想を知り、『寛容についての書簡』（一六八九）執筆のさいにスピノザの『神学政治論』（一六七〇）や『遺稿集』（一六七七）を収集している（Raymond Klibansky, A Preface to *Epistola de tolerantia* of John Locke, Parallel Texts in English and Latin, Clarendon Press, 1968, p. 32. Maurice Cranston, *John Locke : A Biography*, Longmans, 1957, pp. 231–234）。またロックは、当時オランダの著名な数学者であり政治家であったフッデ（Hudde, 1628–1704 スピノザの友人）と、スピノザ哲学における唯一実体と無限の諸属性などの問題について、リンボルフを介して間接的に議論しあっている。（Wim Klever, Hudde's Question on God's Uniqueness : A Reconstruction on the Basis of Van Limborch's Correspondence with John Locke, in *Studia Spinozana 5, Spinoza and Literature*, Königshausen & Neumann, 1989）。

しかし国家論の理論構成に限ってみると、フッカーの自然法思想やハリントンなどのシヴィック・ヒューマニズムを基調としたイギリス・リベラリズムがロックに圧倒的な影響を及ぼしているのにたいし、彼の政治論におけるスピノザ国家論の影は薄い。ただしすでに十七世紀の中頃からケンブリッジ・プラトニズムの思想家たちは、神を一方でたんなる自然の客観的秩序としてとらえ、また他方で人間の社会的道徳の源泉と考えることによって、それ以外の非本質的事柄における教義、宗派の違いを問わない寛容を主張していた。そうした考え方は、宗教そのものをいちじるしく世俗化し、逆に宗教を市民社会秩序の形成のための手段としていこうとする思想の萌芽でもあった。こうした理神論の萌芽が、ロックを経て十八世紀のコリンズ（John Anthony Collins, 1676–1729）、ティンダル（Matthew Tindal, 1656/57–1733）などの自由思想家《フリーシンカー》たちに継承された。かれらはスピノザを批判しつつも彼の聖書批判の内容などを積極的に摂取した。トーランドの汎神観、コリンズの必然論、奇跡・預言の否定、ティンダルの自然宗教観などのなかに、スピノザの影をみることができる。とくにトーランド（John Toland, 1670–1722）は、ジョルダーノ・ブルーノの汎神論の影響を受け、みずから史上初めて「汎神論者（pantheist）」と名のり（一七〇五年）、「スピノザ主義」に近いとトーランド自身が述べる汎神論的思想や共和主義を主張した（John Toland, Spinoza's Groundless System, in *Spinoza: Eighteenth and Nineteenth-Century Discussion, vol. 1, 1700–1800*, edited and introduced by Wayne I. Boucher, Thoemmes Press, pp. 44–51）。しかし本書ではこうしたイギリス政治思想史を追う作業は果たされていない。

（2）ヨベルは、西欧思想史上におけるスピノザ思想の不連続性と復活性を、正統的な啓蒙思想の潮流にたいして「暗い啓蒙 dark enlightenment」の系譜と名づけている。それは、マキァヴェッリ、ホッブズ、スピノザ、ダーウィン、マルクス、ニーチェ、フロイト、ハイデガー、サルトルとたどられ、いずれの思想も、人間の「聖なる部分」を超越的な領域からひきずりおろし、自己欺瞞的な幻想と道徳を破壊して人間を治癒し、健康的で力強い情動を解放しようとする、より深く暗い批判的啓蒙の知を共有しているという（Yovel, op. cit., vol. II, p. 109）。

（3）Stouppe, J. B., *La Religion des Hollandois, représentée en plusieurs lettres écrites par un Officier de l'Armée du Roy, à un Pasteur et Professeur en Théologie de Berne*（『王の軍隊の一将校がベルヌの牧師であり神学教授である人に宛てて書いた多くの手紙に示されたオランダ人の宗教』), Cologne, 1673.

（4）たとえば一六六七年には、Saint-Evremond（1614–1703）がスピノザを訪ねている。（Meinsma, op. cit., S. 406.）

（5）ルソーの政治・宗教論が、ボシュエ思想の批判とスピノザ思想の摂取を介して成立した点については、小澤亘「ルソーにおける『宗教』と『政治』——ボシュエ・ホッブズ・スピノザとの対比による一考察」『思想』一九九〇年四月号、岩波書店、参照。

(6) *Analyse de Traité Théologico-Politique*, 1767. 出版は彼の死後となったが、摂政時代（一七一五〜一七二〇）以前より原稿が回覧され、大きな影響を与えたと言われる。他の著作に、『バルフ・デ・スピノザの誤謬を駁す』(*Réfutation des erreurs de Benoit de Spinoza*, 1731) もある。なおブーランヴィリエのスピノザ主義については、川出良枝『貴族の徳、商業の精神――モンテスキューと専制批判の系譜』東京大学出版会、一九九六年、八七頁、一〇四頁、および Vernière, *Spinoza et la pensée française avant la Révolution*, PUF, 1954, pp. 306-322 参照。

(7) Denis Diderot, SPINOZA, *Encyclopédie, ou Dictionnaire Raisonné des Sciences, des Arts et des Métiers*, À neufchâtel, chez Samuel Faulche, 1765, p. 464.

なお、この項目の執筆者が本当にディドロであったか否かについては、研究史上疑問がもたれている。本稿では当時の啓蒙思想家によるスピノザ理解の典型的な一例として挙げた。

(8) ただしディドロが後年、理神論を捨て生気論的唯物論に近づき、物質は感性をもつという「新スピノザ主義」を提唱した点や、ヴォルテールがスピノザをフェヌロンと等置した点などから、フランス啓蒙思想においてもスピノザ主義的な包括的自然主義が伏流として存在し続けた点については、宗像惠「スピノザと同時代の思潮」、神戸大学『近代』発行会、一九九五年九月、一二九―一三〇頁を参照。

(9) ただしルソーが「わずかな差異が多数集合して生じる」(CS. II-3, 371) と述べた「一般意志」は、ヘーゲルやマルクスによって定式化されたような普遍的で先験的な統一性ではなく、市民間の質的差異性に配慮した構造をもつという興味深い解釈については、鳴子博子「ルソーの一般意志論の解明」『中央大学社会科学研究年報』、一九九八年第2号を参照。

(10) ネグリは、スピノザが社会契約論者ではないことを強調し、『神学政治論』はユダヤ共和国とネーデルランドの政治をアレゴリーで語った著作で、スピノザの真の政治的見解は哲学体系の成熟後の『政治論』や『エティカ』の展開過程の終盤にあらわれている (Negri, op. cit., pp. 114-117) と主張する。一九六〇年代後半のスピノザ・ルネサンス以降こうした見解に立つ論者は多い。しかしこうした指摘は、近年新たになされたわけではない。たとえばスピノザ国家論の古典的研究者であるメンツェルも、スピノザは『神学政治論』における契約や民主政にかんする見解を、『政治論』において変更したと主張していた (Adolph Menzel, op. cit., 1898)。メンツェルはその主たる原因を、『神学政治論』の出版と

『政治論』の執筆時期とのあいだに起こったヤン・デ・ウィットの虐殺とオランダ共和制の崩壊（一六七二）にもとめ、スピノザが契約論や民主政論の抽象性や非現実性を自覚し、支配者と大衆の権力関係を顧慮した現実主義的立場に転じたと解釈している。

これにたいし、こんにち「スピノザ政治論解釈の第二世代」と呼ばれる論者が、スピノザは社会契約説を廃棄したと主張する主たる論拠は、『神学政治論』において使用されていた「契約（pactum）」という語が、『政治論』においては使用されなくなり、それに代わり「大衆（multitudo）」という語が重要な箇所で頻繁に現れているという事実にもとづく（たとえば Etienne Balibar, Spinoza ; l'anti-Orwell: La crainte des masses, dans *Les Temps Modernes*, septembre, 1985）。バリバールは、『神学政治論』は当時ネーデルランドが直面していた危機の原因を読者に理解させるために、聖書解釈やさまざまな説得のストラテジが使われた歴史的な書物であり、他方『政治論』は、『エティカ』の幾何学的な方法を予感させるような合理的科学的方法で書かれた著作であるという区別をしている（Etienne Balibar, *Spinoza and Politics*, translated by Peter Snowdon, Verso, 1998, pp. 50–52）。『神学政治論』におけるスピノザ国家論の展開は、論敵の政治・国家論の理論的枠組に沿ったものであり、それゆえ同著作は、『政治論』に比してレトリックの要素が強い不確実な内容をもち、またホッブズ国家論との理論的対決も不十分であるとの評価（たとえば M. Walther, Politik, Moralität und Freiheit in der Philosophie Spinozas, in *Selbstbehauptung und Anerkennung : Spinoza-Kant-Fichte-Hegel*, Academia Verlag Sankt Augustin, 1990, S. 8）も同様の考え方にもとづくものである。

しかし筆者は、そうした両著作の区別立てをしていない。『政治論』では政治制度論が中心に論じられるため、政治・経済・社会にわたる諸制度の実在的な諸連関や現実的な力の運動過程が扱われる場合が多く、他方『神学政治論』では聖書解釈や社会契約論といった諸表象の観念的な諸連関とその政治的な機能が扱われる場合が多いため、バリバールの述べるような印象の相違が生じるにすぎない。『神学政治論』より『政治論』の方がより哲学的な書物というわけではない。バリバールが社会契約論の有無以外にも挙げる両著作間の相違——たとえば、国家の目的が『神学政治論』では「自由」、『政治論』では「平和と安全」と述べられること、『政治論』においては『神学政治論』におけるよりも宗教への言及が減少し、神聖政治の位置づけが後退すること、『政治論』においては『神学政治論』での「真の宗教論」が消え「祖国の宗教」が語られることなど——の諸点も、観念的な表象秩序論と実在的な制度論（もちろんスピノザにおいては両者は同一のものであるが）の相違という点から考えるべきだと思われる。また本書第一章で論じたように、スピノザは『神学政治論』においても、社会契約論に各人の力の社会的結集という独特で本質的な解釈を下しており、それは『政治論』において展開される、各人の自然権の結合の論理と同一のものである。

なおバリバールらが『神学政治論』と『政治論』とを区別して議論を展開するのは、政治社会に関するディスクールのなかでも、「大衆」とその運動にかんするディスクールに特別に哲学的重要性をあたえ、また『神学政治論』から『政治論』への断絶と移行を、歴史的方法から科学的方法への切断と移行として解釈しようとする問題意識によると思われる。それはスピノザの問題意識を忠実に追った結果というよりも、むしろ大衆の哲学的位置づけの再考や歴史主義的パラダイムの清算という、一連のマルクス主義のルネサンスを意識したものであろう。

(11) この点をめぐっては、日蘭学会における大西吉之氏の文化講座「共和国期のオランダ経済」(一九九九年十一月十七日、十二月一日、八日)から、さまざまに有益なご教示をいただいた。

第三章　スピノザとネーデルランドにおける　シヴィック・ヒューマニズム

スピノザ思想の現代的意味が問われ、またその核心をなすものとしてかれの政治論の意義が新たに問われつつある現在、ひとつのキー・ポイントとして注目されるのは、スピノザにおける「大衆（multitudo）」の概念である。この問題を考えるさいの重要な前提として忘れてはならないことは、すでにスピノザの民主政論が登場する以前に、ネーデルランドにおいては共和主義的な人民主権論者が、「人民（populus）」の主権や徳に関してさまざまな議論を展開していた点である。

古典期以来ムルティトゥードーという用語は、「庶民（vulgus, plebes）」等の用語と同様、比較的下層階級に属する人々を示唆するばかりか、国家において政治的権能をもちえない人々を集合的に指し示す言葉でもあり、それにたいし政治体に参画しえる資格をもつ多数の人々は、一般に人民主権論者によって「人民（populus）」と呼ばれてきた。スピノザもこうした伝統的な概念使用については了解していたとみられ、『神学政治論』において主としてルソー的社会契約論と民主政について論じた第十六章では、その政治的主体をポプルスと述べ（TTP. XVI）、他方迷信にとらわれて国家の最高権力を危うくする（TTP. prae., 6-7, 上四三―四六）、あるいは国家の動向を左右する爆発的力をもちながら国家の構成員に相応しい理性を欠いている（TTP. XVII, 203, 下一九四）

等々の否定的記述のさいには、ウルグスやプレーベースという単語を使用している。

元来「大衆」という視点は、政治論にかぎらずスピノザの哲学・思想全体に貫かれている。若きスピノザがみずからの精神的葛藤を自伝的に告白した『知性改善論』のみずみずしい叙述によれば、知性改善と倫理的陶冶という彼の最終目的は、「できるかぎり他の人々（alia individua）とともに」最高善を享受し、「私とともに多くの人々（multi）にこれを獲得させるように努め」、「次にはできるだけ多くの人々（quamplurimi）が、できるだけ容易にかつできるだけ確実にこの目的へ到達するのに都合のよいような社会を形成する」（TIE. 360-361, 一八）ことなしには、達成されえない。こうしたスピノザの問題設定は生涯変わることはなく、「大衆」という概念は彼の倫理観の本質に定位されるとともに、倫理学と後年の政治論・宗教論をつなぐ重要な思想的パイプとなる概念だった。

本章は、十七世紀前半のネーデルランドにおいて、主流をなしていた共和主義的な混合政体論や人民主権論、とくにアルトゥジウスやグロティウスの主権論や自然法論のパラダイムをみることによって、スピノザがそれをどのように読みどのように転換したのか、またそれによって新しい共同意識形成の問題をいかに考えたかについて探究することを目的としている。(1)

第一節　ネーデルランド共和政における伝統的人民とスピノザの大衆

1　独立戦争におけるモナルコマキと抵抗権論

ネーデルランド独立戦争は、直接的にはスペイン王フェリペ二世による強硬なカトリック政策と宗教的迫害および独裁的な中央集権化政策に端を発した。それに対抗したネーデルランド側の主たる政治理論は、カルヴィニズムによる暴君放伐論であり、それを支えた人民主権論および抵抗権論だった。独立戦争当時に現れた多くのパンフレットの著者のなかに、たとえばアルバダやプルーニンクなどの名前がみられる。彼らの主張するところによれば、本来ネーデルランド連邦の主権はスペイン王にあるのではなく、「自由なネーデルランド人民」の側にあり、王は、臣民との約束つまり統治契約を守って主権を代行するものにすぎない。そして王が統治契約や国法に反した場合には、人民は王にたいする服従を拒否できる、と主張されている。(2)なおこうした思想は、「スペイン王廃位宣言」(一五八一年)(Kossman & Mellink 1974, Document 49) などの歴史的文書に結実している。

ところで独立戦争において主張された統治契約とは、中世以来の慣習法やブルゴーニュ公が全州議会(Staten Generaal) と結んだ「大特権 (Groot Privilege)」(一四七七年)、またブラバント憲章 (Blijde Inkomst = Braband Magna Carta) に連なるような、ハプスブルグ家のカール五世 (1500-58) が各州議会 (Staten Provinciaal) とのあいだに交わした数々の統治契約を集合的に指し示しており、それらは「ネーデルランド人民の古来からの法と特権」と総称されていた。それら統治契約においては、全州議会および各州議会の課税承認権、条約締結にたいする同意権、誓約に違反する君主にたいする服従拒否権、外国人の官職就任制限などが規定されていた。そして、君主がこれらの統治契約と土着の伝統的法を遵守しているか否かを監視したり、新しい法規を付け加えたりする機関が、身分制代表によって構成された全州議会や各州議会であり、そうした議会における主要な身分は、当時の社会的階級構成からして貴族と都市の有力市民だった。ただしネーデルランドの全州議会は各州議会からの代表者の集合体であり、同じ身分制議会であっても、フランスの三部会やイギリス議会のように全国的レベルでの身分代表から組織されてはいない。そのため、強力な全国組織として機能することはなく、実質的に王との交渉をおこなう主体は、各都市の市参事会（Vroedschap）と各州議会だった。(3)

それゆえこれらの等族会議は、フェリペ二世を廃位させ独立を獲得した時点で、イギリスに典型的にみられるような近代的な全国議会へと転換される必要があった。独立戦争の過程でその準備もすすめられ、全州議会は常設の連邦議会（一五八五年成立、一五九三年ハーグに常設）へと改組されたが、議会の内実は中世的な慣例と特権とにもとづく等族会議体制を引継いだままだった。各都市・各州の議会が独自の法令発布権・司法権・課税権など内政に関する主要な主権を掌握したままであり、各都市から各州へ、あるいは各州から連邦議会に派遣された代表（都市代表と封建貴族）は、派遣母体である下位の議会の決定に拘束されていたからである。結局連邦議会は各都市・各州の議会の調整機関にすぎず、そのうえ連邦議会は重要事項に関しては全会一致を原則としていたから、容易に決定を下すことができなかった。

このように都市の市参事会、州議会、連邦議会すべてが各々のテリトリーで統一的な主権をもたず、各会議は貴族団やギルドなどの諸団体の集積にとどまり、各種特権団体の利害調整をおこなっていた。ネーデルランド独立革命が、近代的なブルジョア革命であるか否か議論が分かれるのは、このような政治制度に、さらにはその背後に控える社会経済構造に、大幅な転換がみられなかったからにほかならない。このようなオランダの独立革命（一五八八—一六四八）の特殊性を、「絶対王政の社会構成のオランダ型」とみるべきか（大塚 1960(1)）、あるいは、絶対主義、重商主義、宗教的内乱、市民革命を経ずして、ヨーロッパにおける全般的危機を特殊オランダ的方法で乗り切ったとみるべきか（Trevor-Roper 1959）、さまざまに歴史的評価は分かれている。いずれにせよ、イギリスやフランスを典型例として総括され概念化された近代市民革命や近代国家、さらに重商主義や産業資本主義といった近代史の概念が、同じ西欧のネーデルランドにおいてさえあてはまらないのは明らかである。スピノザも、ネーデルランド独立革命がなんら新しい国家体制の樹立をもたらしたわけでなく、統治契約にもとづく諸権利を再確認し、旧来の統治権の回復を果たしたにすぎないとみなしている（TTP. XVIII, 227-228, 下二四六）。

こうした状況のなかで、独立戦争勝利が明確になってくる十七世紀にはいると、オラニエ派と都市貴族派という二大勢力による権力闘争が先鋭化したことは、すでに最初に簡単にふれた。商業的に発展した大商人層＝都市貴族《レヘント》は、アムステルダム、ロッテルダムなどの各市参事会およびそれら諸都市を中心とするホラント、ゼーラント州の議会を介して権力を伸長しつつあった。他方封建貴族の筆頭であり、対スペイン戦争の指導者として大半の諸州の総督を兼ね、連邦議会の執行機関である国務会議（Raad van State）の議長をも兼ねていたオラニエ公は、実質上の君主的立場を確立しつつもみずからの財源、官僚機構、軍隊はもたず、封建貴族層の強いフローニンゲン、フリースラント、オーフェルエイセル、ヘルデルラントなどの農村州の州議会や連邦議会での多数派工作などを図りながら権力の伸長をはかった。そもそもオラニエ公の側が有していた権力の正当性は、独立戦争の過程で各州議会によってオラニエ公に付与された州総督（Stadhouder）の権限（軍司令権、州・都市の官職任命権、恩赦権等々）であり、総督に各州議会の調停・裁定役を委ねたユトレヒト同盟規約（一五七九年）（Kossman & Mellink 1974, Document 37）にあったから、オラニエ公側もレヘント側と同様、ネーデルランド人民の法と権利、自由と特権の擁護を政治理念として掲げた。[4] それゆえ公は、フェリペ二世のように王権神授説を主張することはなく、あくまで連邦議会の決定、つまり人民の決定を実行するという立場を名目上は崩さず、実態としてはイギリス的な制限君主制を目指していたと見られる。

2　政治的イデオローグとしてのアルトゥジウスとグロティウス

ボルケナウによって定式化され（Borkenau 1934, S. 124-158）、その後通説となった解釈によれば、十七世紀の前半の政治思想史におけるオラニエ派のイデオローグの代表はアルトゥジウスであり、都市貴族派のイデオローグの代表がグロティウスである。両思想家の政治思想がより普遍的意義をもつ以上、そうした単純な定式化は適切さを欠くが、両思想家が各々の陣営に政治的に深くコミットした経歴をもち、さらに当人が積極的に意図したか否かにかかわらず、彼らの主張が当時の党派的論争の理論的支柱として利用されたのは事実である。

まずアルトゥジウスとネーデルランドの政治とのかかわりをみておこう。(5) 彼の生まれはネーデルランドではないが、一五八六年以来ネーデルランドのヘルボーン＝ズィーゲン大学教授を務め、敬虔なカルヴァニストでもあった。彼が一六〇四年以来、法律顧問（Syndicus）を終生務めたエムデン市は、神聖ローマ帝国内で唯一改革派信仰を公式宗教とする自由都市であり、ネーデルランドとの国境に位置した同市は独立戦争を熱心に支援し、イングランドとも繋がりを保ちつつ、北海側のカルヴァン派教会を統一する指導的都市だった。したがってアルトゥジウスの主著『政治学』（Politica Methodice digesta）（一六〇三）において展開された抵抗権論は、独立革命当時多数のパンフレットとして現れたモナルコマキ理論の集大成であり（Gierke 1880, S. 3）、オラニエ公を代表とするネーデルランド側が、独立革命の理論的支柱として依拠した可能性は高い。しかしアルトゥジウスの国家論そのものは、当時としてはあまりにも急進的で世俗的だったため、『政治学』出版当初はカルヴィニストたちには受け入れられなかったといわれる。アルトゥジウスの政治論がカルヴィニストやオラニエ公側のイデオロギーとして利用されるようになったのは、十七世紀中葉ホッブズ国家論が導入された後であり、過激なホッブズ政治論に対抗するため、アルトゥジウス理論のなかでもとくに保守的側面が強調されつつ利用された（Kossman 1960, pp. 92–97)。

他方グロティウスの出自は、商業に従事しながら歴代デルフト市の高官を務め、貴族の称号を名のるようになった典型的な都市貴族の家系であり、彼自身も、ホラント州、ゼーラント州、フリースラント州の財務訟務官やロッテルダム市法律顧問などの高級官職を歴任している。とくに一六一八年、二大政治勢力の熾烈な権力対立が表面化するなかで起こったクーデター、ルーフェンシュタイン事件によって、都市貴族派の政治家としてのグロティウス像は確定的なものとなった。

当時、ホラント州議会の法律顧問であったオルデンバルネフェルト（Johan van Oldenbarneveldt 1547–1619）は、オランダ商業の発展のために、対スペイン休戦交渉を推進し軍事費軽減を図ろうと画策し、同時に総督の管轄下にあった軍指揮官の任命権および軍使用権を各州議会および都市議会に移管して、市民軍の創設を図り、宗教的にはユトレヒトを中心に多数存在するカトリック教徒に信仰の自由を認めようとしていた。これにたいし、総督であったオラニエ家のマウリッツ（Maurits van Nassau, 1567–1625）は、対スペイン休戦条約の締結に反対し、かつてのオラニエ家の君主権を回復するため、いまだスペインの支配下にありカトリック圏であった南ネーデルランド（現在のベルギー）を解放・併合し、それを梃子にネーデルランドに君主的な統一をもたらそうと画策していた。その結果ついにマウリッツは、連邦議会およびホラント州に対立する内陸部諸州議会、さらにカルヴァン派教会の支持をとりつけ、連邦議会の名のもとに軍隊を出動させることになる。グロティウスは、ホラント州法律顧問であったオルデンバルネフェルトらとともに逮捕され、ルーフェシュタイン城に幽閉された。仮設裁判所は、国の利益を踏みにじった国賊としてただちにオルデンバルネフェルトに死刑、グロティウスに無期懲役を宣告し、都市貴族派の多くの政治家たちは放逐された。オルデンバルネフェルトの刑は執行されたものの、グロティウスは差し入れの大きな本箱に身を隠して国外逃亡し、フランス王ルイ十三世の保護下に入った。この話は、グロティウスの伝記に必ず記載されている活劇である。

国外逃亡後グロティウスは裁判の不当性とみずからの潔白を証明すべく、関連諸州の市民にたいし『弁明の書』(6)を発表したが、そこには当時の都市貴族派の政治信条が明確に語られている。グロティウスによれば、都市と州の自治と自由こそが、古来からのネーデルランド人民の法と権利を体現しており、中央集権的な強硬政策によりネーデルランド人民の自由と権利を蹂躪したのが、まずスペイン王であり次がオラニエ公である。それゆえ彼の主張によれば、ホラント州の司法権力は本来ホラント州の州法廷（Hof）にあり、グロティウスに有罪の判決を下した連邦政府の決定は無効である。また国内対立の大きな要因である宗教問題についても、オラニエ派がカルヴァン派教会の国教会化と異端迫害、そしてそのための全国教会会議の開催を強硬に推進していることに混乱の原因がある。そもそも独立戦争はカルヴァン派信仰を守るために戦われたのではなく、古来からのネーデルランドの自由を守るために遂行されたのであり、教会法規に関する権限も各州・各都市に属し、現にホラント州やゼーラント州は人々に信仰の自由を認めている（Grotius 1622, pp. 90–92, 99–102）。

結局グロティウスは、ネーデルランド共和国の基本的統治体制を、オラニエ派と同様に一五七九年のユトレヒト同盟規約に定めており、それによれば各州は立法・行政・司法・教会・軍隊すべてにわたって主権を保持し、共和国はそうした諸州のゆるやかな結合体として考えられている。なお彼は、諸州間に対立が生じたり全国的問題がおこった場合には、経済的に有力な州、つまり活発な都市経済によって租税の大半を負担しているホラント州の利害が優先されるべきだと主張する点で、当時の都市貴族派の利害を明確に体現していた（ibid., pp. 96–97）。

3　アルトゥジウスとグロティウスにおける人民主権論と混合政体論

このような政治とイデオロギーをめぐる状況から当然推察されるように、オラニエ派か都市貴族派かを問わず十七世紀ネーデルランドの政治思想においては、伝統的な人民の法にもとづく立憲主義的王政が暴政を防ぐ最善の政体であるとの見解が一般に共有されていた。当時ネーデルランドのアカデミズムでは、啓蒙的な絶対王制を主張するブルヘルスデイク（Frank Burgersdijk, 1590–1635）のような保守派の理論も有力であったが、貴族政、民主政の要素を取り入れた混合政体論が一般には好まれた。こうした理論的傾向は、近代的人民主権論の祖と言われるアルトゥジウスや近代的自然法論の祖と言われるグロティウスにおいても共通している。彼らはともに、議会を人民の権利を擁護する砦として、議会と王との協力によって人民の主権を立憲的に統治・運用していこうとする国家構想をもっていたからである。

たとえばアルトゥジウスは、ボダンから継承した唯一・不可分・譲渡不可能な主権の主体を「人民（populus）」と規定しなおし、人民の主権とは、各人がみずからの便益のために相互の労働と財の交換を目的として、契約（pactum）にもとづいて設立される生活共同体（symbiotes）であると定義した（PM. prae., 4; I, 2）。生活共同体とは、家族―身分別各種職業団体―都市・州の議会―連邦議会というように、自然的および社会的団体の階層的秩序として構成される。そしてアルトゥジウスによれば、人民主権のこのような構成が前提とされている以上、行政権をだれが握るか、つまり最高統治の形態が王政であるか、貴族政であるか、共和政であるかは、現実の場合に適合的にかつ最善の仕方で決められるべきことであって、主権の所在とは本質的に別の問題である

(PM. IX, 168)

これにたいしグロティウスは、国家（civitas）の最高主権（summum imperium）を有する「人民（populus）」とは、「権利を共有し、またその共通の利害（communis utilitas）のために結合した自由人の完全な結合体（coetus）」（JBP. I-i-14, 19）と規定している。つまりアルトゥジウスが個人と国家の間に中間団体を介在させたのに対し、グロティウスは、国家を「諸個人の相互的な権利と義務関係からなる一元的な社会関係」（Gierke 1913, S. 294）とみなした。しかしグロティウスは、主権は単一的（unus）であると述べながら、主権を「主体的部分（partes subjectivae）」と「力動的部分（partes potentiales）」（JBP. I-iii-17, 143）、ないしは「特殊主体（subjectum proprium）」と「共同主体（subjectum commune）」に区別し、前者を王（一人ないし複数）に、後者を人民に割り当てたり（JBP. I-iii-7, 113）、人民には統治権（imperium）（JBP. II-vi-3, 342）、領土（JBP. II-vi-7, 344）、国有財産（patrimonium）（JBP. II-vi-11, 347）の所有権（jus proprietatis）が属し、王には主権の用益権（jus usufructuarium）のみが属する（JBP. I-iii-11, 130）、というように複雑な主権論を展開する。[7] このように主権の権能が複雑に分類されるのは、ひとつには、グロティウスが支配者と人民のあいだに結ばれる「統治事項に関する約束」（JBP. I-iii-16, 140–141）の内容をいく通りにも区分けし、それに応じて契約の主体である「人民ないし少数者の集団」つまり「元老院（senatus）あるいは他の集会（coetus）」（JBP. I-iii-18, 145 ; I-iv-13, 191–192）の権限をそれぞれ明らかにすることを目的としたからであろう。

このようにグロティウスのいう人民の主権も、各種議会の「多数派（pars major）」と王との契約にもとづく共同運営に求められた点で、主権を団体的に構成するアルトゥジウスの主権論と共通の地盤をもっていた。両思想家は、ネーデルランド共和国という特殊な状況のなかで、王政を貴族政的ないしは民主政的要素とどのように連結させて混合政体を案出するかという課題を考えたのであり、アルトゥジウスがオラニエ派のイデオローグとして、他方グロティウスが都市貴族派のイデオローグとして利用されえたのは、あくまでこうした共通の理論的地盤の存在によるものである。なおこうしたネーデルランドの混合政体論が、イタリア諸都市の政治、なかでもヴェニスの政治体制を理論的モデルとして摂取していたことは、近年の研究が伝えるところであり（Mulier 1980, pp. 64-65, 70）、アルトゥジウスやグロティウスの国家論は、十七世紀前半のネーデルランドにおけるシヴィック・ヒューマニズムの最良の成果と言えるだろう。

4　スピノザのみた共和主義的貴族政の限界

さてこうした当時のネーデルランドの人民主権論にたいし、スピノザの提示する大衆（multitudo）は、王政においても貴族政においても議会から排除された位置にあり、議会に否定的な役割をはたすことが明確にされている。スピノザによれば、統治権（imperium）は大衆の力＝自然権の合成によって規定されているにもかかわらず、たとえば貴族政においては、大衆は統治機構の運営に直接携わることができず、議会の「審議からも表決からも除外され」ているから、「暗黙のうちに」統治者を「恐れ」させることによってしか、みずからの政治的力と要求を示すことができない（TP. VIII-4, 325-326, 一一五）。スピノザのいう貴族（Patricius）とは封建貴族ではなく、一定の基準によって「大衆のなかから選ばれた少数の人々」（TP. VIII-1, 323, 一一一）であるから、貴族政とは代議制にきわめて近い形態である。ではなんらかの形で下層の人々が議会政治にかかわれるようになると、貴族政は民主政と言えるものとなるのだろうか。

たしかにスピノザは貴族政の民主的改善策を詳細に論じている。スピノザによれば、「共同の福祉」をはかるためには、最高会議を構成する貴族の数や、元老院（senatus）、法律顧問（syndicus）などの行政機関の人数が、全人口にたいして適当な割合で増員されなければならず（TP. VIII-2, -11, -21, -30, 324, 328, 332, 336, 一一三、一二一、一二五、一三四）、官吏の選出方法もくじ引きやローテーションによって民主化・平等化されなければならない（TP. VIII-12, -30, -34, 334, 336, 338, 一三一—一三二、一三四、一三九）。また彼によれば、立法権（最高会議）と行政権（元老院）と監督司法権（法律顧問や法院）のあいだには相互に監視・チェック体制が存在しなければならず（TP. VIII-20, -32, 332, 338, 一二七、一三七）、権力の一部集中を防ぐシステムが張り巡らされなければならない。また彼はネーデルランドの実情にかんがみて、都市と農村部、また都市と州と最高会議がいかに結びつくべきかという連邦国家論に、『政治論』の第九章全体をあてている。

こうした改革案は、イタリア諸都市における共和主義的貴族政をモデルとしており、それをスピノザはド・ラ・クールおよびハリントンから学んだことは先にふれた。アルトゥジウスやグロティウスが、ローマに由来するヴェニス型を模範例にしたのにたいし、ド・ラ・クールはジェノア型を模範として都市国家連合を志向し、スピノザもそれを継承したという指摘もなされている（Mulier 1980, p. 184）。ちなみにハリントンも、イングランドには、土地の平等分配を基礎に武装した自衛市民からなる共和政が適しているが、ネーデルランドやジェノアでは、金銭の利益とバランスが問題になるとして、両者を明確に区別していた（Harington 1656, p. 16 : Pocock 1975, p. 391）。しかしここで問題にすべき点は、スピノザが、貴族政においてこのような民主的機構改革がいくらすすんだとしても、そして「ある国家の大衆全体が貴族の数にいれられたとしても……それはやはり貴族国家にすぎない」（TP. VIII-1, 323, 一一二）と明言している点である。これによって明確になるのは、スピノザのいう大衆とは、たんに多数の人々や下層の人々を意味するのではなく、伝統的なネーデルランドの法と特権を享受する主体としての「人民」や、その擁護機関としての諸団体、諸議会を構成する「人民」とは全く異なる意味づけをもった政治的概念であり、さらに民主政とは、ド・ラ・クールやハリントンのような最も急進的な共和主義者によっても把握されえなかった、政治的状況の概念化であるということにほかならない。ではネーデルランド古来の「人民」とスピノザの言う「大衆」とは、どう異なるのだろうか。次にまずアルトゥジウスとグロティウスが「人民」や「大衆」の内実をどのように理論化していたかをみてみよう。

第二節　「人民」における自然法と「大衆」における徳

1　アルトゥジウスとグロティウスにおける「人民」とスピノザの「大衆」

独立戦争前後に現れた多くのパンフレットや歴史的文書においては、「人民」は抵抗権を正当化するという目的の限界内で語られるにとどまり、人民の構成要素たる個々人については、「羊飼い」たる王にたいする「羊」としての「臣民」という規定があるのみである（Kossman & Mellink 1974, Document 49）。しかし独立戦争の実質的勝利と王制の廃止が明確になり、人民の新しい国家体制が求められるようになると、人民の主権の正当性を集合的に法や議会の機能に求めることだけでは不十分となり、政治的なものを人民の構成員としての個々人に担わせ、個々人の要求や利害を政治的権利として設定し、そこから人民の主権を演繹する必要が生じる。こうした共通の課題はアルトゥジウスやグロティウスの政治理論のなかにも見出される。

まずアルトゥジウスによれば、人民とは「vulgus」や「plebes」と呼ばれるような下層の烏合の衆を意味するのではなく、「ひとつの統合された王国のメンバーとして社会化された集合体」(PM. XXIII, 446)、つまり市民生活(socialis vita)における「共生様式(symbiosis)」に組織化された人々のことである。共生様式とは、人々が社会的必要にせまられて財・労働・サーヴィスを交換しあい、法すなわち権利(jus)を共有し協議しあうことから生まれるものであり(PM. IX, 170)、具体的には、家族(familia)、組合(collegium)、村(pagus)、町(oppidum)、都市(civitas)、州(provincia)の連合体(consociatio)のことである。アルトゥジウスにとって「政治的なもの」とはこの共生様式のことであり、『政治学』の目的は、共生様式における物や人や法のコミュニケーションをいかに効果的に秩序づけるかを学的に追求することにほかならなかった。

このような共生様式は、人民の主権を体現した国家そのものであり、その成立根拠は、個人の利益追求と自発的意志と契約に求められている。しかし個人の利益追求によるだけでは生活共同体は形成されえず、それは人間が本来もつ社会的本性(PM. I, 10)や自然的な相互結合を各人にうながす「自然法」といった共同体意識によって補強されなければならない。しかも各人は、各種団体に統合され団体内で妥当する権利を享受し義務を遂行するかぎりにおいてのみ、国家の主権者たりうる。アルトゥジウスは、個々人が主権者であるとはけっして規定しない。「主権は個々人たる全員に属するのでなく、統合された全体、つまり組織化された国家機構全体に属する」(PM. IX, 175)のであり、そのようなひとつの「普遍体(universitas)」に構成されているのが「人民(populus)」であり、他方たんなる個々人の集合体は、「大衆(multitudo)」、「庶民(vulgus)」という用語で呼ばれる(PM. XXIII, 451-453)。それゆえ、個人の政治意識は各種団体およびそこにおける共通の利益や価値の認識と不可分に密着しており、国家形成において個人の自発的な意志が先行するのか、あるいは各種団体の各々の利益や価値が先行するのかは、解釈の分かれるところである。

アルトゥジウスがアリストテレスに賛同する形で「社会的本性」を述べていたのにたいし、グロティウスにいたると人間の社会性や自然法は個人の自己保存欲の一種ないしはその延長上において規定され、近代的な自然法論の理論構成に接近してくる。グロティウスは、ローマ法の概念規定を継承しつつ、人間は自己保存欲と同時に「社会的欲望（appetitus societatis）」と言語を介した総合的判断力をもつがゆえに、「理性的かつ社会的な人間の本性」にもとづいて自然的な「社会の保護体（societatis custodia）」を形成できる（JBP. pro. 6-9, xli-xlv）とする。こうした人間の本性は、「他人のものを侵さないこと、……約束を履行する義務……人々のあいだにおいてその罪（meritum）に従って当然の罰（poena）を課すること」（ibid.）を命じる「自然法」にも合致している。それは各人の「功利（utilitas）」追求の心と相反するものではなく、人々は「現在および未来のことにかんして、いかなるものが有利であるか、有害であるか……を決定する判断力」をもっているがゆえに、自然法を遵守することができ、集合体のなかで明示的ないし黙示的に契約（pactum）をおこなうことができ、国家形成と市民法の制定が可能なのである（JBP. pro. 15-16, pp. xlviii-xlix）。

しかしグロティウスにおいては、個人の自然権および自然状態の概念は確立されていない。グロティウスのいう個人＝自由人は、功利追求を基礎とした自然法をまもる近代的個人のようにみえながら、じつはホッブズのように徹底して自然主義的功利主義的に把握された原子論的な個人ではなく、妻、家子、奴隷、家来（subditus）を含まない「家長（pater familiae）」を指している（JBP. II-v-23, 329）からである。それゆえ個々人はすべて平等の権利と義務をもつわけではない。グロティウスによれば、人々のあいだには「平等」と「従属」というまったく異なる結合形式が成立しうる。つまり家長と奴隷とのあいだに「奴隷契約」が存在するのと同様に、従属を好む「人民」と王とのあいだに「従属契約」が存在しうる（JBP. pro. 16, 1 ; I-iii-8, 114-116）し、法も「兄弟のあいだ、国民のあいだ、友人のあいだ、盟友のあいだ」における「平等者間の法（jus aequatorium）」と、「父子のあいだ、主人と奴隷のあいだ、王と臣民とのあいだ、神と人間とのあいだにおける」「不平等者間の法（jus rectorium）」とに区別される（JBP. I-i-3, 4-5）

このように、アルトゥジウスやグロティウスの理論における個人がさまざまな共同体的な団体制度や前近代的家父長制を付着させているのにたいし、スピノザの述べる大衆の成員たる個人は、「自己保存力（conatus）」をもつ存在としてのみ規定されており、アルトゥジウスの規定にしたがえば、それはまさに「人民」ではなく「大衆」である。

2　公共的「市民」における道徳的自然法

ではそうした無規定な個々人の集合体たる大衆は、いかなる原理にもとづいて新しい政治社会を形成しえるのだろうか。個々人がたんに自己保存を追求しただけでは、スピノザがホッブズを応用しつつ述べていたように、相互敵対的な自然状態が現出するのみである。ホッブズにおいては、大衆が相互的な契約へと導かれる契機は、死への「恐怖」と未来に快適な生を求めようとする「希望」の情念（passion）、および人々が同意しうる平和の諸条項を示唆する理性とに求められた（Lev. I-13, 116）。理性とは各人が自己保存のためにみずからの力を用いるうえで、最も適切な手段を自由に判断することである（Lev. I-14, 116）。そうであるからこそ理性は、戦争状態においてみずからの自然権を無とする可能性よりも、「平和を獲得する希望」と「平和へ向かって努力すべきだ」

という「第一の基本的な自然法」を選択する（Lev. I-14, 117）。そして第一の自然法に従って以降、「自然権の放棄」「信約の履行」「正義」「感謝」等々の十九の自然法が導きだされる。つまり自然法は個人の自己保存欲の延長上に把握されるものだが、それはたんなる利己心にとどまらない平和的な相互性の認識でもある。それゆえにかつてレオ・シュトラウスは、ホッブズ政治哲学における機械論的幾何学的方法よりもアリストテレス的倫理学の要素を強調し、あるいはオークショットは、ホッブズ政治論は、実践的で伝統的な道徳的知識と権威に基礎づけられていると主張した。(8)

なおホッブズ政治論の根底におかれた伝統的道徳観がどのようなものであるか、あるいはホッブズの体系において道徳的自然法や理性は何を契機として会得されるかは解釈の分かれるところである。たとえばテイラー・ウォレンダー・テーゼとして知られるように、ホッブズの自然法は「あらゆるものごとを支配し」、つねに良心という「内面の法廷」を義務づける「永遠なる神的命令」（Lev. I-15, 145）であると有神論的解釈をする論者もあるし、逆にホッブズの自然法とは、人間が一定の状況のなかで快楽を追求し苦痛を避けるための手段を考えることができる「熟慮（deliberation）」（Lev. I-6, 48）にすぎない、と唯物論的に解釈する論者もある（Watkins, 1965, pp. 55-64）。あるいは個人的主観を超越して客観的社会的領域へと認識を参入させる人間の能力として、ホッブズが語る言語やスピーチの機能に注目する論者もある。(9) いずれにせよホッブズにおいては、国家成立とその後の国家運営にさいし市民相互間および市民と代表主権とのあいだの政治的同意の基礎に、なんらかのかたちで自然法を基礎とした道徳が存在していることは確かであり、ホッブズはそれにかんする学問を「真の道徳哲学」（Lev. I-15, 123-124）と呼んでいる。もちろんホッブズにおいても、自然法を遵守しえない人々がいることは考慮されており、それゆえ市民的権力（civil power）の樹立とそれによる強制と制裁が必要とされた。しかし人間は原理的に、自然権の主体であると同時に自然法を認識する能力ある主体であり、教育や規律を通じて大衆を市民的諸義務と一致させることが重要であり、それについてホッブズは強い使命感を表明している（Lev. II-31, 358）。ホッブズにおいては、大衆は国家契約の場にのみ現れ（Lev. II-18, 160）、その後いっさい登場しないが、それは国家を形成している人々は、自然法を遵守している点でもはや「大衆」ではなく、主権者擁立の責任主体としての「市民」であるからでもある。

ところが、スピノザはホッブズとはまったく異なる前提をたてる。スピノザは、大多数の人々が理性の立場にたちえないという現状認識からさらに一歩すすんで、人間が理性的でないこと、感情（affectus）や欲望（cupiditas）を制御しえないことは、その人間の資質、環境、教育によるものではなく、人間のおかれている自然的位置からして必然であり（E. IV pro. 3-6, 213-214, 下一六〜一八）、むしろそれが自然法則としての自然法であるとみなすからである。スピノザによれば、誰もがみずからの自然権としての力が何であり、みずからの力を最大限に発揮するためには何を望むべきか、何をなすべきかということを知らないのであり、ホッブズ的な意味での自然法や理性をもちあわせていない。前述したようにスピノザが、自然法を自然法則ないしは自然権としての自然の力と同義であるとし規範的な自然法の役割を捨てたのも、政治的な同意を道徳的要請に求める余地をいっさい残さないためだった。

しかもスピノザにおいては、ホッブズにおいて理性にいたる道程で有効に機能すると考えられた言語、熟慮、意志などが理性を形成しうる直接の手立てとはなりえない。スピノザによれば、「記号（signum）」の一種である言語によってえられた認識は、感覚を通して経験によって得られた認識と同じレベルの「表象（imaginatio）」であり、理性すなわち「共通概念（notio communis）あるいは事物の特質について妥当な観念

(idea adaequata)を有することから得られる認識」(E. II pro. 40 sch. 2, 122, 上一四二)とは厳密に区別される。言語やさまざまな記号を介した認識は、「同感(sympathia)」「反感(antipathia)」(E. III pro. 15 sch., 152, 上一八五)「想起する(recordor)」こと(E. III pro. 13, 150, 上一八二)「類似の(similis)」観念(E. III pro. 16, pro 17, 152-153, 上一八五〜一八六)等々といった観念の連鎖作用を多様にひきおこし、それにともなって人間の感情・欲望は「模倣(imitatio)」(E. III pro. 27 sch., 160, 上一九六)、「増幅」(E. III pro. 26, 159, 上一九五)「動揺(fluctuatio)」(E. III pro. 31, 164, 上二〇一)、転化、逆転される。スピノザは『エティカ』第三部において、個々の感情がどのような自然的社会的原因によって発生し、その後どのようなメカニズムで拡散、変形、増殖していくかを詳細に検討しているが、結局自己と他者ないし他物との関係性を自己保存という目的に照らし合わせて的確に判断するという、人間本来の認識機能は正常に作用することはない。ホッブズのいう自然法を認識しえる理性が近代的な市民意識と道徳を、そしてさらには近代的な政治能力を示しているとすれば、スピノザのいう個々人の集合体は、市民的資質と政治的能力を欠如させている点で、まさに「大衆」と呼ぶに相応しい人々である。

しかもこのようにスピノザが論じている感情・欲望の増殖と奇形化のメカニズム、およびそれに従属する人間の姿とが、近代市民社会一般に共通する自然法則としての社会現象であるとすれば、近代国家が前提としている市民的道徳を有した個人は、まさに近代社会の政治経済体制そのものの法則性ゆえに成立不可能であるというジレンマにおかれていることになる。こうしたジレンマを近代社会の成熟期に明確に表明した思想家はルソーだった。ルソーは、資本主義的ブルジョアへと頽廃した人間の私的生活と道徳を批判し、文明と経済の進歩によって失われた人間の本来的な「自然」を回復し、社会的な徳の源泉となる感情「憐憫(pitié)」を再興することなしに、理想的な公的生活としての国家が現出することは不可能だと考えた。しかしスピノザには、こうした本来的な自然の回復、およびブルジョア社会の疎外的状況の克服と「市民」と公共圏の復活というシェーマはない。スピノザはあくまで「大衆」のうちに作用する自然法則を探求しようと試みる。

3 「悲しみと憎しみ」の共同性から「喜びと愛」の共同性へ

ではスピノザは、大衆のなかにどのような共同意識のメカニズムをみたのだろうか。まずスピノザは大衆による秩序形成のひとつのタイプとして、ホッブズが提示した「恐怖」による国家を挙げている。「どのような感情も、それより強力な反対の感情によってしか抑制されず、また各人は、もし他人に危害を加えてより大きな危害が自分にふりかかる恐れがあれば、これを思いとどまる。こうした(自然の)法則(lex)によって社会(societas)は形成されるのであり、社会自身が、各人のもつ復讐する権利および善悪を判断する権利を法的に要求し、共同の生活様式を規定し法律を制定し、感情を制御しえない理性……によってではなく、刑罰の威嚇によって法律を確固たるものにする力(potestas)を掌握する」ことによって「国家(civitas)」が成立する(E. IV pro. 37 sch. 2, 238, 下五〇)。スピノザによれば、「恐怖」ばかりかそれと裏腹の関係にある「希望」といった感情も国家形成において「危害よりむしろ功利」をもたらす(E. IV pro. 54 sch., 250, 下六五)。しかし反面スピノザは、「恐怖に導かれて、悪を避けるために善をなす者は、理性に導かれていない」(E. IV pro. 63, 258, 下七五)のであり、そのように感情によって導かれる人間は、自分のしていることがまったくわかっていないという点で「隷属者(servus)」である(E. IV pro. 66 sch., 260, 下七九)と述べる。また、こうした恐怖心が「迷信」や「誤った宗教」を生み育て、それが君主政治に利用され数々の騒乱や戦争の原因となったという、『神学政治論』の序文で展開されるスピノザの議論はよく知られている。従来の研究が指摘するように、こうしたスピノザの見解の背後には、神への「恐怖」や人間の弱さや罪を教義の重要なひとつとして固持するカルヴィニズムのエートスへの批判がある（Feuer 1964, p. 87）。さらに言えばそれは、カルヴィニズムにおける神への「恐れ」を世俗的利益に関する「恐れ」に転換することによって、国家形成の梃子にしようとするホッブズの戦略への批判でもある。「恐怖」や「希望」とならんでカルヴィニズムが重要視する「謙遜（humilitas）」や「後悔（paenitentia）」の感情についても、スピノザは同様の評価を下している。人間が無能力である以上、預言者たちが奨励してきた「謙遜」や「後悔」は社会的紐帯を形成するのに利益をもたらすが、その感情は「徳」ではなく「二重の不幸あるいは無能力」の印にすぎない（E. IV pro. 54, sch., 250, 下六五）。

またのちにルソーが重視することになる憐憫についても、スピノザは人間相互の結びつきの原理として積極性を認めていない。「憐憫（commiseratio）」とは我々が自分と同類であると表象する他人の上に起こった危害の観念を伴った悲しみ」（E. III aff. def. 18, 195, 上二四二）、つまりは「同類」という表象が成立する場で自己保存力が減少し無力を感じる悲しみであり、「それ自体は悪であり功利的でない」（E. IV. pro. 50, 247, 下六一）。スピノザによれば、恐怖や後悔や憐憫といった自己の身体の活動能力を減少させる「悲しみ」の感情の数々のバリエイションは、人間の無能力つまり「受動（passion）」そのものであり、「人間は受動という感情にとらわれるかぎり本性上たがいに相違しうるし、またそのかぎりで同一の人間でさえ変わりやすくかつ不安定」であり、「相互に対立的」（E. IV pro. 33, pro. 34, 231, 下四〇）である。悲しみは、人間相互の共同性の形成に役立たず国家のなかに不和をもたらすという点で、端的に「悪」なのである（E. IV pro. 40, pro. 41, 241, 下五四）。「我々が同情を感じる（miseror）人間を不幸から解放しようと努めることは……たんに理性の指図のみによってこれをなそうとする」ことができる（E. IV. pro. 50 dem., 247, 下六一）とスピノザが指摘するように、彼が目標とした国家とは、理性に導かれる「自由人（liber）」（E. IV pro. 66, sch. 260, 下七九）によって構成される「自由な共和国（libera respublica）」（TTP. prae., 7, 上四四）であり、こうした理性による結合こそすべての人間による完璧な和合と力の集積によるひとつの精神とひとつの身体のごとき一個体（individuum）の創出をもたらす（E. IV pro. 18, 223, 下三〇）。

ところで、大衆は必然的に理性的ではないという前提のもとに出発したはずのスピノザが語る「自由な大衆（libera multitudo）」（TP. V-6, 296, 五八）という言葉は、いかにも形容矛盾のように感じられ、またそれは、スピノザ哲学の理性や自由の立場に立った賢者が、政治や宗教の場における大衆に上から外在的に要請したプロジェクトのように見えるかもしれない。しかし次のスピノザの議論をみればわかるように、彼はあくまで大衆を構成する各人の表象の連結と感情の動向という自然の運動法則を冷徹に見つめることによって、大衆が理性的でないにもかかわらず、あたかも理性に則って行動しているかのごとくみえ、あたかも自由な大衆であるかのごとく出現する可能性を見出そうとしているにすぎない。その方向性を簡単にみてみよう。

まずスピノザは、身心平行論を基礎に、「我々の身体の活動能力を増大させたり減少させるものの観念は……我々の精神の思惟能力を増大させたり減少させたりする」（E. III pro. 11, 148, 上一八〇）のであり、我々は精神の能力の増大を「喜び（laetitia）」、その逆を「悲しみ（tristitia）」として感じ、また我々の「精神は身体の活動能力を増大しあるいは促進するものをできるだけ表象しようとつとめ」、逆に「精神は身体の活動能力を減少させあるいは阻止するもの」の存在を排除する事物をできるだけ想起しようと努める（E. III pro. 12, pro. 13, 150, 上一八二～一八三）という、感情の法則を確認する。さらにある事象が外部の原因となって喜びがもたらされるという表象にもとづいて、その事象を所有したり維持したりしようと努めるのが「愛」であり、その逆の場合は

「憎しみ」となり、こうした喜悲・愛憎を指標として欲望が必然的に増幅・複合・転写され、多種多様な感情が発生する。とすると少なくとも「悲しみ」や「憎しみ」は人間の無能力の指標であり、他方「喜び」や「愛」やそれに連なる欲望を感じている時は、なんらかの点で「精神が自己自身および自己の活動能力を観想している時」であり、その場合には「真のあるいは妥当な観念」を、つまり理性を有している可能性がある（E. III. pro. 58 dem., 187, 上二三三）。

ただしスピノザが「喜びは完全性そのものではなく」「より大きな完全性への移行」の指標にすぎない（E. III. aff. def. 3 exp., 190, 上二三七）とクギを刺しているように、「喜び」や「愛」はあくまで表象であり、そのまま理性に連なっていくものではない。ある表象が我々の身心と外部との相互関係性から必然的に生起する秩序連関を普遍的法則によって把握する認識能力が理性であり、またそれを個別的な場における必然性によって把握する認識能力が直観知だからである。しかし「理性は自然に反するなにごとも要求しないがゆえに、理性は各人が自分自身を愛すること、自己の真の功利を求めること、また人間をより大きな完全性へ真に導くすべてのものを欲求するよう要求する」（E. IV pro. 18 sch. 222, 下二八）。それゆえ、「喜び」と「愛」は、「悲しみ」や「憎しみ」に比べ理性に接近する手掛かりを含み、また「喜びから生じる欲望は、その他の事情が同じであれば、悲しみから生じる欲望よりも強力である」（E. IV pro. 18, 221, 下二八）がゆえに、「喜び」は表象の集積を必然的に理性へと方向づけ連結させるのに役立つ。ちなみにドゥルーズは、このスピノザによる喜びの感情による受動から能動への転換と、それにもとづく集団の形成の論理をきわめて重視している（Deleuze 1968, pp. 252–266）。

ホッブズは自然法とは、「自分がされたくないと思うことを他人にもしようと欲してはならない」という、最も能力の低い人でも理解しえる教えと語っていたが（Lev. I-15, 144）、スピノザは理性に導かれる人間は「他人のために欲しないことすべてを自分のためにも欲しない」と説明し、そうした格律から、「正義(justum)」「信義(fides)」「栄誉(honestas)」などホッブズが自然法として挙げていた諸徳をひきだしている(E. IV pro. 18, sch., 223, 下三〇)。この一見類似しているようにみえて異なる規定が、二人の思想家が人間相互の共同性を導き出すときの基本的なスタンスの相違を象徴的に示している。ホッブズの掲げる規範は、他者にたいする消極的な禁止と自己にたいする受動的な禁欲であり、スピノザの掲げる規範は、他者にたいする積極的な働きかけと自己にたいする能動的な愛である。

4 スピノザにおける能動感情論——共和主義的徳から宗教的感情へ

さらにスピノザは、このように「各人が自己の功利を追求するよう、あるいは自己の存在を維持しようとより多く努め、かつより多くそれをなしうるに従って、それだけ徳(virtus)があると言われる」(E. IV pro. 20, 224, 下三一)とみなし、徳であり共同的和合的感情である能動的(activus)な感情をいくつか具体的に列挙している。スピノザの説明によれば、能動感情とは「精神の強さ(fortitudo)」であり、「勇気(animositas)」と「寛大(generositas)」に大別される。「勇気」とは、「各人が理性に従ってのみ自己の存在を維持しようと努める欲望」であり、「克己(temperantia)、節制(sobrietas)、危難のさいの沈着(animi praesentia in periculis)」などが例示されている。「寛大」のほうは、「各人が理性の指図によってのみ他の人間を援助しかつ他人と友情(amicitia)を結ぼうと努める欲望」であり、「温和(modestia)、慈悲(clementia)」などが例示されている(E. III pro. 59 sch., 188, 上二三四)。

さて、この「精神の強さ」にはじまる数々の能動感情の名称は、ウォルフソンによれば（Wolfson 1934, Vol. II, pp. 218-220）、かつてアリストテレスがポリスを形成する人々がもつべき中庸の徳としてあげた概念にその起源をもっている。たとえばfortitudoやanimositasは、アリストテレスが、「恐怖と平然」の中庸であるとした「勇敢（ἀνδρεία）」（Aristotle 1926, p. 98）のラテン語訳から生まれた概念であり、スコラ哲学を経てデカルトの「勇気（courage）」（Des-Cartes 1649, II-59, p. 376）の概念と繋がっている。またgenerositasは、アリストテレスが、人々の和合的倫理として「名誉と不名誉」の中庸とした「矜持（μεγαλοψυχία）」（Aristotle 1926, p. 100）やスコラ哲学の「寛大（magnanimitas）」に由来し、デカルトはそれを「高邁（générosité）」と言い換え、「他のあらゆる徳の鍵であり、あらゆる情念の錯乱にたいする一般的な治療法である」（Des-Cartes 1649, III-161, pp. 453-454）と述べている。ホッブズにとっても、「勇気」は人間の行動に正義の趣向を与える高貴さ（nobleness）や勇壮さ（gallantness）であり、「高邁」とは、言葉でしかない信約を実際に守ることを示す栄光（glory）と誇り（pride）であり、それはごくまれな人々にしか見られない徳である（Lev. I-14, 128; I-15, 136）。のちにJ・S・ミルが、寛大（magnanimity）、栄誉（honour）、高潔（highmindedness）、威厳（dignity）などの私生活における徳は、公にたいする義務の観念とともに、カルヴァン主義的なキリスト教にではなくギリシャ・ローマに由来する（Mill 1859, p. 178）と強調するように、西欧近代の政治社会が構成されるうえで、アリストテレスやマキァヴェッリの流れをくむ共和主義的な徳論は不可欠な要素だった。

　そうした共和主義のパラダイムは、よき政治体を維持し公的生活を営むために市民が必要とする自己統治能力および普遍的善や正義の追求に参加しえる道徳的政治的資質、さらには偉大な立法者や独裁者が公的個人としてもつべき徳についての議論を展開してきたが、スピノザはそうした徳目には消極的である。たとえばスピノザは、マキァヴェッリが『リヴィウス論』三部一章で展開する「卓越した有能者」の議論に反対して、つねに絶対的権力をもつ独裁官《ディクタートル》にたいする恐怖によって、統制、抑圧されている国家は安定的であるというよりも必然的に危険に陥ると、キケロを引きつつ警告する（TP. X-1, 353-354, 一六六〜一六八）。またスピノザは、国家における「彫刻、凱旋式、その他徳行への刺激薬は自由の象徴であるよりも隷属の象徴」であり、「有能への報酬は自由人にたいしてではなく隷属者に与えられる」（TP. X-8, 356, 一七四）と述べているように、愛国心や金銭的ないしは公的名誉心を高く評価しない。むしろスピノザは、アリストテレスに由来する徳の名称を受け継ぎつつも、その内容を非自律的で政治的資質に欠ける大衆でももちえる、功利的感情や寛容の気質へと転換している。そしてスピノザの議論に特徴的なことは、この能動感情の典型的形態が「敬虔（pietas）」と「宗教心（religio）」に求められることである。

通常 pietas は、子の親にたいする、ないしは年長者にたいする孝順な態度という意味から転じて、神を信仰し神に服従する人間の帰依心を示し、religio は宗教儀式、教会組織、聖職者すべての問題を含む「宗教」一般を示す言葉である。しかしスピノザにおいては、pietas は「我々が理性の導きに従って生活することから生じる、善行をなそうとする欲望」、religio は「神を認識するかぎりにおける我々から起こるすべての欲望および行動」（E. IV pro. 37 sch. 1, 236, 下四七）と定義される。スピノザにとっては、敬虔や宗教心とは、神を愛する自分と神との関係性の意識であるとともに、それを介して自己と他者（物）との関係を適切に設定し、みずからの欲望を制御していく社会意識のことでもあり、共同体形成のための意識原理の基礎と考えられていた。ちなみにのちにヘーゲルが、敬虔（Pietät）を女性がもつ「感情的で」「受動的で主観的な」習俗（Sitte）とみなし、男性が「外界や自己自身との闘いや労働」においてみせる力強さ（Mächtige）に対置していることは注目に値する

(Hegel, 1821, S. 319)。ヘーゲルによれば、アンチゴネが国禁を犯してまで兄を埋葬することによって示した家族および神々の掟に対する敬虔は女らしさ（Weiblichkeit）を、反逆者の埋葬を禁じた国王クレオンが示している国家の掟や、「即自かつ対自的に思惟された目的の意志たる政治的な徳（Tugend）」は男らしさ（Männlichkeit）を表している（Hegel, 1821, S. 398）。

ところがスピノザにとって敬虔こそが、国家形成における能動感情として重要な役割を果たしている。そもそも理性や善の認識は感情にたいして無力だが（E. IV pro. 14, 219, 下二五）、能動感情は感情であるがゆえに、感情・欲望にたいして有効な療法として機能しえるし、またそうした療法は「誰でもみな経験して知っているのであって、ただそれを正確に観察したり判然と識別したりしていないだけなのである」（E. V prae., 280, 下一〇一）。それゆえ能動感情としての宗教心は、大衆に開かれた倫理であり、あるいは無意識的にすでに経験している卑近な倫理でもある。そのことは、スピノザが『エティカ』の最後を、精神の永遠性と至福にいたる神への愛という「高貴であるとともに稀」な境地に達した賢者にかんする、定理四二で締めくくっているのにたいし、そのひとつ手前の定理四一が次のような定理であることに如実に示されている。「たとえわれわれが、われわれの精神の永遠であることを知らないとしても、われわれはやはり敬虔および宗教心を、つまりはわれわれが第四部において勇気および寛大にかんすることとして示したすべての事柄を、もっとも重要であるとみなすであろう」（E. V pro. 41, 306, 下一三五）。

第三節　歴史物語《ヒストリア》としての普遍的宗教——表象の多様性と政治的統合

こうしてスピノザにおける「政治的なもの」は、宗教を主戦場として展開されることになる。宗教心がどのように人々のあいだに政治的社会的統合をもたらすか、という社会意識としての機能を分析するにあたって、スピノザは「物語 historia」の読解という方法と戦略をとった。もちろん読み解かれるべき物語の筆頭は、これまで何度となく読解されることによって、政治的社会的なさまざまな統合と対立の道標となってきた聖なる書である。スピノザによれば、聖書において語られている「超自然的啓示（revelatio supranaturalis）」ないし「預言的認識（cognitio prophetica）」とは、徴証（signum）によって伝えられ表象力によってとらえられた物語《ヒストリア》であり、感覚や経験や記号を介して把握される第一種の感情的な認識である。そして第一種の認識が、物を一定の時間（持続）や場所と関連して考える能力である以上（E. V pro. 29 sch. 298, 下一二五）、この物語は歴史《ヒストリア》でもある。スピノザの目的は、この二重の意味でのヒストリアの分析によって当時の社会的現実に最も有効なプロジェクトを抽出することである。スピノザの政治的プロジェクトのなかでも、社会契約論と聖書物語《ヒストリア》の解釈の相互関連性については次章で論じることとし、本節では、スピノザが聖書を普遍的宗教の成立史として解釈することによって、そのなかから大衆による能動感情の形成プロセスを抽出するプロジェクトをたどってみたい。

1　ヘブライ語聖書における預言的認識と普遍的宗教

スピノザによれば、モーセをはじめとしてヘブライ語聖書に登場する数々の預言者たちによる認識の特徴は、主として次の二点に集約される。その第一は、啓示の内容が幾重もの特殊的限定性に捕らわれている点である。神は預言者にたいして、言葉（verbum）や形象（figura）〔ないし像（imago）〕を通して語っているから（TTP. I, 17, 上六二）、その内容は「預言者の表象様式（ratio imaginationis）や身体的気質（temperamentum corporis）、意見」あるいは「能力（capacitas）」に応じたものであり（TTP. II, 30, 32, 上八九、九四）、その程度に応じて神の精神は制限、変形されている。さらには啓示を受けた民族も、優れていたから神に選ばれたのではなく、その預言者の程度に相当する民が歴史上選ばれたにすぎず（TTP. III, 44-45, 上一二〇〜一二三）、預言者もまた選ばれた民の精神と把握力に応じて語った（TTP. XI, 158, 下九五）。にもかかわらず人々は、預言者の啓示や民族に関する物語や奇蹟のなかでも特殊的出来事のみを珍重し、逆に聖書の真の教えである道徳の方は軽視した、とスピノザは批判する。その結果人々は、「神がヘブライ民族を他の諸民族のなかから選んだ」と考えたり、神が「他の人々を除外して自分だけが善を享受する」（TTP. III, 44, 上一二一）よう約束してくれたと考える。

預言的認識の第二の特徴は、それが伝達されるさいの預言者と人々との関係にある。預言的認識は歴史上に特殊な状況で起こった物語の形をとって語られているから、それ自体には確実性はない。それは、どの預言者も神にたいして神としての「徴証（signum）」を明示してくれるよう懇願した、という聖書の叙述からも明らかである（TTP. II, 30, 上九〇）。それゆえ預言者から啓示を伝えられた人々は、「預言者の権威（autoritas）と預言者にたいする信仰（fides）とにのみ頼って」（TTP. I adn. 2, 251, 上二七六）啓示を信ずるしかない。こうして人々は、みずからの明確な認識によって神を認識するという理性と哲学の認識方法を身につけるのではなく、権威を信じる認識方法と態度を身につける。さて以上のような預言的認識の形態は、エジプトを脱出したヘブライ民族の認識能力と社会意識の特質を如実に示しており、それによって彼らの国家形態も規定されることになる。次節で詳しくみるように、エジプトを脱出したヘブライ民族が、当初民主政を成立させながら維持できず、王的な支配者を求めた原因のひとつは「彼らの大多数が、賢明に法を制定し、統治権をみずからの手中に共同的に（collegialiter）保持するということに適さず、粗野な精神の持ち主で、惨めな隷属状態に消耗しきっていた」からであるとみなされる（TTP. V, 75, 上一八四）。

このように、非協調的で排他的な選民思想や個人の選びの思想、また無批判的に他者に服従する態度を批判するスピノザの真意は、当時のカルヴィニズムの排他的権威主義的信仰を批判するためだった、という指摘は従来からなされてきた（Strauss 1930, pp. 193-200）。たしかに、こうして預言的認識の排他性と従属性は、能動感情としての宗教心からは隔たりがある。しかし、スピノザはさらに次のような議論を続けている。まずモーセのヘブライ国家は、先に述べたような「恐怖」による国家ではない。なぜならモーセは国家的統一を保つため、「民に恐怖よりも敬神の念（devotio）からその義務を果たさせようとして」、「服従（obedientia）」と「敬虔（pietas）」を人々に教える宗教を国家のなかに導入したからである（TTP. V, 75, 上一八五）。しかも、そもそもヘブライ人が神と契約を結んださいに生じた宗教は、「統治の権利によってのみ法的力（vis）をえた」（TTP. XIX, 230, 下二五三）のであり、「統治権を保持する者こそ宗教上の法についても解釈者であり……擁護者でなければならない」（TTP. XIX, 228, 下二四八）。これは、宗教権力が国家権力の下位になければならないというスピノザのエラストゥス主義の主張を表しているとみなされてきたが、ここで注目したいのはさらに続く次の展開である。「同じ理由から、ヘブライ人の統治が滅亡すると同時に啓示宗教（Religio revelata）は法的効力を失った」（TTP. XIX, 230, 下二五三）。そして聖書に記されている預言者を介して伝えられた神の啓示は、統治権の命令が消滅すると同時に、啓示宗教としての役割を終え、そこに残るのは「理性の普遍的教説（catholicum rationis documentum）」であり、「普遍的宗教（Catholica Religio）」（ないし「普遍的信仰（fides catholica, fides universalis）」）となじものである、とスピノザは解釈している（TTP. XIX, 231, 下二五四）。

スピノザによれば、普遍的信仰とは、「正義と慈悲（charitas）を愛する最高存在（ens supremum）が実在し、すべての人は救われるためには、それに従うよう義務づけられ、正義の礼拝（cultus justitiae）と隣人愛（charitas erga proximum）を通じてそれを崇拝する」（TTP. XIV, 177, 下一三七）という簡単で基本的な教義につきる。そこから続いてひきだされ列挙される七つの信仰箇条も、「一、神、すなわち最高存在、最高の正義にして最も憐れみ深きもの、あるいは生活の真の典型が存在すること」「二、神は唯一であること」といったように、基本的教義を分解しつつ敷衍して説明しているものにすぎない。つまりスピノザの解釈にしたがえば、モーセによって導入されたヘブライ人の律法は、神への服従の義務として正義と隣人愛を実践するという、だれもが認めることができる簡単な道徳説（documentum morale）と相矛盾することなく、それは結局栄えある（honestus）真に徳ある人であれという道徳的確実性を指し示す（TTP. XIV, 173-174, 下一二九～一三一）。

2　福音書と普遍的宗教

次にスピノザが、福音書に記されている使徒たちの教説をどのような意味で解釈していたかという問題に移ろう。スピノザによれば、使徒たちが「キリストの物語（historia）をきわめて素朴に語る」という点では、その宗教は理性の領域外にある（TTP. XI, 151, 下九〇）。しかし彼らが、「キリストの与えたごく簡単な教説」である

「道徳説」を、伝道地域や方法を「みずから考慮して」選択し教授したかぎりでは、彼らは「教師」にすぎず（TTP. XI, 154, 下八七）、その内容は超自然的啓示や神の命令によるのではなく「自然的判断のみにもとづいて書かれた」と解釈される（TTP. XI, 153, 下八五）。スピノザによれば、モーセ五書のなかの預言がたんに教義(dogma)や決定(decretum)のみをふくんでいるのにたいし、「使徒たちによる福音は推論され議論されている(disputo)かのようにみえる」（TTP. XI, 152, 下八二）。そして人々は、啓示を信仰し命令に従属するのではなく、演繹と論証によって確証された神の精神を「友愛的(fraterna)警告」として同等の立場で受けとろうとし、みずからの「自由判断に委ねる」ことができる（TTP. XI, 152, 下八二）。さらにスピノザによれば、「古代の聖書の預言者たちは……ただ若干の特殊な民族にたいしてのみ、説教し、預言すべく召されたのである」が、「使徒たちは、ありとあらゆる民族にたいして説教してすべての人々を宗教へ向けるべく召された」（TTP. XI, 154, 下八八）。

このようなスピノザの言説は、一見スピノザがヘブライ語聖書より福音書に高い評価を下しているようにみえるため、スピノザがユダヤ教を破門された「怨恨」から西欧近代の啓蒙主義的キリスト教におもねった「裏切り者」として、のちのちユダヤ教の側から集中的に批判を受けることになる（柴田 1998, 一九一〜一九三）。しかしスピノザの議論を注意深くたどると、彼の分析の眼目はそうした点にはないことがわかる。まずスピノザが断言しているように、福音書の使徒たちの説教や聖書解釈が理性ではなく表象の領域にあるという点では、それは古代ヘブライの預言と同様である。使徒たちの言説が表象にすぎないことは、「使徒たちは宗教という点では一致しているが、その諸基礎については千差万別」であり、その結果「多くの論争と分裂が起こった」（TTP. XIV, 173, 下一二九）ことからも明らかである。スピノザがヘブライ語聖書の預言と福音書における使徒の教説とを分析することによって提示したのは、両者は宗教としては同じでありながら、その表象が機能するさいの様式がまったく異なるという点である。ヘブライの預言者は超自然的な啓示と神の徴証によって、神政国家における神への絶対的服従を梃子にヘブライ民族のみを宗教へと導き、他方使徒たちは、自然的認識と推論に近いかのごとき形式をとりつつ、多数の民族を対象に友愛的助言として宗教を示した。

そして、この両宗教の表象様式のうちどちらがどのように優れているかといった問題設定は、スピノザの意図するところではまったくない。スピノザの目的は、先にヘブライの宗教が普遍的宗教として機能するからくりと可能性を分析してみせたように、福音書の内容は普遍的で平等主義的であるという、近代キリスト教自身による自己解釈と言説に依拠しつつ、キリスト教という表象が普遍的宗教として機能しうるロジックと可能性を示すことにあった。結局スピノザは、「キリストが弟子たちに与えたごく少なく、ごく簡単な教説」（TTP. XI, 158, 下九四）を「道徳説」とみなし、その内容を、「神への服従」と「隣人愛」に還元し（TTP. XIII, 168, 下一一八）、さらにそれを「普遍的信仰」の七ヶ条へと敷衍していく（TTP. XIII, 175-178, 下一三三～九）。スピノザにとってキリスト教の本質的内容とは、人々の和合と社会的秩序の樹立のために最低必要な心構えである「愛、喜悦、平和、自制（continentia）、万人にたいする信義」（TTP. prae., 8, 上四六）であり、「人間が、自分に欲する善を他の人々のためにも欲するようになるための唯一の基礎」である「神の観念」（E. IV pro. 68 sch., 262, 下八〇）である。そもそも神はキリストのような人間に具現することはなく（Ep. 73, 309, 三二六）、キリストは救世主でもなく復活もせず（Ep. 75, 314, 三三一、Ep. 78, 328, 三四四）、卓越した精神によって神の精神とコミュニケーションをもった唯一の人間にすぎない（TTP. I, 21, 上七〇～七一）とみなしているスピノザが、はたして福音書に高い評価を下したと言えるだろうか。スピノザの議論に従えば、キリストは、ヘブライ国家において神とコミュニケーションをして人々から尊敬をあつめたモーセと、本質的には変わらないことになってしまう。政治的主権の確立を第一義的に優先し、宗教的対立を排するためにできるだけキリスト教を普遍化しようと試みたホッブズでさえ、キリストは救世主であり、復活は真実であるという一点だけは、キリスト教の本質的教義として残していたのである(Lev. III-42, 495)。

以上のようにヘブライ語聖書や福音書がともに、外在的な契機によってではなくそれ自身の教えと歴史に従って、みずから普遍的宗教であると示しているように、スピノザにとってキリスト教信仰以外のすべての宗教も宗教であるかぎり、その宗教自身の教えと歴史にもとづいて自己自身を普遍的宗教として機能する可能性をもつと考えられた。それゆえ「普遍的宗教」とは「全人類に共通する宗教 (religio toto humano generi universalis)」であり(TTP. XII, 162, 下一〇四)、なによりも「こうした教えは、人間が平和的に和合して生活するために、共和国において有効であり、必要である」(TTP. XIV, 179, 下一四一)とみなされた。

3　大衆と哲学者

こうしてスピノザによれば、ユダヤ教やキリスト教やその他もろもろの宗教の物語や歴史といった表象体系は相互に異なり、またそれについて各人がもつ表象もさまざまに異なるがゆえに、そうした諸表象がエクリチュールとして一致することはない。しかしにもかかわらず、異なる表象から同一の行動が帰結したり同一の効果がもたらされたりと、社会的政治的現実として不思議な同一性が出現する場面がある。スピノザにとって政治とは、そうした多様な表象の存在様式をそのまま認めたうえで、そこから社会的行動や結果の同一性がひきだされる地平を見通すことを意味する。しかもそうした地平が開かれる可能性と方法は、おのおののエクリチュールの構造と機能から必然的に推量可能なのである。それゆえスピノザは、たとえばある者が正義や愛を実践しうる有徳な人であるという目的が達せられるならば、「各人は聖書を自分自身の意見（opinio）にしたがって勝手に解釈すればよい」（TTP. XIV, 173, 下一二九）と言明し、「行ないが善であれば、他の人々と教義が異なっていようとも、その人は信仰者（fidelis）であり、逆に行ないが悪ければ、言葉で一致していようとも（convenio）その人は不信仰者である」（TTP. XIV, 175, 下一三四）と言うことができた。

もちろんスピノザにとって、聖書の内容は「どんな愚かな者でも把握しえるきわめて単純な事柄」（TTP. XIII, 167, 下一一六）であり、「自然的光明（lumen naturale）」による認識、ないし哲学による「自然的認識（cognitio naturalis）」とは明確に区別される。「自然的認識は、すべての人間に共通な諸基礎の上に立脚しており、したがってまたすべての人間に共通したもの」であり、「かれら「自然的認識の伝播者」の教える事柄は、他の人々もかれら自身と同等の確実性、同等の価値をもってこれを把握することができる」（TTP. I, 16, 上六〇）。しかしスピノザにとって、すくなくとも社会的政治的場面におけるかぎり、普遍的宗教と哲学的ないし自然的認識のどちらが優れているのかといった議論は成立しえない。たしかにスピノザの『神学政治論』は、「哲学と神学の分離」（TTP. II, 44, 上一一九）を最終目標として著されたものであり、そこにおいては神学的聖書的教義と哲学的真理とは厳密に峻別されている（TTP. XIV, 179, 下一四二）。ところがスピノザは理性を聖書に従属させることに反対するばかりか、聖書を理性に従属させることにも反対なのである。前者は「理性を欠いた狂気の沙汰」、後者は「理性による狂気の沙汰」である（TTP. XV, 180, 下一四五）。スピノザの主張の要点は、たんに「聖書および啓示を、その有益性と必然性とに関してきわめて高く評価する」（TTP. XV, 188, 下一六二）ことだけではなく、むしろ「理性は真理と知恵の領域を、神学は敬虔と服従の領域を」「各々が自分の領域を保持せねばならないことを断固として主張する」（TTP. XV, 184, 下一五四）ことにある。

こうしてスピノザの宗教批判は、その直接の先達ともいうべきホッブズの「哲学と神学との分離」とは観点を異にせざるをえない。ホッブズは、宗教対立による内乱の解決と平和のため神学と哲学、宗教と政治を切り離し、世俗における社会契約は人間の合理的理性的計算能力によって基礎づけられるべきであり、公的な宗教の教義や実践も社会契約によって立てられた主権者の合理的理性的判断に従うべきことを主張した。(10) これにたいしスピノザは、ホッブズと同様、宗教的教会権力を世俗的国家権力の下位におくエラストゥス主義の立場をとりながら、この問題を『神学政治論』における焦眉の理論的課題とはみなしてはいない。「〔私の説に〕反対する者たちは……市民法のみは最高権力の手中にあるが、宗教上の法は教会全体の手中にあると主張しているが、私はこうした論拠についてはここでは立ち入らない。それらの論拠はあまりにも下らないので反駁に値しないからである」（TTP. XIX, 234, 下二六〇）。むしろスピノザの課題は、聖書や宗教を媒介させずともそれ自体で獲得される哲学的認識と、聖書から見出される「真の信仰」を並置することによって、信仰と哲学を「分離」するとともに「共存」させる自然必然性を見出し、この自然的ロジックに最も抵触しない政治的社会的諸条件とその構成原理を現実的に工夫することだった。

この普遍的宗教というスピノザのプロジェクトに類似した試みは、十六〜十七世紀を通じて、ヨーロッパ全体に広まっていたが、キリスト教各宗派のあいだで最低限共通する教義を見出そうという、ホッブズのようなプロジェクトとスピノザのそれとは根本的に異なっていた。(11) また国家形成者としての市民の精神原理を「市民宗教」という形で設定し、一般意志形成のバネにしようとしたルソーの論理にスピノザが接近しているとみる見解も従来からあるが（Menzel 1898, S. 26–27）、キリスト教の非国民性を徹底して批判、排撃しようとするルソーとは異なり、スピノザの普遍的宗教は、キリスト教と断絶して新しく主権者によって設定されるものではなく、それに関する信仰告白も処罰も不必要である。スピノザは、たとえ自然的認識である理性によってであろうと、大衆の多様な宗教を真理性の名の下に裁いたり強制することは、「新しい教会の権威を、新しい司祭制度を、そして新しい教皇制度を置くに等しく」、その結果、「証明の大半を解せずまた証明に携わる余裕のない庶民（vulgus）は、聖書にかんして哲学者の権威と証言におもねざるをえず」、しかも庶民はそれらをあざけるのである（TTP. IX, 114, 上二六八）。

スピノザはむしろ既成の宗教の存在と意義をあまねく認め、すでに大衆のあいだで機能する可能性のある「普遍的宗教」という表象が重要だと考える。そのために必要な客観的条件は、当時のネーデルランドに混在するさまざまな宗派が、独自の教義や聖書解釈や教会組織に固執したり人々に強制したりすることをやめ、各人の「聖書を解釈する最高の権威」や「宗教について自由に判断し、……説明し、解釈する最高の権能」（TTP. VII, 117, 上二七三〜四）を完全に保証する寛容を実現することにある。スピノザにとって寛容は、真実を見出し表象を消去しエクリチュールを統一するプロセスのために必要な手段なのではなく、異なる各々の表象形式の存在をそのまま認め、にもかかわらずそこから社会的政治的統合が帰結されるような地平が大衆的規模で見出されるプロセスに必要な手段だった。たとえば宗教と理性の、あるいは庶民（愚者）と哲学者（賢者）の認識様式が全く異なることは明確だとしても、むしろそうした明確に区別された領域を保持する寛容こそ、両者の和合的な社会的政治的行動をうみだすうえで必要な条件になる。スピノザは、「判断の自由と神をみずからの意向に従って礼拝する自由とが、何人にも完全に許されている国家」（TTP. prae., 7, 上四五）である当時のネーデルランド共和国において、きわめて現実的な展望をもって「普遍的宗教」というプロジェクトを構想したのだろうが、三百年以上も後の世界でも「普遍的宗教」の成立が依然として課題であることを、はたしてスピノザは予測しえただろうか。

補論：多極共存型連邦制とアルトゥジウス

アルトゥジウス（Johannes Althusius, 1557, 62, 63 ?–1638）は、年代的には、ジャン・ボダン（Jean Bodin, 1530–1596）とトマス・ホッブズ（Thomas Hobbes, 1588–1679）の中間の時代に位置し、社会思想史上および国家理論史上、両雄に並ぶとも劣らない重要な位置を占めるが、その本格的研究は、日本ではもちろんのこと海外においてもはなはだしく稀少である。しかし近年、アルトゥジウスの国家論・政治学の中心に据えられていた理念や概念が新しい装いのもと、現代の政治・社会問題の焦点のひとつとして議論の俎上にのぼるようになった。それは、「共生（symbiosis）」、「連合（consociatio）」（ただし現代政治学では consociational democracy は「多極共存型民主主義」と訳されている）、「連邦制」といった概念である。ここでは、そうしたアルトゥジウス思想の現代的意義をよみがえらせようという問題意識によって書かれた近年のアルトゥジウス研究、ヒューグリンの『社会連合的連邦主義――ヨハネス・アルトゥジウスの政治理論』を参照、批評しつつ、多極共存型政治や連邦制の思想的源泉としてのアルトゥジウスの主権概念、とその政治思想史上における位置づけについて考えてみたい。

1　社会連合的連邦主義とアルトゥジウス

元来、近代国家の主権形成を考えるとき、個人の権利を擁護し充足した生活を確保するというデモクラシーの理念を実現するためには、民族・文化・言語・宗教などの同一性を基調に安定した中央集権的な主権が成立することが望ましいと考えられてきた。しかしオランダやスイスは、宗教・言語・文化の相違によって各々結束を固めているいくつかの集団を国内にかかえながら、イギリスやフランスのような典型的な民主主義国家に匹敵する成熟した民主主義を保ってきた歴史をもつ。そこからダールダーやレイプハルトは、デモクラシーの一種として「多極共存型民主主義（consociational democracy）」という理念型を抽出した。かれらの主張によれば、イギリスやフランスといった諸国も程度や形態の差はあれ、企業、組合、教会、地方自治体などさまざまな集団が国家と個人のあいだに介在し、人々が諸組織に重複して所属する多元的な社会をなしてはいるが、オランダやスイスの社会の多元性はそうした諸国とは異なる。たとえばオランダ社会は、カトリック・カルヴィニスト・自由主義者・社会主義者の四つのブロックに分かれ、各々のブロックが独自の政党、利益団体（労働組合、経営者団体、農民組合、商業団体）、文化団体（学校、文化・スポーツ組織、ラジオ・テレビの視聴者団体）などを有し、人々は自分の所属するブロック系列の団体に所属するが、ブロックを越えて人々が交差的に組織される可能性は低い。このように各ブロック内の各集団が社会的文化的に相互に亀裂をもつ極として存在しながら、断片化した極が相互の闘争を深めることなく安定した民主主義的調整をおこなえる政治体制が、多極共存型民主主義と呼ばれる。多極共存型民主主義が良好に機能するためには、多数決にもとづく議会制民主主義のルールや二大政党の政権交代による政治的調整とは異なる統治性（たとえばエリート層の強いリーダーシップ等）が必要とされる。

ダールダーらはこうしたオランダやスイスの現実政治を分析する一方で、多極共存型民主主義の思想史的起源をアルトゥジウスに求めた（Daalder 1971, p. 355）[12]。

ヒューグリンは、こうした多極共存型民主主義とアルトゥジウスとの密接不可分な関係を認めたうえで、「社会連合的連邦主義（Sozietaler Föderalismus）」と呼ぶ思想へとさらに民主主義論を発展させている（Hüglin 1991, S. 58）。社会連合的連邦主義という概念は、アルトゥジウスの著作や思想から直接ひきだされた概念ではなく、ヒューグリンが多極共存型民主主義をはじめ、多数の現代政治学やアルトゥジウス以降の政治理論家の言説を総合してつくりあげた一種の理念型であり、はっきりした定義はなされていない。しかしあえて社会連合的連邦主義の意味するところを要約すれば、次のような内容をもつ。旧来の連邦主義の思想は、アメリカの連邦制に端的にみられるように権力分立の名目のもと広大な領土的統一を達成し、強力な中央集権化を基礎づけるという歴史的使命を担ってきた。こうした連邦主義の特徴は社会的な共生よりも政治制度の問題を重視し、さらに社会的な下部組織が並列的な関係で連合するのでなく国家主権にたいし垂直的に従属する点にある。ヒューグリンはこうした旧来の連邦主義の理念に対抗して、ラスキによる多元的国家論やフリードリッヒによる連邦主義論への賛同を示しつつ、連邦制度を国家による統治制度の問題ではなく、社会生活における経済的機能分化とその相互の連合機能としてみるべき点を強調する。社会連合的連邦主義は、国家や政治に不信をいだく傾向をもつ個人主義的リベラリズムと、国家や政治のなかへ直接的に個人を溶解してしまう社会主義および集権主義の両者を止揚する道であると考えられている。

社会連合的連邦制の理念を代表する古典的思想家は、アルトゥジウスでありプルードンでもある（Hüglin 1991, S. 11）。プルードンの主張した相互扶助的連合組織は、社会的な諸部分がひとつの中心に不平等に結びつくことによって統一を保つような連邦制ではなく、各々の社会的グループが完全な自由を保持しつつ、経済的相互扶助関係によって水平的に連合する連邦制、いわばすべてが中心であり周縁部がどこにも存在しない理想的な連邦制だという。こうしたヒューグリンの問題意識はたいへん興味深いもので、その方向性を共有する論者もあろう。たとえばハーストもリベラルな個人主義と社会主義的集権主義双方にたいするオルタナティヴとして、また国家における中央集権と官僚制の増強にたいする批判的理念形態として、アソシアティヴ・デモクラシーないしアソシエイショナリズムという概念を掲げている。その思想的特質は、非資本主義的で協同組合的相互扶助的原理を基礎とした非中央集権的な経済、および連邦制や政治的多元主義の推進にあり、その古典的起源の一人としてプルードンが挙げられている（Hirst 1994, p. 15）。

さてヒューグリンは、社会連合的連邦制の理念を把握するため、従来の政治思想史の把握を抜本的に転換すべきことを提唱する。まず近代以降の政治思想家を二つの系列に整理して考える。第一系列は、絶対主義・集権主義系列の思想家であり、ボダン、ホッブズ、ルソー、ヘーゲルがそれである。後者は分権主義的な国家論を展開した思想家の系列で、アルトゥジウス、ライプニッツ、ミルトン、ロック、モンテスキューなどである（Hüglin 1991, S. 244）。十七〜十八世紀の西欧諸国家が後者の思想家の思想を十分生かすことができず、それに反するような歴史的歩みをすすめたばかりか、さらには後代の政治思想の研究者が第一系列の思想家の研究に重点をおくという事実をヒューグリンは遺憾とする。ヒューグリンは「いままで我々は悪しき国における悪しき思想家にしか学んでこなかったのではないか」と述べて、「ボダンにたいするアルトゥジウス」「ルソーにたいするモンテスキュー」「ヘーゲルにたいするギールケ」「マルクス、エンゲルスにたいするカール・レンナー、オットー・バウアー」という対立図式を示し、研究の重点を前者から後者に移動すべきであると主張したマクレーに賛意を示す

(ibid., S. 30)。ヒューグリンは、思想史を以上のような二系列の図式で把握した結果、「ボダン、ホッブズ、アルタナティーヴェ」(ibid., S. 44) という見出しが示す通り、アルトゥジウスの主権概念をボダンやホッブズの主権論に対抗的なものとして捉えることを重要課題としている。

2　ボダンとアルトゥジウス

ではヒューグリンの著作を参照しつつ、ボダンとアルトゥジウスの主権論の相違を簡単にみてみよう。アルトゥジウスの主著『政治学』(一六〇三)では、先達のなかでもボダンへの言及がきわだって多く、アルトゥジウスがボダンから大きな影響を受けるとともに、ボダンこそ最大の批判対象だったことがわかる。アルトゥジウスは、市民社会が戦争状態のない平和な政治的秩序体系つまり国家として成立するためには、唯一かつ不可分・不可譲の最高権力としての主権と主権による統一的な法の支配を欠くことはできないという、ボダンの「主権 (majestas, puissance souveraine)」と法の支配の概念を継承しつつ、同時にボダンの主権は君主主権と同義であると批判する。

ボダンは、自然法や神法や道徳律などによる一定の倫理的制限を君主に課しながらも、唯一・不可分・絶対の主権をもつ主権者の意志が法律であり、政治的主権 (王) は法的主権 (司法) の上位にあり、主権者は法律の拘束をうけず、法律・慣習を臣民の同意なしに一方的に改廃する権力をもつと主張した。それゆえ三部会は君主の招集なしには開くことが不可能な請願・諮問の機関であり、臣民に能動的抵抗権はない。これにたいしアルトゥジウスは、王国 (regnum) ないし共和国 (respublica) 全体が共通権力の主体であって、この権力を行使するよう委任された統治者（王ないし執政官 magistratus）は、個人には卓越するが普遍的共同体の合議体よりは下位にあり、合議体よりさらに市民の総体である人民が上位にあると主張する。人民に主権が属しているか否かのメルクマールは、主権つまり最高権力が人民の意志たる市民法に従っているか否かにかかっており（PM. IX, 177–178）、主権は実定法を越えた絶対的権力をもつとするボダンとは見解を異にする。さらにアルトゥジウスの主権の特徴は、主権を市民生活（socialis vita）つまり共生様式（symbiosis）にもとめる点にある。symbiosis の語源は生物学的な共生（共棲）を意味する *συμβίος* であるが、それは人々が社会的必要にせまられて、労働、サーヴィスなどを交換しあう家族、ギルド、教会、地方自治団体などの各種団体という社会的意味に転換されている。それは「功利（utilitas）」にもとづく共同体であると同時に、神への崇拝と隣人にたいする愛を教える「自然法（lex naturae）」と正義に則って法＝権利（jus）を共有しあう共同体でもある（PM. IX, 181）。このようにアルトゥジウスは、物や人や法のコミュニケーションをいかに効果的に秩序づけるか、そして「社会的なもの」から「政治的なもの」をいかに構成するかを政治学の課題としたのであり、その意味では近代社会学の祖とも言われる。

これにたいしボダンは、市民社会と政治的秩序体系としての国家（および家族）とを概念的に明確に区別した。ボダンによれば、「家族は自然共同体であり、職業身分組合（collège）は市民共同体（communauté civile）であり、国家は主権によって統治された共同体である」（Bodin 1583, III–7, p. 474）。ボダンは、かつてアリストテレスが統治や裁判に参加する自由人を市民、市民の集まりを国家と定義したことは、国家と市民社会 cité, civitas, societas civilis を混同したものであると批判し、当時のフランス市民に国家主権の下にある市民、つまり「他人の主権に従属する臣民」（外国人、奴隷、女、子供をふくまない家父長としての自由人）（ibid., I–6, pp. 68–69）

という定義をあたえ、[13] 他方自由都市に住み市政に参加する市民をブルジョワと定義しなおしている。ボダンにとって、「家政（mesnage〔ménage〕）とは、家長への服従下にある何人かの人々……にたいする、正しい統治のこと」（ibid., I-2, p. 10）であり、国家とは、家族（famille）をモデルとした君主と臣民との家父長的な支配・服従関係の場（ibid., p. 11）である。それにたいし市民社会は、家長が家を離れて対等な仲間＝市民（citoyen）となり、公的な問題について商談したり議論したりする場だからである（ibid., I-6, p. 68）。ボダンも、職業身分団体やその連合（corps）、また定期的身分制議会や地方議会が公共的で重要な役割を果たすことは認めているが、成立にさいし主権の許可が必要なばかりか、いかなるときも主権の意向の範囲内にあるべきものであり、その機能と権限は弱い。

他方アルトゥジウスにおいては、家族や同業者組合（世俗と教会は分かれて組織され、職業団体、官庁の会議体、教会などがふくまれる）という私的な結社（consociatio privata）や、さらには私的な結社が多数連結してできあがった公的な結社（consociatio publica）〔小村 vicus、村落 pagus、町 oppidum、自由都市、領邦都市、混合都市、首都 Metropolen、植民都市およびそれらを含めた普遍的な政治的結社 consociatio politica universalis としての州ないし国家〕の各々において、大幅な自律性・自治権が認められている。普遍的な政治結社（州ないし国家）が主権を保つためには、下位に位置する各団体が上位の団体にたいして一定の権利を放棄するという方式によってひとつに連結されなければならないが、各々の団体はそれに応じたミクロコスモス的な権利領域をもっており、下部団体は上部団体にたいし抵抗する権利がある。とくに州の自立性は強く、個々の州は、やむをえない場合はそれが所属する国家から離脱して他の主権国家に参入するか、完全に独立することができる。さらにアルトゥジウスは主権をもつ国家が連合することによって生じる連邦制（consociatio & confederatio）（PM. XVII, 258–259）をも構想し、こんにちの国家共同体構想へと連なる議論を展開している（津田 1977, 1990）。

以上のようなボダンとアルトゥジウスの相違を、ヒューグリンは反対方向のベクトルと評価する。ボダンもアルトゥジウスもともに市民社会に分散する諸権力に注目しながら、ボダンは家父長的で強力な王権へといかに中央集権化していくかに腐心し、アルトゥジウスは主権を家族および市民社会の諸集団の連結によって構成することによって、市民的集団の自律的権力を理論化したのだと（Hüglin 1991, S. 84–85）。さらにヒューグリンによれば、両者のこのような思想的分岐はアリストテレス受容の可否にある。ボダンもアリストテレスの影響を強くうけているが、その中央集権的支配論はアリストテレス的なポリスの政治とは実質的に対立する（ibid., p. 55）。他方アルトゥジウスはアリストテレスから、人間は政治的（社会的）動物であること、分業的な経済共同体を基礎にして自足的な政治共同体を形成するという理想、また市民生活を能動的政治生活（vita activa）として把握する点などを継承したと言う。ヒューグリンは、ボダンが支配・政治・国家の要素を重視するのにたいし、アルトゥジウスは市民社会・経済関係・ゲゼルシャフトの原理の優位の立場にたっていると、M・ブーバーの見解に依拠しつつ主張する（Hüglin 1991, S. 30, 254 ; Buber 1952, S. 22）。このヒューグリンによる国家vs市民社会の図式は、最初にみた集権主義vs分権主義の二系列の思想史把握の図式と対応している。

3　ホッブズとアルトゥジウス

次にヒューグリンがボダンと同様、アルトゥジウスの主権概念のオルタナティヴと位置づけていたホッブズとの関係をみてみよう。ホッブズの『法の原理』が回覧されるのは、アルトゥジウスの死後二年を経た一六四〇年であるから、アルトゥジウスはホッブズなる人物を知らなかっただろう。ホッブズにたいするアルトゥジウスの影響も、直接には認められない。にもかかわらず、この両思想家が対比されて論じられるようになったのは、ギールケによるアルトゥジウス研究の結果であるように思われる。ギールケはドイツ法学のローマ法的起源を基礎づけた法学の大家であるとともに、『ヨハネス・アルトゥジウスと自然法国家理論の発展』（一八八〇）の出版によって、それまで忘れられていたアルトゥジウスの名を世界的に知らしめた人物である。ギールケの研究によって、アルトゥジウス国家論は近代的自然法論および社会契約論の祖であると位置づけられることになった。

たしかにアルトゥジウスの主権形成論においては、「契約（pactum）」は重要な役割を果たしている。共生様式を成す各々の団体を存続させるか否か、またそれがどのような形態をとるべきかについては、構成員が平等の立場で暗黙ないし明示の約束（promissio tacita vel expressa）をする必要があり（PM. I, 2 ; IX, 170）、自然的とされる家族（親族をもふくむ）も、その存続のためには構成員による不断の同意・契約が必要である。ただし公的政治体の形成にあたって、直接・間接に契約を結ぶのは個人ではなく、各団体（たとえば国家を形成するにあたって契約をむすぶのは、州あるいは地方自治体）である（PM. IX, 175）。その点では契約の出発点において完全な個人主義が徹底されているとはいえないが、社会的統合が個人および下位の各種団体から州ないし国家という上位の団体へとすすむ点では、近代的要素が強いという評価が成り立つ（Gierke 1913, S. 346）

ギールケによるアルトゥジウス評価の特徴は、このようなアルトゥジウスの契約論をホッブズの社会契約論に比して評価すべき優れたものとみなすことにある。その理由はこんにち一部のルソー研究者においても認められているように（Derathé 1970, pp. 93-99）、アルトゥジウスの主権論がルソーの人民主権論の先駆である（Gierke 1880, S. 4）からではない。ギールケは、個人主義的原子論的な社会契約論（ギールケの把握によればホッブズ、スピノザ、ルソー、カント、フィヒテなどが含まれる）は、「国家と個人しか存在しない」「中央集権的傾向の強い」自然法論であるのにたいし、アルトゥジウス的な社会契約論は団体法論に基礎をおくドイツ的特殊性をもった社会契約であり、真の道徳的集合人格を形成しえる（Gierke 1913, S. 491）。ただしギールケによれば、ルソーの社会契約論は、個人主義的自然権論から出発しているとはいえ、主権者を個人の集合体ではなく、それを越えたところに成立する有機体的な統一体としての「道徳的〔真の〕人格」として構成することを目指しており、さらに言えば目指したが失敗に終わった事例にあたる（Gierke 1913, S. 469）。

こうしたギールケのアルトゥジウス評価にたいして、ヒューグリンはアルトゥジウス国家論の独創性を契約論ないし主権論に求める見解に反対し、アルトゥジウス国家論をルソーよりもアリストテレスの国家論に近いものとみなす（Hüglin 1991, S. 245）。そしてアルトゥジウスが人間は本性上社会的動物であるという前提にたっている（PM. I, 10）のにたいし、ホッブズ国家論が自己保存を求めて闘争状態に陥る利己主義的個人を前提として、アリストテレス哲学を拒否していた点を考えあわせれば、アルトゥジウス国家論は「リヴァイアサンの政治からの離脱」として重視されるべきなのである（Hüglin 1991, S. 44, 246）。こうして、アルトゥジウスの国家論をホッブズ国家論のオルタナティヴとして把握する点では、ヒューグリンとギールケは一致をみている。

4　アリストテレス主義とアルトゥジウス

こうしてヒューグリンは、アルトゥジウスとボダン、ホッブズ両思想家とを分かつ分岐点にアリストテレスのポリス論受容の有無をおいている。たしかに当時のヨーロッパの大学では人文主義的アリストテレス的な思想が優勢であり、アルトゥジウスはケルンやバーゼルでの学究時代、新しく翻訳され注釈が付されたアリストテレスの政治学やその他の著作を学んだ。ここで、アルトゥジウスが『政治学』の初章「政治学の一般原理」において、アリストテレスについて論じている箇所をみてみよう。

アルトゥジウスは、市民がつくるポリス（politia）の基本的政治原理を三点挙げる。その第一はポリスにおける法（jus）のコミュニケーションであり、それは市民権とも呼ばれたと説明される。アルトゥジウスが使用するコミュニケーション（communicatio）という概念はたんなる伝達の意味ではなく、財・労働・サーヴィスの交換を基礎とした相互的な扶助関係、義務関係を意味するから、法のコミュニケーションとは、そうした相互扶助関係を法的体系として表した市民の権利・義務関係の総体をさすと考えられる。次にアルトゥジウスがポリスの第二の原理としてあげるのが、国家を統治し秩序づける術（ratio administrandi & instituendi）である。そして最後のポリスの第三の原理が、市民の能動的活動（actio）によって形成される国の秩序と体制である。アルトゥジウスの解釈によれば、アリストテレスはpolitiaの定義として、最後の第三の原理をもっとも重要視したという（PM. I, 3）。

以上のような叙述から、たしかにアルトゥジウスがポリスにおける市民の政治的能動的生活を最も重要な政治原理とみなしたことがわかる。しかし同時に同じ箇所でアルトゥジウスが、市民社会civilis societasはアリストテレス的なポリスとは大幅に異なると論じている点も見逃してはならない。アルトゥジウスは、人間は自足的状態（αὐτάρκης）にはないからこそコミュニケーションが必要であり（PM. I, 2）、「市民社会においては……一人の人間が他者を支配する（impero）ことは必要」で、共生の法（jus）の一面をなす「永続的な公法（communis & perpetua lex）」は、統治者（imperantes）と臣民（obsequentes）の関係を示す（PM. I, 4）とも述べて、平等で自足的人間というギリシア的理想像に距離をおく。つまりアルトゥジウスは共生を、一方では同等な市民によって構成されたアリストテレス的なポリスのアナロジーで考え、他方ではそこにうめこまれた人々が不等な役割（たとえば上位と下位、支配と服従）を担うことによってのみ成立する秩序であることを前提とした。

これはヴィンタースの研究が強調するように（Winters 1963, S. 169）、アルトゥジウスの政治論が本質的にカルヴァン主義神学とキリスト教的自然法論に規定されていて、共生における人民の階層的秩序を神による予定として無条件に受け入れることを前提としたことと関係する。さらには共生のモデルとして、神聖ローマ帝国内の領邦（とくに東フリースラント伯領）における諸身分による統治や階級別・身分別会議体による相互コントロールの政治がイメージされていたこととも関連し、その意味でアルトゥジウスの共生様式論が、中世的な中間団体論の側面をもつこと（Gierke 1880, S. 34, Nisbet 1973, pp. 397–399）は否定しがたい。ヒューグリンも、アルトゥジウスの国家論にはアリストテレス政治学から離脱しようとする側面があることを指摘し、それを「政治的なカルヴィニズムのなかで再現されたユダヤ的な連邦思想と政治的な身分制のうちに伝統をもつ団体的思考」（Hüglin 1991, S. 135）と指摘している。しかしそうした側面を、単純にアリストテレス政治学からの離脱とみなすことにも問題がある。

たとえばボダンにおける家長による「主人的支配」「自然的支配」という家族論は、アリストテレスの政治学から継承されたものである。またグロティウスが、平等者間の法と不平等者とのあいだの法を区別して奴隷契約を認めているのもアリストテレスにもとづいている。そのグロティウスが、教会や市民団体における人々の結合は主権の下への絶対的従属の形式とは異なるが、自由で持続的な同意を介した「規律権力」への服従であると考えていたこと（Tuck 1979, pp. 65–66）も興味深い。アルトゥジウスの家族論が個人主義的契約論に依拠したものであることを考えあわせれば、家族や市民社会の領域で従属の要素が強調されるか、能動的生活の要素が強調されるかについては、アリストテレス主義とともに、やはりホッブズ国家論に繋がるような個人主義的社会契約論の影響についても重視されなければならないだろう。

＊　＊　＊

以上みてきたように、アルトゥジウスの共生様式は、下部権力間の自立性と相互コントロールの原則を内包させつつ、地域や国境を越えた連合を可能とするきわめて開放的な主権理論である。しかし、その政治思想上の位置づけは、ボダン・ホッブズ＝国家主権・中央集権・個人主義的契約論 vs アルトゥジウス＝市民社会論・アリストテレス的共同体論・連邦主義的契約論という図式にはいちがいにあてはまらないことがわかる。ヒューグリンは、多極共存型民主主義が英仏型の国民国家や議会制民主主義とは異なるという視点を強調するあまり、前者の思想的起源をアルトゥジウス、後者の思想的起源をボダン、ホッブズ、ルソーに見出し、両者を図式的に対置することに精力をそそいでいる。こうした図式は一定の正しさと有効性をもちながら、その背後には、国家と市民社会とを、また個人主義的集権主義的社会契約論と団体主義的共同体主義的自然法論を対峙させるドイツ的国家論の図式と同一のパースペクティヴに帰着する側面をもつ。

そもそも十六世紀から十七世紀にかけてのネーデルランドにおいては、ボダンやホッブズの理論は絶対王政擁護の理論としてではなく、抵抗論や自由主義的な共和政を基礎づけるラディカルな国家論とみなされたことに注意する必要がある（清末 1977, 五四；Kossmann 1960, pp. 93, 100）。ボダンやホッブズの国家論は、オラニエ公を中心とした立憲君主的中央主権国家の理論的支柱としてではなく、むしろ、都市や州の自治を大幅に認める分権主義や連邦主義の理論と結びついて受容される傾向にあった。ネーデルランドにおける分権主義・連邦主義の理論は、ボダンやホッブズの主権論にたいするオルタナティヴだったというよりも、むしろそれらとの固有の結びつき方に要点があったと言える。そのさいアリストテレスに発する古代都市国家モデルが大きな役割を果たしたことは言うまでもない。こうした推察は、アルトゥジウスの国家論から半世紀余を経て現れたスピノザの国家論に目を転じるとき、ますます確かなものとなるように思われる。スピノザにおいては、ホッブズ的主権論とネーデルランド的分権論、連邦制論と、さらにアリストテレス的な能動的な政治生活のそれぞれが継承・転換されつつ独自な総合がおこなわれた。多極共存型民主主義や連邦制の思想的起源も、こうした三つの要素の総合として把握されるべきだろう。

註

（1）現在まで保存されているスピノザの蔵書のなかには、アルトゥジウスの著作は存在していないが、グロティウスの次の二著作が見出される。*Defensio Fidei catholicae de satisfactione Christi* [etc.], Lug. Bat. J. Patius 1617. *De imperio summarum potestatum circa sacra commentarius* [etc.], Lut. Par. z. uitg. 1647. (De Boekerij van B. De Spinoza, op. cit., p. 23)

しかし、スピノザの死後、かれの所持していた膨大な蔵書のほとんどが、散逸したと推定されるため、蔵書目録は、スピノザの思想を形成した要素のごく一部を語るものにすぎない。

（2）Agge Albada はフリースラントの法律家でケルンの和平交渉会議で議会側の理論的支柱として大きな役割を果たした。ユグノーの抵抗権論として有名な『反暴君論（Vindiciae contra tyrannos）』（一五七九）などに依拠している。

Gerard Prouninck（別称 van Derenter）はパルマ公サイドの町 Bois-le-Duc からユトレヒトに移住し、カルヴィニストとして抵抗権論を展開し、オラニエ公派の政策を支持した (E. H. Kossman and A. F. Mellink, edited with an introduction, *Texts concerning the Revolt of the Netherlands*, Cambridge University Press, 1974, Document 44 & 47)。

（3） 当時のネーデルランド議会については以下を参照。E. H. Kossman, Popular Sovereignty at the Beginning of the Dutch Ancien Regime, in *The Low Countries History Yearbook*, XIV, 1981, p. 4. 川口博「一五・一六世紀のネーデルランド全国議会について」『史林』第五三巻第5号、史学研究会、一九七〇年。川口博「議会と主権――オランダ共和国の成立」、栗原福也・永積昭監修『オランダとインドネシア――歴史と社会』一九八六年、山川出版社。

（4） 一五八〇年デルフトで開催された全国議会あての、オラニエ公による『弁明書』参照 (Kossman & Mellink, op. cit. Document 48)。

（5） アルトゥジウスの略歴について簡単に述べておく。神聖ローマ帝国内の改革派ヴィトゲンシュタイン＝ベルレブルク伯領下にある一村落、ディーデンハウゼンに生まれたとされるアルトゥジウスの生涯は不明な点が多く、その出生年が一五五七年、一五六二年、一五六三年のいずれであるか確定されていない。その出自や幼年時代も明らかではなく、農夫の息子とも領主の非嫡出子とも言われる。ケルン、バーゼル、ジュネーヴといったプロテスタント色の強い自由主義的な雰囲気をもつ各大学で青年時代を過ごした彼は、生涯を通じてカルヴァン派の信仰と都市・州の自治を守ることを信条とした。彼が生きた時代には、一五七二年の聖バルテルミーの虐殺、一六一八～一六四八年の三十年戦争、一五六八～一六四八年のネーデルランド独立戦争といった歴史的事件に象徴されるように、ドイツ、フランス、ネーデルランドなどの大陸諸国がおしなべて、ヨーロッパ単一のカトリック共同体から主権諸国家への解体過程と宗教戦争のさなかにあった。宗教と国家をめぐる動乱のなかアルトゥジウスは、一五八六年からネーデルランドの改革派ヘルボーン＝ズィーゲン大学で法学の教授を務め、一六〇三年、近代最初の体系的政治学の書である『政治学』を出版している。そしてその直後の一六〇四年、当時、港湾貿易で経済的繁栄を誇ったオストフリースラントのプロテスタント派の自由都市、エムデン市の法律顧問 (Syndikus) に着任した。エムデンのカルヴァンといわれた彼は、ライデン大学、フラネッカー大学からの破格の俸給を条件とした招聘にも応ずることなく、生涯にわたりみずからの政治理論の実現をめざした。アルトゥジウスの生涯については、Otto Friedrich von Gierke, *Johannes Althusius und die Entwicklung der naturrechtlichen Staatstheorien*, 1880, 4 Ausgabe, M. & H. Marcus, 1929, S. 3-17, および T. O. Hüglin, *Sozietaler Föderalismus : Die politische Theo-*

rie des Johannes Althusius, Walter de Gruyter, 1991, S. 67–85, 参照。

（6）この書は、一六二二年、Hoorn で以下の表題のもとに出版された。*Verantwoordingh van de Vuetteliycke Regieringh van Hollandt Ende West Vrieslandt, Mitsgaders Eenigher nabuyrighe Provincien sulcks die Was voor de veranderingh ghevallen in den Jare xvj*^{c} *en xviij*.（『一六一八年に起こるにいたった政変以前において、ホラント州、ウエスト・フリースラント州、および隣接する諸州において、法律にもとづき当局の権限を保持していた人々を弁護す』）本書はオランダで広く読まれ、オラニエ公派には、大きな衝撃を与えたといわれる。出版後ただちに、著者を法律の保護外に置き、同書の印刷、配分、所持、講読、贈与、その他なんらかの関わりをもった者すべてが同罪であるとの法令が発布された（Defense of the Lawful Government of Holland, in *The Life and Legal Writings of Hugo Grotius*, Edward Dumbauld, Norman University of Oklahoma Press, 1969, pp. 83–87.）。

（7）ギールケはこれを、二重主権論に類似しているが、厳密にいえば単一主権の二重主体論である、と説明している。Otto Friedrich von Gierke, *Die Staats- und Korporationslehre der Neuzeit*, Das deutsche Genossenschaftsrecht, Bd. IV, Weidmannsche Buchhandlung, 1913, S. 292, 378. グロティウスにおける近代的主権概念の欠如については、大沼保昭編『戦争と平和の法――フーゴー・グロティウスにおける戦争・平和・正義』東信堂、一九八七年、第四章　国家と支配権（田中忠）参照。

（8）シュトラウスによれば、初期ホッブズにはアリストテレス『弁論術』の情念論からの影響が強くみられ、他者からの称賛を呼び起こす「栄光（glory）」や「誇り（pride）」などの「貴族の徳」が高く評価されている。しかしユークリッド幾何学発見後のホッブズは、「虚栄心（vanity）」こそ人間相互を闘争に駆り立てる最悪の情念とみなし、「暴力死の恐怖」が人々を合理的共存へと赴かせるというブルジョア道徳の立場に転換したと解釈される（Leo Strauss, *Hobbes' politische Wissenschaft*, Hermann Luchterhand 1965）。これにたいしオークショットは、ホッブズ政治論が根底にもつ道徳観は、アリストテレスというよりもアウグスティヌスに由来するスコラ的な懐疑論・合理論であり（Michael Oakeshott, *Rationalism in Politics and Other Essays*, 1962, New and expanded edition, Liberty Press, 1991, pp. 237, 341–342）、後期ホッブズは、ユークリッドの原理によってアリストテレス『弁論術』の方法を拡張したと解釈する。この点については、中金聡『オークショットの政治哲学』早稲田大学出版部、一九九五年、第二章参照。なお政治思想史におけるシヴィック・ヒューマニズムの再評価とあいまって、近年ホッブズにおける道徳哲学、とくに社会契約論における徳論の重要性を強調する研究はさかんである。そうした研究史を倫理学の視点から詳細に整理した研究として、David Boonin-Vail, *Thomas Hobbes and the Science of Moral Virtue*, Cambridge University Press, 1994, が挙げられる。

(9) ホッブズによれば「すべての真実の理性推論（ratiocination）の基礎は、言葉（word）の不変な意味」（Lev. III-34, 380）にあるのだから、「日常会話におけるような言葉の通俗的使用（vulgar use）」によって社会的混乱や闘争が発生する場合もあるし、逆に正しいスピーチによって人々のあいだに「コモンウェルスや社会や契約や平和」がもたらされる場合もある（Lev. I-4, 18）。そうした言葉やスピーチが、科学技術的で証明可能な幾何学的言語なのか否か等々、その内実にかんしては諸見解の相違がある。たとえば Sheldon Wolin, *Politics and Vision : Continuity and Innovation in Western Political Thought*, George Allen & Unwin 1960, ch. 8 参照。

(10) ホッブズは、各人の「内面的な思想や信仰」については神だけが知りえるものであり、統治者のあずかり知らぬものであるから諸法の制約を受けるものではないと聖書を解釈し、個人の宗教的生活を、公的宗教を告白し実践する外面的行為と自由な判断による私的信仰や内面的信条とに分離し、後者を市民社会における思想信条の自由として確保している。なお、ホッブズの述べている主権者が定めた「公的崇拝（public worship）」とは、本来の主権の主体である人々が同意し、設定する自由な意志決定のひとつとして、市民法と「意見（opinion）」の領域の問題として成立したものにほかならない（Lev. II-31, 350）から、臣民が公的に形成した市民宗教と根本的には同義であり、いわゆる国定宗教とは異なる。ただし、宗教という思想上の事柄がどこまで市民法の対象となるべきかは、現代においても問われるべき問題である。なおホッブズとスピノザにおける思想信条の自由の問題が、主権者と臣民との権力関係の問題とどう関係しているかについては、Ze'ev Levy, op. cit., ch. 5 参照

(11) かつてディルタイは、ヨーロッパ精神史においてルネッサンスと宗教改革が去った後、人々の生を方向づける二つの潮流があったとし、一方を非寛容なプロテスタンティズム、もう一方を寛容の原理にもとづく自然宗教、理性宗教の方向であるとみなし、後者の代表者としてヴィーヴェス、ボダン、ブルーノ、スピノザを挙げている（Wilhelm Dilthey, Die Autonomie des Denkens, der konstruktive Rationalismus und der pantheistische Monismus nach ihrem Zusammenhang in 17-Jahrhundert, *Gesammelte Schriften*, Bd. II, Vandenhoeck & Ruprecht, 1977, S. 255-262）。なお日本

では、「十七世紀の社会契約論を貫く反神学的世俗性」という認識にとどまらず、「政治理論と宗教論との……本質的な関連」を追求することによって、スピノザの政治社会構想と「真の宗教」との「強い親和関係」を解明した、加藤節氏の労作『近代政治哲学と宗教』（東京大学出版会、一九七九年）がある。しかし、スピノザの「真の宗教」の本質的機能が「内発的な体制信従を促す」（二三二頁）ことであるとされる点で、筆者と見解を異にする。

（12）ただし多極共存型民主主義の概念は、オランダの事例に限っても多くの反論をよびおこした。たとえば柱状化とエリートによる妥協という政治は、エリート自身の地盤強化のためのストラテジを意識的に述べているにすぎない、あるいは宗教的組織化は社会主義的勢力にたいする対抗として産業化以降ないしは戦間期に支配層によって進められたなど、階層的宗教的亀裂相互の対立の解決策としてはもとより、柱状化の区分や機能、および各々の柱の成立時代やエリートの役割などにかんしてさまざまな批判がよせられた（Rudy B. Andeweg & Galen A. Irwin, *Dutch Government and Politics*, Macmillan, 1993, pp. 40–43）。そもそも現代の多極共存型民主主義と言われる状況が開放的民主主義的な運動の帰結なのか社会的支配状況にすぎないのか、またその起源をアルトゥジウスといった共和国時代の思想や歴史に求めることが妥当か否かといった、現代政治学における多極共存型民主主義をめぐる議論や評価は筆者の判断力を越える問題である。なおレイプハルトが一九七五年に見解を修正したように（Arend Lijphart, *The Politics of Accommodation: Pluralism and Democracy in the Netherlands*, 2nd edition, University of California Press）、オランダ社会の柱状化現象は一九六〇年代までのことであり、その後脱柱状化がすすみ、一般にオランダ社会の柱状化は十九世紀初頭から一九六〇年代半ばの現象とみなされている。脱柱状化の原因としては、宗教的イデオロギー的色彩の後退にともなう政党、労働組合、メディアの改変、政治的指導や政治参加の形態変化などが考えられているが、八〇～九〇年代においては、インドネシア、スリナム、トルコ、モロッコなどのムスリムをはじめ多数の移民の流入が大きな原因となっている。オランダ語もキリスト教も共有しない異文化民族集団がオランダ国内でどのような社会集団を形成し、どのような権利をどのような方法で獲得して政治参加するか、新しい課題については、川上幸恵「ムスリム移民の統合と柱状化」『日蘭学会会誌』、第二三巻第1号、一九九八年、参照。

（13）なおルソーは、ボダンによるこの市民の定義を揶揄しつつ、市民に再度「主権に参加するもの」という定義を与え（CS, 1-6, 361-362）、家長と君主への服従というボダンのアナロジーを完全に粉砕するため、自然権の一般意志への全面譲渡と中間団体の排除をおこなった。アルトゥジウスが家族や市民社会における市民の活動に政治性をあたえたことは、対照的な理論的方向性をもつ。

第四章　政治神学の眼
――権力生成の現場へ

従来の思想史において、スピノザの聖書解釈は、聖書批判を哲学的に根拠づけ正当化した最初の試みとして高く評価され、近代啓蒙主義における宗教批判の先駆として画期的意義が強調されてきた。たしかにスピノザはホッブズとともに同時代人から恐るべき「無神論者」という烙印を下され、十八世紀に入っても無神論の代表的思想家として、イギリス理神論者やフランス唯物論者たちの議論の的となった。スピノザを汎神論として受容したドイツにおいても、スピノザを「近代の自由思想家〔＝反宗教論者〕や唯物論者たちのモーセ」（Feuerbach 1843, S. 269）に見立て、みずからの宗教批判の思想的源泉としたフォイエルバッハのような試みもみられる。政治思想史の分野ではホッブズやスピノザが、宗教や教会権力にたいする政治や国家権力の優位を理論化したエラストゥス主義の代表的理論家であることもよく知られている。従来こうした啓蒙主義的世俗化が強調されるあまり、近代国家論者の理論構成があたかも宗教論や宗教的非合理性を切り捨てたところに成立し、聖書解釈はその世俗的国家論の弁証であるとの見方が支配的だった。C・シュミットはこうした見解の一面性を批判して、近代国家論の重要概念は世俗化された神学概念そのものであると主張し、近代国家論に斬新な視線を投げかけた。しかしシュミットが近代国家論と神学の類似性を強調するのは、「政治的なもの」の非合理性、超越性を強調するためであり、こうした見方は、近代における政治的なものの合理性を宗教ないしは宗教的超越性の枠外に置く点で、啓蒙主義的近代主義の見解の裏返しにすぎない。むしろ近代における「国家という合理性」は、宗教的非合理性や超越性が語られる言説と同一の基盤に同一の観念秩序をもって生じたと考えるべきではないか。

本来、社会契約論が聖書的伝統に発する「契約」の概念を原理的基礎においていることからわかるように、西欧近代における「政治的なもの」の設定は、宗教的政治状況にたいする実践的な介入と宗教論争のなかで、聖書を逐一解釈し批判するディスクールとして生まれた。その結果、聖書のエクリチュールと社会契約論のエクリチュールはその表面的な相異にもかかわらず、実は同一の平面に属することになった。多くの人々の日常的意識を意味づけ、人々の社会的政治的行動を左右した直接的な動機が、聖書によって伝えられる物語《ヒストリア》や象徴《シンボル》であり、思想家たちも聖書における歴史《ヒストリア》や象徴《シンボル》の機能を学問的な分析対象としているように、聖書解釈とは、日常的な権力が人々の意識のなかで作動する現場を反省的に認識したテキストにほかならない。実際スピノザは、『神学政治論』のほとんどの部分を聖書解釈にあてている。また旧約聖書ヨブ記第四十章に登場する最強無敵の海の巨獣、「リヴァイアサン」の名とともに知られるホッブズは、政治理論史上類をみない巧みな神話的象徴の使い手と言われ（Schmitt 1938, S. 18）、『法の原理』（一六四〇）、『市民論』（一六四二）、『リヴァイアサン』（一六五一）など、政治・国家に関する主要著作の多くの部分を綿密かつ広範な聖書解釈に費やしている。本章は、これまであまり分析の対象とされてこなかったこうした聖書解釈の内容に注目しながら、聖書解釈と政治論との理論的関係を分析し、権力や国家にかんする言説が聖書の物語《ヒストリア》の再読解として立ち上げられ理論化される現場に、踏み入ることを目的としている。

ところでかつてウェーバーは、西欧近代において社会を合理的に再編しようとする歴史的原動力とその理論的枠組みが、宗教改革以降のキリスト教、とくにプロテスタンティズム（カルヴィニズム）およびそれをめぐる対立・融合・錯綜が、さまざまな領域にひきおこすエートスの変化を主な要因のひとつとして構成、展開されたことを指摘していた。「宗教改革は生全般にわたる教会の支配を排除したことを意味せず、むしろ従来の形式による支配に変わる別の一形式によって支配することを意味した」（Weber 1904-1905, S. 20）とウェーバーが指摘するように、プロテスタンティズムは、「世俗内的禁欲のエートス」「資本主義の精神」「労働の精神」「進歩の精神」といった経済的合理性をうながすエートスとして機能したにとどまらない。「資本主義の精神」が機能するためには、「家庭生活と公的生活との全領域を貫くはてしなく煩雑できまじめな規律化」（ibid.）が必要であり、プロテスタンティズムは、そうした規律的な権力が作動するさいに、個人および集団の公私両局面において生活全体を貫く心的機能の機軸となる。

しかし西欧近代とひとくちに言っても、たとえば同時代のネーデルランドとイングランドとでは政治的宗教的状況が異なるがゆえに、カルヴィニズムが与えた思想的な影響力は全く異なる方向に作用する(1)。そこでここでは、十七世紀中葉のネーデルランドにおいて正統派カルヴィニストの代表的政治思想家とみなされたアルトゥジウス、および同時期ピューリタン革命のさなかで思考したイングランドのホッブズ、そして両思想家を批判的に継承していったスピノザの各々の聖書解釈を、カルヴィニズム（ピューリタニズム）にたいする関係を考えあわせながら比較検討し、三者において異なる権力論や社会契約論が導かれていった理論的プロセスを探究してみよう。それによって、社会契約論とは異なる独自の権力観によって、日常的なミクロの権力に切り込んでいったスピノザの思考の躍動を把握することができるだろう。

第一節　カルヴィニズムにおける権力と国家

1　社会契約論と聖書的伝統

聖書解釈そのものに入る前に、ネーデルランドにおけるカルヴィニズムとスピノザとの関係について歴史的経緯を簡単に見ておこう。スピノザの『神学政治論』が、カルテジアンやリベルタンといわれていた開明的急進的な人々までをも含め、さまざまな陣営の人々の激しい非難の対象となったことは先にもふれた。なかでも『神学政治論』を公けの告訴の対象としたのは、まずアムステルダム市の長老会と同管区教会会議であり、同会議はこの本が瀆神の危険書であることを布告し、北ホラント州教会会議に禁書処分を上告した。同様の動きは、南ホラント州教会会議をはじめ各地の長老会と地方教会会議にも起こり、スピノザは身の危険にさらされる。こうした会議体の中心メンバーはおおむね正統的キリスト教徒、つまり改革派の説教師たちだった。ネーデルランドでは宗教的寛容の土壌が比較的早くから形成され、諸宗派の共存が許容されてはいたが、スペインからの独立戦争（一五六八〜一六四八）の勝利が確定していく過程で改革派教会の「国教会化」も進み、一六五一年には正式に国教会となった。それ以前の一六一八〜一九年のドルトレヒト会議においては、正統的カルヴァン主義の公式教義の内容が詳細に決定され、正統的カルヴァン主義と諸異端との闘争は、オランダ政治を動かす主な要因となっていた（Mcneill 1967, pp. 255–267）。

ところでスピノザ自身は、『神学政治論』において特定の宗派名や人物名をあげて論戦することはしていない。

しかし従来から指摘されてきたように、そこでスピノザが激しい口調で非難した非寛容な神学者たちや、「民衆の信心を……有害な権威によって」（TTP. XX, 244, 下二八三）政治的に利用している説教師たちとは当時のオランダ・カルヴィニストを、また「偽りの宗教」とその根底にある「恐怖」を利用する抑圧的な君主（TTP. prae., 6, 上四二〜四三）とはオラニエ公を暗示しているとの解釈は、あながち的外れではない。ちなみに『神学政治論』公刊後、それにたいする反駁の書が多数出版されたが、スピノザは反論の書をいっさい書いていない。ただカルヴァン主義者であったレイニエ・ファン・マンスフェルト（Reinier van Mansvelt）による反駁書、『匿名の「神学政治論」に反対して』（*Adversus Anonymum Theologico-Politicum*, Liber Singularis, Amsterdam, 1674）についてのスピノザの感想が、書簡に残されている。「私の書物について書いているユトレヒトの教授の著作を、……ある書店の陳列棚に見つけました。しかしそのとき私は、その書物をほんのわずか読んだだけで、それが読むに値いしないこと、ましてや反駁にも値しないことを知りました」（Ep. 50, 240–241, 二三九）。

スピノザとカルヴィニストがこのように激しく対立することになった主要な論争点は、いったい何だったのだろうか。論点は多岐にわたるだろうが、ここでは聖書解釈のなかでも、統治権（imperium）の様式（ratio）を探究するうえで必要である（TTP. XVII, 203, 下一九三）とスピノザが述べている、ヘブライ人の「国家」の成立と盛衰の歴史に関する部分を中心に分析する。『旧約』『新約』という名称が示すとおり、「契約」の問題は聖書全体のテーマであるが、とくに契約による国家形成という問題設定の源泉は、族長契約とシナイ契約という、一種の「建国」契約に遡る。スピノザだけではなくホッブズやアルトゥジウスも、一神教を創唱しヘブライ人の祖となった族長アブラハムの時代、およびその子孫モーセの時代において、ヘブライ民族と神とが契約をかわす場面を契約論の主たる題材として取り上げている。彼らは、聖書におけるヘブライ人の契約という歴史と宗教的形象を、世俗的な自然権論や近代的な社会契約論とパラレルに語りながら、眼前の政治権力を問い直し、新しい権力論や国家論をたてた。その主要な論点は、国家権力ははたして神に由来するのか否か、また何のためにどこからきてだれによって運用されるかという、権力の起源と目的に関するものだった。ちなみに一世紀後のフランス革命においても、全人類史的な遺産となった「人権宣言」(一七八九年)が人々のあいだに版画として普及されたさい、その全文はモーセの「十戒」が記された石版をモデルとして表現された(多木 1989, 八六)。当時の西欧社会における人々の日常意識を物語る典型的事例である。

聖書のモーセにいたるまでの時代は、古代イスラエルの歴史伝承のうえでも政治共同体の形成時期にあたり、その最大の特質は、ヤハウェの権威の下に契約をおこなう「誓約団体(Eidgenossenschaft)」という性格にある。聖書の物語によれば、ユーフラテス川周辺の他住民がさまざまな偶像を崇拝する多神教徒だったのにたいし、ヘブライ人の祖アブラハムは、造物主である超越的な唯一全能の神ヤハウェにたいする信仰を得、ヤハウェから啓示を受けカナンの地に入る。ここに、ヘブライ人がヤハウェを崇拝し完全に服従するかぎり、神は栄光ある民族としてヘブライの民を特別に選び、その民族と国家の繁栄を約束するという契約が成立し、ヘブライ人は繁栄の道をたどっていく。その後アブラハムの四代目の子孫ヨセフが兄たちの妬みをかい、エジプトに売られ、逆にその地で成功したのをきっかけに、ヘブライ人はエジプトにも移住するが、彼らはしだいにエジプト王から迫害を受けるようになる。この圧政に苦しむヘブライ人を引き連れてエジプトを脱出し、カナンの地にヘブライ民族の再建を目指した指導者がモーセであり、出エジプトを果たしたヘブライ人がシナイ山で再度神ととりかわした契約こそ、モーセを介して与えられた「十戒」にほかならない。

なおウェーバーによれば、市民資格をもった市民たちが共通の法に服し、身分的な「法仲間」をなすという

「ポリス」的ないし「コミューン」的な性格の都市は、地中海沿岸と西洋の諸都市を除いてはごくわずかに萌芽的に認められたにすぎず、その例外的一例が「イスラエルの誓約者たち（Eidgenosse）」である（Weber 1922, S. 107-108）。しかもイスラエル的特質は、「宗教的契約（berith）」が、さまざまな法的人倫的（sittlich）な諸関係の現実的で構成的な基礎となり、政治的な共同体（Gemeinwesen）そのものを作っている点にある（Weber 1921, III, S. 82）。このように古代イスラエルにおける契約が政治的な構成力の基盤そのものをなすという点では、社会契約論における契約の概念は、近代における民法的な契約よりも古代イスラエル的な契約に近いとさえ言える。並木氏の簡明な記述によれば、近代において契約当事者がアトム的に独立した契約対立者であるように、古代においても契約が成立するためには、個人が法的主体となりうるほどの独立性を保有している必要があり、その対立的な関係を理知によって表面上の合致に転化させる理知的法技術が契約である。しかもその契約が日常的に存在する共同体の政治的生存様式である以上、以下のような特質をもつことになる。「この団体の結成時には参加者に決断が要求されるが、一度結成されたあとは、成員に特別の決断が必要とされない。成員の団体所属資格は生得的だからである。しかしそれでも成員がこの団体所属を止めないかぎり、政治的諸権利・義務関係に置かれており、それを日常的に承認している。……しかしこの契約関係は反省的にしか成員には認識されないのである。なぜなら成員に必要なことは自己の保有する諸権利と、政治団体を維持する諸義務の確認だからである。……そのことにより、成員は対立的契機を克服し、共同の法を維持する」（並木 1979, 一四八）。このように独立した諸個人間の対立に理知的な法技術を介在させることによって、日常的で共同的な政治様式を形成するという古代イスラエルの契約のモチーフを、近代の社会契約論はさまざまなヴァリエーションの下に再読していくことになる。

2 カルヴィニズムにおける抵抗権論と統治契約説——アルトゥジウスにおけるモーセ国家の契約解釈

では当時のネーデルランドのカルヴィニストは、モーセの契約についてどのような解釈をおこない、スピノザはどこに理論的な争点を見出していたのだろうか。そもそもカルヴァンによれば、国家とは人間の霊魂を救済するための外的手段のひとつとして、神が教会と並列して建てた制度であり、教会が「キリストの霊的王国」の芽生えであるのにたいし、国家はキリストが再来するまでのあいだ一時的に、神の命をうけた為政者を介して「市民的秩序」が維持される制度である（Calvin 1536, pp. 472-473）。それゆえ、国家権力は人民によって下から形成されたものではなく、神から下降してくるものであり、支配者も神によって立てられたものであるから、パウロの有名な言葉どおり「すべてのたましいは、上にある権力に従うべき（ローマの信徒への手紙、13-1）」なのである（ibid., pp. 478, 494）。なおカルヴァンは服従の例外規定として、「支配者が……神に反逆して何かを命令する時」をあげている。しかしそれについて「検討する」権利は人民の側にはなく、私人は「ただ服従し、忍耐する」べきであり、既存の支配が変更されるのは、神の権能と摂理による啓示を通して暴君を批判する資格をもち、その支配を覆すことのできる他の支配者が出現した場合に限られている（ibid., pp. 499-502）。そして旧約聖書に記されたヘブライ国家こそ、このようにして樹立された国家の典型であり証明であるとされる。

カルヴィニズムは国により時代により多種多様な思想的形態をとっているが、このようなカルヴァンの教説は、カルヴィニズム一般に共通する基本的考え方であろう。アルトゥジウスは、こうしたカルヴァンの教説と聖書解釈では不明瞭だった点を独自の見解で補強展開し、モナルコマキを理論的に集大成しつつ、当時最も急進的で世俗的と言われた政治理論を仕上げていく。その思考過程は、アルトゥジウスによるモーセ国家の契約の解釈に端的に表されている。

アルトゥジウスによれば、まずヘブライ人たちはモーセの十戒に示された神の言葉を遵守することを神に約束し、その代わり神はヘブライ人を「選ばれた民」とし、恩恵を施すことを約束した。神の言葉は「神聖な自然法(lex divina et naturalis, jus divinum et naturale)」(PM. X, 190)とも言い換えられ、神とヘブライ人とのあいだで結ばれたこの相互的な約束が「契約(pactum)」である。しかし原罪を背負っている弱い人間たちが契約を守るためには、国家という権力を有する市民的秩序が必要であり、それゆえ神は人々の「共同体」全体に国家権力を与えた(PM. IX, 176-178)。そしてその国家権力は、共同体の成員である為政者(モーセおよびモーセを中心とする行政官たち)と臣民とが神を証人として結んだ、統治にかんする契約にもとづいて運用された。この統治契約の根底には、神が人々に与えた自然法という規範があり、為政者は権力を自然法と統治契約とに従って正しく運用し、臣民の真の信仰と福祉を保証するような統治をおこない、他方臣民も統治契約を守って支配者に服従し、自然法という社会規範と真の信仰を遵守しなければならなかった(PM. XXVIII, 582)。

以上のようなアルトゥジウスの与えた契約解釈の、第一の重要なポイントは、神が国家権力を与えたのはモーセをはじめとする為政者にたいしてではなく、共同体としての人民全体にたいしてであるという点である(PM. IX, 176-178)。この点は、神が為政者を任命し為政者に権力を与えたとする王権神授説や、主権は王ないし貴族に帰属すると主張するボダンの見解を排して、人民主権論を擁護するうえで重要な論争点だった。さらにカルヴァンにおいては、国家成立が契約にもとづくか否かは必ずしも明確ではなかったが、アルトゥジウスは、モーセの国家が成立するさいに神と人民とのあいだに契約が結ばれた点を明確化した。それによってカルヴァンが神↓

支配者↓臣民と一方的に下降する国家権力論を展開していたのにたいし、アルトゥジウスの主権論においては権力の一方的下降は不可能となり、契約によって下から権力を構成する論理が切り開かれた。

そのうえでアルトゥジウスは、神と人民とのあいだの契約の重要な一部として、人民内部においても神を前にしてモーセをはじめとした為政者と臣民とのあいだに契約が結ばれたことを主張し、支配者は神の自然法にそって統治をおこない、人民はそうした支配者に服従するという支配服従契約が成立することになる。このような二重の契約構造にもとづいてアルトゥジウスは、為政者が統治契約を遵守しているか否か、自然法を遵守しているか否か、良き統治をおこなっているか否かについて、臣民が神に問いかけることを正当化した。つまり共同体全体や臣民の利益をいちじるしく侵害して神との契約を踏みにじった暴君（tyrannus）を、より下位の為政者が実力で放伐することは、神にたいする義務として正当である（PM. XXVIII, 579）、という抵抗権論が基礎づけられたのである。

こうした抵抗権論が、王権神授説を掲げカトリック政策を強硬するスペイン王フェリペ二世に反旗を翻すうえで、恰好の理論的武器となったことは言うまでもない。当時急速な勢いで増大しつつあったカルヴァン派信徒は独立戦争遂行の大きな原動力となり、スペイン絶対王政打倒の先頭にたった総督オラニエ公も、カトリックからカルヴァン派に改宗した。少し時代を下るとフランスでも同様に、カトリック側の代表的政治宗教論者ボシュエ（1627–1704）とユグノーの理論家ジュリュー（Pierre Jurieu 1637–1713）（ちなみに彼はオランダ・ロッテルダムに在住していた）とが、「政治的権威」は上から来るか下から形成されるのかについて激論を展開することになる。それと同型の思想史的状況が、すでにスペインとネーデルランドを舞台に展開されていたのである。

3　スピノザにおけるモーセ国家の契約解釈

しかしスピノザの活躍した十七世紀後半になると、オランダ・カルヴィニズムの社会的政治的役割は変化し、それにともなってカルヴィニストの掲げる「人民主権論」と「統治契約説」も政治的機能を変えた。すでにスペイン王は廃位され、ネーデルランド共和国は独立を勝ち取り、オラニエ公は抵抗運動の指導者から中央集権的権力の樹立とカトリック勢力下にある南ネーデルランド（現在のベルギー）の併合を画策する君主的存在へ、またオラニエ公派との結びつきを強めつつあったカルヴィニストは抵抗運動の主体から「国教会」の信徒へ、さらに異端的他宗派にたいする告発者へと変貌していった。その結果、神から人民に与えられた主権を擁護し臣民との統治契約を破った暴君を放伐するための抵抗権思想は、暴君を放伐した下位の統治者・オラニエ公の君主政的権威を人民の主権として正当化する論理へ転化した。

アルトゥジウスの理論は、支配者と人民とのあいだに契約理論を挿入することによって、一方では支配者のもつ国家主権の正当性を臣民が問うことを可能にしたが、同時に他方では、支配者が臣民の服従のあり方を神の名のもとに問うことをも可能にする。しかもアルトゥジウスによれば、国家における最高権力者（summus magistratus）は、ヘブライ人の国家におけるモーセのように、世俗の支配をつかさどる最高権力とともに宗教的事柄の監視・擁護・保護・指導をおこなう教会行政（ecclesiastica administratio）をつかさどる最高権力をも掌握している（PM. XXVIII, 575–576, 156–157）。[2] それゆえアルトゥジウスの政教一致の見取り図を、オラニエ公の政治権力とカルヴィニストの宗教権力との癒着を正当化し、さらに神の法の遵守を政治的にばかりか宗教的にも臣民に強要するために利用することも可能となった。[3] 先にふれたスピノザ批判の先鋒マンスフェルトも、国家の安全と平和を保つために支配者は善良な市民を誘惑者から守り、神から支配者に与えられた権力によって市民を治めよと主張し、スピノザが教会の正義や聖書の神の啓示を国家権力に従属させ、さらに市民に思想・言論の自由を認めたことを激しく非難したと言われる（Freudenthal 1927, S. 222）。これにたいするスピノザの主張の目的は、『神学政治論』の邦訳者による副題、「聖書の批判と言論の自由」に端的に示されている。そして先の章でふれたとおりスピノザによる「聖書の批判」の内容は、どのような聖書解釈がどのような政治的表象を大衆にもたらし、また実践的にどのような社会的結果を生むかという分析に収斂するのだから、まずカルヴィニストによる「人民主権論」と「統治契約説」にターゲットが絞られることは必定である。スピノザによるモーセ時代の契約の解釈をたどりながら、国家権力の起源と成立についてどのような考えが展開されるかをみてみよう。

スピノザによれば、出エジプトをはたしたヘブライ人は既存の国家体制や法律による制限すべてを免れ、みずからの自然権をどのように処すべきかを全く自由に考え行動しうる状態にあったから、彼らは「自然状態」にあったと解釈している。ヘブライ人たちは神が起こす数々の奇跡に驚嘆し、神の力が誰よりも強大であり神の力なしにはみずからの生命と生活を維持することができないということを経験し、充分に納得した。そこでヘブライ人たちは、各人の身体的精神的諸力の総体ともいえる「自然権（jus naturale）」を全面的に神に委譲すべきであると、みずから判断し決意し「契約（pactum）」を結び、契約を実行した（TTP. XVII, 205, 下一九九）。さらにこの部分の解釈で注意しなければならない点は、スピノザによる指導者モーセのとらえ方である。スピノザは、この契約の時点ではモーセは、人々が神に自然権を全面的に委譲すべきことを忠告した賢者であり、それゆえ人々から信頼されていた知的な指導者ではあったが、主権者ではなかったと解釈している。スピノザの解釈によれば、すべての人々がともに神の前に進み出て神に伺いをたて、すべての人々が神の言葉を聞きそれを解釈しようとしたのであり、共同の権力を代表する一人ないし少数の主権者は存在せず、この段階のヘブライ人の国家は一種の「民主政（democratia）」に近い政体だった。事実古代イスラエルの社会は、支族集団を基礎とした諸部族の「連合国家」を成しており、その構造が古代ギリシャに比肩するほどデモクラティックであったという見解は、現在の批判的聖書学にも認められる（Robinson 1980, p. 46）。

ここでのスピノザによる聖書解釈のポイントは、まず「自然状態は本性上および時間上宗教に先立つ」（TTP. XVI, 198, 下一八三）と述べられているように、神との契約以前にすでに各人の自然権が存在する自然状態があり、国家権力の源泉は神ではなく各人の自然権という力であるとされる点である。しかも神との契約は、神から一方的に与えられた恩寵ではなく、各人がみずからの経験と利害判断と決意にもとづいて主体的に選択した行為であると解釈されている。これはきわめて近代的主体的な聖書解釈の立場である。(4) さらに特筆すべきことは、スピノザが契約における各人の主体性について述べているが、契約の結果生じる倫理的責務については何も述べていない点である。つまり神が何か恩恵を与えるかわりに、各人が倫理的規範としての自然法を守り一定の義務を果たすといった倫理的関係は、契約において約束されていない。これは非常に重要なポイントである。スピノザによれば、神と人々との契約によって新しく生じるのは、各人がもつ個体的力、つまり各人の「自然権」が社会的に結合されて形成された最強の統一的力（＝国家権力）のみである。ここでの神は人民に国家権力を与える者ではなく、人々がみずからもっている自然権を共同的に運用する社会的方式を樹立するさいの普遍的な媒介となり、理念的な導きの役割を果たすものにすぎない。

さらにスピノザは「仲介者のことは何も言われていない」（TTP. XVII, 206, 下二〇一）と解釈して、神と人民とが仲介者としての支配者なしに直接契約を結ぶ点が強調される。こうしてスピノザは、権力が神から下降してくることを否定し、さらに支配者と人民との契約によって国家権力が成立するという説をも排斥する。しかも国家権力が成立するさいの人々の社会的結合の形式は、水平的な契約によるデモクラティックな様式をとっており、そこには統治する側としての主権者と統治される側としての臣民という、支配服従関係がまったく設定されていない。それゆえ各人が、みずから自然権を全面的に放棄したにもかかわらずなんら各人の自然権は損なわれない、という逆説が生じる。つまり契約によって各人は、自分の恣意によってのみ自然権を行使する自然状態から、自分もその一部である社会全体の意志によって自然権をコントロールする国家状態に移行し、各人は盲目的自由（＝事実上の不自由）を捨て一定の社会的秩序の下で自律的自由を獲得し、各人が単独であった時よりも自然権の裁量範囲は広がり行動能力は増大される。スピノザが、モーセ国家の契約においては各人は自然権を全面的に放棄したにもかかわらず、「すべての人はこの契約によって完全に平等の立場にとどまり……、すべての人々が、統治権（imperium）におけるすべての行政（administratio）に等しく参加した」のだから、ヘブライの人々は「統治の権利（jus imperii）を完全に保持していた」ことになり、「他の誰かに自己の権利を委譲したのではない」（TTP. XVII, 206, 下二〇一）と解釈しているのはこうした意味である。

以上のようにスピノザは、国家権力の源を各人の自然権という力に求め、各人がみずからの利害判断と合意を本質的契機として自然権を全面的に譲渡・合成することによって最高権力を成立させたと聖書を解釈することによって、神が共同体（＝人民）に権力を付与したという「人民主権論」と、神と人間とのあいだ、あるいは為政者と臣民とのあいだに権利・義務関係を設定し、それを担保に自然権の行使を全面的ないし部分的に放棄する「統治契約論」を完全に廃棄することができた。これによって当時のオラニエ公の君主的権力およびそれと結びついたカルヴィニズムの教会権力を、正当化し擁護する理論的可能性は一掃されたのである。

第二節　近代的自我による主権者の要請

——ホッブズとスピノザにおける契約解釈とピューリタニズム

1　ホッブズによるアブラハム契約の解釈

ところで各人がみずからの自然権を放棄し、その力を合成することによって最高権力を形成するという理念は、スピノザがホッブズ社会契約論の基本的原型として独自に読みとった点であることは先に論じた。この点をホッブズによる聖書的契約の解釈を検討しながら確認し、さらにスピノザとホッブズが主権者にかんして認識を異にしていく論理的プロセスを追い、ピューリタニズムとの関係を検討しよう。

ホッブズによれば、モーセの「神聖国家」における神と人民との「信約（covenant）」は、基本的には「信約による神の王国の最初のもの」であるアブラハムとの信約を更新したものである。そしてホッブズがこの信約の内容で最も肝要な点として強調するのは、第一に神とアブラハムとが「契約（contract）」を結ぶ以前に、すでにアブラハムの主権的権利（sovereign right）が確立していたという点にある。さらに第二には、神と主権者アブラハムとの信約（ないし契約）が有効となるためには、それ以前にアブラハムの家族や子孫たちの「意志（will）」が結集され、それがアブラハムの意志と同一なものとなっていなければならない（Lev. III-40, 461-462）という点である。ここでのホッブズの主張の要点は、まず第一に、主権（sovereign power）とは神と人との契約によって神から与えられたものではなく、それ以前の全構成員による市民的（civil）な契約にもとづいて、主権者を確立することによって生じたという点にある。そして第二には、主権者を設立するさいの人民内部での信約は、各人の意志が結集され、それが主権者アブラハムの意志と同一化することによってはじめて成立するという点である。

ところでホッブズがここで述べている「意志の結集」とは、契約を是認、締結するという法律上の行為に限られる事柄ではないだろう。本来ホッブズによれば、生命体の身心の諸能力（power）が、ある対象に向かって努力（endeavour）し運動するさいに生じるものが「欲求（appetite）」であり、そうしたさまざまな欲求のなかから「熟慮（deliberation）」を介して、最後に現れた欲求が「意志」である（Lev. I-6. 49）。とすれば人々が意志を結集し法律的な契約を結ぶにいたるまでには、各人がみずからの多様な欲求を熟慮を介して相互に調整し整合させる過程が存在し、それは各人がみずからの「自然」としての身心の諸能力（power）を欲するままに自由に行使しえる「自然権（right of nature, jus naturale）」（Lev. I-14, 116）を、相互に調整・結集・総合する社会的な運動過程として考えられる。ホッブズが、主権者が主権（sovereignty）を有するとは、「主権者の行動が主権者のうちに結びあわされたすべての人々によって是認され、かつすべての人々の能力（strength）によって遂行される」（Lev. II-18, 162）ことであると述べているように、主権の成立とは、各人の「意志」ばかりか「欲求」「努力」などの側面をも含めた身体的精神的能力すべての結集・合成を意味している。

とすればホッブズは、ヘブライ人国家の契約についての解釈の根底に、各人が主体的判断にもとづきみずからの力としての自然権を放棄・結集する運動によって市民的な最高権力が形成されるという、スピノザと同様の論理を据えており、スピノザはホッブズとその哲学観・宗教観を大きく異にしているものの、こうしたホッブズ契約論における力の根本原理についてはこれを継承したとみることができよう。

2　ホッブズの聖書解釈における主権者

しかしこの点からさらにすすんで考察すると、両思想家によるヘブライ人国家の契約の解釈には、共通点よりもむしろ多くの相違点が認められる。なかでも最も顕著な相違点は、主権者をめぐる問題であろう。さきにみたようにスピノザの聖書解釈によれば、最高権力は神と人々とが直接的に契約を結ぶことによって樹立され、そこには一人ないし少数の主権者は存在しなかった。ところがホッブズにおいては、神と人々との契約は、人々が市民的な主権者を確立したのちにはじめてとり結ばれると解釈され、各人が勝手気儘に神と契約を結ぶべきではないと主張されている。ホッブズの聖書解釈によれば、神が契約を結ぶ相手は主権者のみであり、神は主権者にたいしてのみ直接的に語り、他の人々は主権者を介してのみ神の言葉を聞くべきである。さらに国家（commonwealth）においては、神の言葉を判定し解釈する権利は主権者のみに属し、臣民は「宗教の外的行為と告白」については、主権者によって設立された法に服従すべきであり、臣民が主権者に禁じた宗教を公に信奉したときは、主権者は臣民を処罰する権利をもっていた（Lev. III–40, 462–463）。

ではもし主権者がそうした本来の機能を果たしえず、人々が公の場で神と直接的に宗教的関係を取り結ぶならばどのような事態が生じるのか。ホッブズの聖書解釈によれば、こうした事態は、モーセ以後のヘブライ人国家において徐々に現実のものとなっていく。先にみたように本来モーセを主権者にいただくヘブライ人国家の契約は、アブラハムを主権者としたときの契約を更新したものであり、基本的に同一のものだった。しかしホッブズによれば、モーセは、「アブラハムの権利の後継者」であることを「相続」によって主張しえなかったので、人民を支配する「権威」を欠き、人民は神がモーセに話しかけたことを信じるかぎりでのみ、モーセを神の代行者とみなし服従するよう義務づけられた。つまり人民各人が、モーセが伝える神の言葉の真否を判断する権利をえたため、「人民の同意（consent）」と「服従の約束（promise）」なしには、主権者の権威も人々の主権者への服従も成立しないことになったのである（Lev. III-40, 463-464）。しかも結局ヘブライ国家は、「人民の同意」と「服従の約束」を介して主権を維持することにも失敗した。ホッブズによれば、祭司長エレアザルの時代や王国時代はもちろん、王が不在であるかのように記載されているヨシュアの死後からサウルにいたる士師時代、つまりは「神の王国の最初の設立から捕囚まで」、「統治の権利（right of governing）」という点からいえば、祭司長あるいは王に主権があり、彼が統治・外交・司法・宗教すべての権力を集中的に保持していた（Lev. III-40, 469-470）。にもかかわらず統治の実態（exercise）をみれば、主権者は本来もつべき権力と権威を失い、とくに王国時代には、「宗教における至上性（supremacy）の実行が、その権利に相応じていなかった」（Lev. III-40, 473）。それゆえ主権にかんする正しい知識をもたないヘブライの民は、預言者の言葉に惑わされ、神への服従を口実に主権者への服従義務を怠り市民法を遵守せず、あげくのはては紛争と分裂をひきおこし国家は崩壊に導かれていった。

3　ホッブズ契約論とピューリタニズム

さて第一節において、スピノザによるヘブライ人国家の契約解釈とカルヴィニズムとの関係を考察したように、ここではホッブズによるヘブライ人国家の契約解釈とイングランドにおけるピューリタニズムとの関係を簡単にみておく必要がある。ホッブズにとってイングランドにおける内乱発生の原因を分析し、ピューリタン革命がもたらした社会的混乱にたいして処方箋を与えるという政治課題は、解決すべき最も緊急かつ重要な理論的問題のひとつだった（田中 1982, 付論Ⅰ：高野 1990, 第一章）。

ホッブズがとらえたピューリタン革命とは、宗教的真理をめぐる争いが世俗国家にもちこまれ、諸宗派が神の名を口実に主権者にたいする服従を拒み、みずから政治的主権の正当性を主張することによって、主権の混乱と分裂がひきおこされた内乱だった。元来キリスト教徒にとっては、神の代理人である宗教的権威者に従うべきか、同じく神の代理人である政治的主権者に服従すべきかという問題は、たえず解決されえない二律背反だったが、ピューリタン革命における内乱と流血は、この問題を最も尖鋭な形でイングランドの人々につきつけた。ホッブズによれば、このような宗教と世俗政治の混同はある特定の教派がおかした誤りではなく、イングランドの既成の教派すべてに共通する問題だった。カトリックが世俗的君主を無視して、神の代理人であるローマ教皇との関係を第一義的なものとしたように、ピューリタニズムも神と個人との直接的な契約に立脚して、聖書解釈の自由や万人祭司主義を主張することによって社会的な精神的紐帯を解体し、主権者と臣民との政治的関係を断ち切る論理を広め、アナーキーと内乱をひきおこす主な要因を生みだしたからである。ホッブズの聖書解釈が比喩的に述べていたように、当時イングランドには、主権者を媒介とせずに神とのあいだに直接新しい信約を結んだと称し、政治的主権者への服従を拒む人々があふれ、モーセ以降ヘブライ人の国家主権が解体していったように、イングランドの主権は崩壊の過程にあった。(5)

それゆえホッブズにとって焦眉の課題とは、主権の不在によって招来される内乱状況を解決し、各人の生命と生活を社会的に保証するという国家における最低限の目標を実現するため、まず第一に公の場における個人と神との直接的な契約関係を完全に断ち切り、個人の理性の発動による市民的な契約によってのみ国家を根拠づけることだった。そしてさらにホッブズは、すべての人が合理的理性的な認識をもちうるわけではないのだから、人々がピューリタン革命にみられたようなアナーキーに逆戻りし、「無秩序な大衆（disunited multitude）」（Lev. II-18, 160）に分解することを防ぐために、「共通権力（common power）」（＝主権）の統一性・普遍性・絶対性を体現する主権者を樹立することが必要不可欠だと判断した。しかもキリストが再来して神の国が実現するまでは、人々は神ではなく世俗の政治的主権者に従うべきであるという論理によって、神に関する血なまぐさい論争を回避したホッブズの手法は、逆に神の代表者としてのモーセを強調し、キリストを介した三位一体説（Lev. III-42, 487）によって主権者の一人格性は強化されることになる。それゆえホッブズにとって、「多数決によって、かれらすべての意志をひとつの意志とできるような一人の人ないしひとつの合議体に、かれらのあらゆる力（power）と能力（strength）とを与えること」は、主権を樹立する「唯一の方法」（Lev. II- 17, 157）〔強調点筆者〕とならざるをえないのである。こののち、主権の樹立によって国家という政治共同体を形成し、構成員の多数決によって主権者〔代表主権〕を選抜するというホッブズの主権者樹立の理論は、近代民主主義国家の基本原理のひとつとして西欧デモクラシーの理論の主流となっていく。

4　スピノザの聖書解釈における主権者

しかし前節でみたように、スピノザの聖書解釈はホッブズ型ないし西欧デモクラシーの主流にそったものではない。もしスピノザがみずからの聖書解釈にホッブズ流の主権者樹立の理論を組み込んでいたとしたら、それは、連邦議会とカルヴァン派国教会を権力基盤にイギリス型の立憲君主制の確立をもくろんでいた、オラニエ公派の政治的見取図を積極的に擁護する結果を招いたであろう。ではスピノザは主権者の必要性をどのように考えていただろうか。ホッブズが断固として主権者の必要性を主張したのにたいし、スピノザは主権者についてアンビヴァレントな評価を下しているため、モーセ国家における主権者についてのスピノザの聖書解釈は、やや複雑なものとなっている。

というのもスピノザは、前節で述べたような契約にもとづく民主政型のモーセ国家は現実には機能せず、人々は神と結んだ最初の契約と民主政体を廃棄し、モーセを「最高主権者（suprema majestas）」として立てたと聖書を解釈し、民主政型の国家構想をいったん退けるからである。この経緯についてスピノザは、聖書にそって次のように説明している。「最初は、すべての人々がともに神の前に進みでて、神の命令を聞こうとした。しかしこの最初の礼拝のとき、人々はあまりにも恐れをなし、また神の語るのを聞いてひどく驚愕したため、自分たちの死の時が近いと思いこんだ」、それゆえかれらは、「最初の契約を廃棄し、神にうかがいをたてる権利、ならびに神の命令を解釈する権利をすべてモーセに譲渡した」（TTP. XVII, 206-207, 下二〇一～二〇二）と。

ホッブズの国家論において、「死の恐怖」が平和を求める理性の戒律とともに、人々を国家形成に向かわせる主要な感情的動機となっていたのと同様、スピノザも人々は「死の恐怖」を感じることによって主権者の樹立に向かったと聖書を解釈している。現在の聖書解釈学によれば、神にたいして恐怖を感じる「聖なる体験」は、ヤハウェ宗教における契約の究極的な特色のひとつであり、その体験によって契約は一方的に神から恵みを受ける恩恵の契約であると同時に、人間がその契約に責任をもって応答する主体的倫理の自覚を含むものになると解釈されている（木田 1971, 七四～七六）。とすれば人間が神に相対したときの死の恐怖とは、人間が神と一体になっていた幸福な無意識状態を脱し、無限な神と区別される有限可死な自己の存在と自己の判断の倫理的責任を自覚した段階にいたったことを意味するだろう。そしてこのように近代的自我を確立した人々がともに神の声を聞くならば、人々は各人各様に神の言葉を解釈し、その身勝手な解釈を楯に相互に闘争を展開する結果を招く。これこそがまさにホッブズが近代人の原型としてとらえた人間の姿であり、各人が各人の神を口実に闘争する状態は、ホッブズがピューリタニズムによって招来されたとして批判する、イングランドの内乱状況と同じ自然状態である。

結局スピノザが聖書から読みとったヘブライ人の姿とは、おおよそ次のようなものとなろう。人々は圧政を脱し、既成の体制や法律をいっさいかなぐり捨て、白紙の状態から新しい社会関係を樹立する機会を勝ち取った。そこで人々は社会的に共同することによって個人の自由が制限されるのではなく、逆に個人の自由が質的にも量的にも増大するような相互関係を新しく結ぼうとした。そのようなデモクラティックな社会契約によって新しく国家権力を創設することは可能であるようにみえ、現実にそうした試みは始まった。ところが人々はパニック状態に陥り、デモクラティックな政治的権利をみずから放棄し主権者に国政の運営を委託する道を選んだのである。このヘブライ人の姿は当時のネーデルランド人民の似姿でもあっただろう。ネーデルランド共和国はスペインから独立した後、新たな主権国家の形成に直面しながら、最高権力の主体であるとみなされた人民は力を有効に組織しえないまま、中央集権的君主政治の確立をめざすオラニエ公派と州主権主義的共和政治の確立をめざす都市貴族派との権力闘争に翻弄されていたからである。

ここで再び議論はホッブズが立てた問題に逆戻りしたかのようである。ホッブズは、こうしたアナーキーを解決して各人の自己保存を社会的に保証するために、各人の力を合成して唯一・最強・不可分の主権を創設し、しかもその唯一絶対の力を具体的に体現する主権者の設立を必須と考えた。そしてスピノザもまた、「死への恐怖」によって自我を自覚した近代人がモーセへ最高権力を譲渡し、ホッブズ型の主権者を樹立することは歴史的に不可避な道程であると、一面で判断していたことがわかる。しかしはたしてスピノザは、ホッブズと同様の道を選択したのだろうか。結論を先取りしていえばそれは否であり、スピノザはホッブズの権力観を再度吟味しなおし、ホッブズとは異なる権力観から最高権力の構成理論を再展開しようと試みたのである。

第三節　社会契約論から日常的権力の解析学へ

1　社会契約論と社会制度（システム）論

スピノザは、モーセは主権者であるというホッブズと同様の解釈にいきついた。しかし、最初の民主政型の社会契約がなぜ「まったくの理論」（TTP. XVII, 201, 下一八九）にすぎず、現実に機能しなかったのかという点をほりさげたスピノザは、社会契約論の問題設定を転換する視点を、主に二つの方向から深化させていく。そのひとつが社会制度（システム）論の視点であり、それは晩年の遺作『政治論』における詳細な政治制度論に結実する。ここではスピノザが、モーセ国家の政体についてホッブズとはどのように異なる解釈を与えながら、そうしたパースペクティヴを設定していくかについてみてみよう。

スピノザによれば、モーセは自分の「後継者を選ぶ権利」を有していなかったから、ヘブライ人国家の政体は「君主国家」ではなく、その組織形態からして「貴族国家」でも「民主国家」でもなく、「神聖国家 imperium theocraticum」と呼ぶべきものと解釈される。(TTP. XVII, 207–208, 下二〇三～二〇四)。その政体の最大の特徴は、最高権力が分権主義的かつ連邦主義的に構成されている点にある。まずヘブライ人国家においては、法律の解釈権とその執行権が各々別々の部門によって担われ、両者が相互に諮問・承認しあうという相互補完的な権力関係が保たれていた。たとえば祭儀を司ったレビびとは「一般政務」に携わる権利をもたず、その長(祭司)であるアロンやエルアザルは、国家の法となる「神の律法の最高解釈者」であり「神との応答を伝える権限」をもってはいたが、その権限は最高会議あるいはその長である司令官から諮問された時にのみ有効だった。他方最高会議ないしその長は、神の応答を直接受けることはできなかったが、「神の命令」を法として布告・実施し、民衆に遵守させる権利および軍指揮権や使節の任命・派遣権、戦争・和平締結権など、内政と外交にかんする執行権を掌握していた(TTP. XVII, 208–209, 下二〇四～二〇八)。

さらにヘブライ人国家の行政権は、各支族の代表からなる最高会議体とその長(司令官)とによって集団的に担われていた。人民全体が、国務にかんして「同等の権利」をもつ十二の支族から構成され、各支族は長老のなかから選ばれた首長(principes)をいただき(TTP. XVII, 208, 210, 下二〇五、二〇九)、その首長らが最高会議を構成していたからである。また首長や司令官は、世襲的な貴族ではなく人民のなかから選挙され(TTP. XVII, 211, 214, 下二一一、二一七)、行政は「万人に充分明白な成文律法にしたがって」おこなわれ、民衆の側も律法の学習を怠らなかった(TTP. XVII, 212, 下二一三～二一四)と指摘されるように、成分法や選挙という方式を介して行政内容が人民全体と密接な連関を保つよう、さまざまな制度的工夫が試みられていた。

このようなスピノザの聖書解釈は、前節でみたホッブズの解釈とは全く対照的である。ホッブズによれば、祭司エルアザルの時代はもちろんのこと、それ以降の神政国家においても一貫して、宗教・行政・司法等々のすべての権利は本来的には主権者［祭司ないし王］に集中されていた。そして本来集中されるべき権力が分散され、主権者が権威を失墜させ主権の安定性と統一性が損なわれたことこそ、忌まわしい内乱が発生した原因だったからである。

　ところがスピノザによれば、ヘブライ人国家における最高権力の安定性と統一性は、統治権を分権主義的連邦主義的に構成することによって図られていたのだから、内乱が発生した主要な原因は、そうした政治体制が維持されずに中央集権的王政へと移行したことにあった。まず聖職がレビびとにのみ与えられるなど、各支族がもつ「神にかんする仕事をつかさどる同等の権利」が侵害された（TTP. XVII, 218-219, XVIII, 222-225, 下二二五～二二七、二三五～二四〇）。次にサムエル記上の八章には、王を求める民の声は神とイスラエル共同体との契約にそぐわないとする記述がみられる。スピノザが読みとった聖書の記述によれば、人々が宗教的権威を祭司から剝奪して王にあたえ王を主権者として以来、宗教的権威は揺らぎ、律法の正しい解釈をめぐって「きわめて多くの預言者」が現れ、祭司や預言者また預言に煽動された人民たちとのあいだに騒乱が発生し、「宗教上の諸宗派」による「内乱がほとんど果てることなく」続いた。これにともなって統治権を掌握した王はしだいに会議や首長の権限をも簒奪し、統治権を集団的分権的に担う政治制度の崩壊はヘブライ人国家の最高権力の崩壊を招いたのである。

　以上のようにスピノザが、ヘブライ人国家における分権主義的で連邦主義的な国家制度を擁護し、王政時代の権力構成に否定的評価を下したのは、彼が当時ネーデルランドにおいて、各連邦の自治を基礎とした民主主義的な連邦国家を構想していたことと密接な関係をもっている。スピノザは「民主国家」の例は「手近に数々の例があり、……それを遠くに求める必要はない」と述べ、その例としてアムステルダム市を挙げている（TTP. XX, 245, 下二八六）。いま述べたような聖書解釈によって連邦制を擁護し王政を批判する手法は、一世紀後の一七七六年、有名な『コモン・センス』を著したトマス・ペインによってもとられた。ペインも、聖書の士師時代においては同等支族間の連合制がおこなわれており、王をもつのは罪であり、王政に移行してからヘブライ人国家は滅亡したと、スピノザと似た聖書解釈を展開してアメリカに王政が導入されることに反対した（Paine 1776, p. 11）。

しかもスピノザは聖書解釈によって、そうした政治的目的を果したにとどまらず、同時に、主権者と臣民との一元的な権力関係を基礎づけるホッブズの社会契約論と主権者樹立の理論を、多元主義的で分権主義的な柔軟な政治構造をもつ権力論へと転換させる理論的作業を遂行することにもなった。さらにスピノザは、ヘブライ人国家における徴兵制、土地所有、経済的平等の問題等々についても聖書解釈を展開しつつ、政治制度を支える基盤として軍事システムや経済構造の問題にまで考察をすすめている。こうした点については、経済的な下部構造と軍事システムに注目しつつ、所有の平等という視点から民主政治（popular government）の妥当性とそのための政治機構論を展開した、ハリントンからの影響も指摘されている（Feuer 1964, pp. 127, 188）。しかしスピノザが権力の分析において画期的なまでに鋭さを発揮するのは、所有の平等や共産主義にかんするモティーフをめぐってではなく、むしろ次に述べるように、支配と服従をめぐって日常意識のミクロレベルで作動する権力機能を分析する場面においてである。

2　社会契約論と民族的伝統的慣習の問題

スピノザはヘブライ人国家の興亡の歴史から、社会制度論とともにさらに重要な問題を引きだしている。それは民族的伝統的慣習の問題である。

スピノザの分析によれば、ヘブライ国家が繁栄した時代とは、ヘブライ民族の「風俗（ritus）や習慣（mos）の特殊性」（TTP. XVII, 215, 下二二〇）、なかでもヘブライ人国家の基礎におかれた神との契約という独特の宗教的紐帯が、最高権力の統一性と安定性を保ち、国家を良好に機能させるうえでプラスの条件となった時代である。たとえば神との契約という宗教心によって国民（cives）の心には「独特の愛」（TTP. XVII, 214, 下二一七）や「敬虔」が育まれ、国民同士の愛と友好は強まり（TTP. XVII, 216, 下二二一）、祭司たちの律法解釈は「慣習的伝来的」に安定したものとなり（TTP. XVIII, 222, 下二三五）、行政にあたる首長らが神の法に背くことはなく、国民兵は国家の自由と名誉のためにのみ戦う「自主性（libertas）」をもった（TTP. XVII, 213, 下二一五）。スピノザによれば、ヘブライ人はいったんは恐怖の念からモーセを主権者に立てたものの、モーセが「恐怖よりも誓約（devotio）によって人民がみずからの義務を果たすようにと、宗教を国家に導入」（TTP. V, 75, 上一八五）して以来、「恐怖」ではなく神への愛である「宗教」が、モーセの国家の政治経済制度を支える精神原理となったのである。それゆえ、こうしたヘブライ民族の「風俗や習慣の特殊性」と矛盾するような方向で最高権力の構成と運営がなされるようになったことが、ヘブライ人国家が滅亡した主要な原因のひとつとなった。

こうしてスピノザは、世俗国家において宗教が果たす公的役割について再考しつつ、宗教をふくむ民族的習俗や伝統的慣習の問題を合理的理性的判断に従属しえない問題領域として設定していく。スピノザの定義しなおした概念に従えば、自然権や理性といった原理は特定の人間共同体や文化を前提とした概念ではなく、自然的普遍的な運動とその必然的法則を示しているにすぎないが、しかし実際の歴史的社会的場面においてそれは、諸様態の直接的連動とその諸表象である民族的な言語、伝統、風習などとして浮上する。つまり「自然が創るのは、民族（natio）ではなく個々の人間（individuum）のみ」だが、「個々の人間が言語、法律、習慣の相違によってはじめて民族として区別される」(TTP. XVII, 217, 下二二四)。とくに特定の民族の習俗・習慣や気質を最も集約的に示すのは宗教であり、それは神という一種の普遍的な象徴にたいする愛や敬虔といった人々の日常的価値的な認識と深くかかわっている。

このようなスピノザの議論は、のちのヒューム(David Hume, 1711–1776)のコンヴェンショナリズムに接近しているとみなす論者もいる(Harris 1995, pp. 99, 105)。ヒュームも政治秩序や統治の原理を論じるさい、社会契約論の規範性や非現実性を批難し、習慣の具体性、現実性を重要視し、人々の共通利益と政治社会の成立を約束(promise)にではなく慣習(convention)に求めたからである。しかしそもそもスピノザとヒュームとでは、事象の生起や法則性にかんする考え方が全く異なる。ヒュームは、因果性とはなんらかの普遍的必然的法則を示すものではなく、個別具体的な諸事物が恒常的に並置(juxtaposition)、連接(conjunction)されるという、日常習慣における隣接性(contiguity)の集積によって成立した観念連結にすぎないとみなしている(Hume 1739–1740, p. 75)。そこから当然帰結するように、ヒュームには、慣習が依って成り立つ構造や法則性を解明しようとする問題意識はない。ヒュームが、政府の起源は簒奪や征服によるという歴史的事実を根拠に原始契約を論駁するように(Hume 1748, pp. 189–190)、結局彼は、約束よりも慣習を先行させ(Hume 1739–1740, p. 490)、経験的既成性を根拠に政治社会や正義の動向や規則を説明し正当化することになる。

これにたいしスピノザの問題意識は、習慣を社会契約という約束に先行させることにあるのではなく、習慣や習俗の秩序を社会契約論と不可分のものとみなし、その存立構造を最も広義の法である自然の必然的法則のもとに解析しようとすることにある。それゆえ、社会契約説と連動させつつ民族的な習慣を扱うスピノザは、ホッブズ的な社会契約論をのちのモンテスキュー(1689–1755)の議論にリンクさせる特異な位置にある。モンテスキューは、一元的な権力関係を構成するホッブズの社会契約論を批判するという、スピノザと同様の問題意識を共有しつつ、政体論をはじめとして、法、経済、教育などさまざまな社会制度の問題を詳論するとともに、政体はその環境である自然的条件（土地、風土、宗教、法、習俗、民族の生活様式等々）と、そこから生じる国民特有の「一般精神」と深く関係するものであることを主張したからである。そもそもスピノザとモンテスキューとの理論的接近は、最初の「法」の定義の段階で方向づけられている。モンテスキューも、「最も広義における法とは、事物の自然に由来するもろもろの必然的関係である」という、スピノザの自然法の定義と同様の法の定義をもって『法の精神』（一七四八）の著述をはじめている。ちなみにこうしたモンテスキューの法の定義を、アーレントは、「境界線」や「制限」という視点から定義されない特異な法の定義であると高く評価し、そこに人間相互の政治的活動性を見出している（Arendt 1958, p. 190）。

他方ではまた、特定の民族における神という象徴がどの程度の普遍性として機能するかは、つねに「自然」の側から検討に付されなければならない問題となる。スピノザは、ヘブライの民の敬虔と愛がヘブライ人国家の統治権を良好に保つと同時に、他の民族にたいする憎しみの感情をも育てる（TTP. XVII, 215, 下二一九）偏狭なナショナリズムと不可分であったことを指摘し、遠い過去のヘブライ国家は、部分的には模倣すべき優れた国家組織をもっていたが、全体としては「もはや模倣することはできないし、すべきでもない」と述べている。なぜならば、「契約」は、もはやヘブライ国家におけるように、「インクをもって書かれるべきではなく、また石版の上に書かれるべきでもなく、神の気息（spiritus）をもって心のなかに書かれるべき」であり、またそれは、ヘブライ民族のように、「自分たちをみずからの限界内に閉じ込め、他から孤立しようと欲している人々」にとってではなく、「他者とコミュニケーション（commercium）をもたねばならない人々にとって役立ちうる」ものになるべきだからである（TTP. XVIII, 221, 下二三三〜二三四）と。

こうしてスピノザは、聖書のエクリチュールを社会契約論のエクリチュールへ、さらにその制度化や「心の習慣」として読み変えることによって、特定の民族における伝統的で日常的な習慣や宗教と、社会契約論という抽象的普遍的原理とが実は同一の平面上に成立しており、宗教と政治とは対立する領域をなすというよりも、むしろ同一平面上に同一の観念秩序をもって成立していることを証明する。(6) それによってスピノザは、排他的なナショナリズムと不可分であるような宗教と社会契約ではなく、異民族間、異質グループ間のコミュニケーションが可能となるような「心の習慣」と社会契約が、まったく異なる言語、象徴、記号といったさまざまな表象のなかに隠された最大公約数として成立可能な社会的感情の地平を見通しているように思われる。

3　服従解除の権力観

さて以上述べてきたようなスピノザの議論の背後には、スピノザによるホッブズの権力観の転換をみることができる。本来ホッブズ社会契約論の前提によれば、主権者とは、反対した少数の人々をも含めた多数の人々の同意によって、その人ないし合議体の行為と判断すべてが、「あたかも各人自身のものであるかのように権威づけられたとき」（Lev. II-18, 159）はじめて成立し、「全臣民が、設立された主権者のあらゆる行為と判断の本人」となる。それゆえ、主権者と全臣民との公における行為と判断は同一のものであり、主権者が、その行為と判断との源である臣民を侵害するということは、論理矛盾でしかない（Lev. II-18, 163）。こうしたホッブズの叙述を注意深くみると、主権者と多数の臣民とのあいだの合意の現実的な同一性と、多数の人々の同意や委任によって主権者が「あたかも権威づけられる」という虚構の同一性とが、たくみにいいかえられていることがわかる。この現実と虚構の二重性は権力と権威の二重性と言ってもよい。

本来主権者と全臣民とが同一であれば、そして権力と権威が同一であれば、多数の臣民の同意や委任が最も強力に進展したときに、最も強力な主権者が成立し、かつその正当性が権威づけられることになる。また、その逆の関係も成り立つはずである。にもかかわらずホッブズは、主権者か臣民かどちらかの側に過多に権力が移行することを最も憂慮する。本来主権者ないし国家の裁量範囲に入るべき公の権利が、臣民ないし個人の側に過多に移行すれば、ホッブズがヘブライ人の国家の歴史的推移を分析して比喩的に述べていたように、主権の分裂と無政府状態が招来される。他方主権者が本来もつべき権力以上に権力を乱用するならば、臣民の基本的人権が侵犯される専制政治となり、そうした圧政は社会契約本来の目的に抵触するがゆえに、各人はみずからの自然権を守るため契約を解消して自然状態にもどり、結局前者のばあいと同様、無政府状態が招来される。

つまりホッブズによれば、アナーキーを回避して社会契約の理念にそって主権を設立し維持していくためには、公権力の分野において主権者と臣民とのあいだに、正常かつ強固な一元的でゼロ・サム的な権力分配の関係を固定し、それを主権者と臣民との同一性という虚構によって権威づけることが必要最低条件となる。この最低条件を実現するためにホッブズは、主権者と臣民の権利・義務関係を詳細に論じ、両者があるべき行動からはずれないための道徳的基準として自然法に信頼をおき、さらに教育の力によって民衆が宗教的迷信から解放され、理性的能力を身につけることを期待した。他方、私的領域における思想・信条・職業・移動などの自由は、市民的自由として権力論の考察からは外されていく。

しかしスピノザによれば、自然法とは自然の必然的法則にすぎず、ホッブズがいうような人々が従うべき規範的倫理的意味をもたず、政治的社会的生活は主権者と臣民の権利義務にかんする正しい知識によって律されるわけではない。スピノザはむしろ、社会契約論によって抽象的理念的に考えられた最高権力と、個人の日常的生活において具体的多面的に生みだされる権力作用とが接点を結ぶ場として、制度（システム）や伝統や慣習、さらに宗教や心性など、私的領域における権力作用の分析に焦点を定める。つまり社会契約論によって原理づけられた権力と権威が実際に正常に機能するか否かを考えるためには、まず「服従とは、外的な活動よりも心の内的な活動に関係する」ものであり、それゆえ「専制君主（tyrannus）」のように「最も多く恐れられている者」ではなく、「臣民の心を支配し」臣民の「心からの完全な」服従をかちとった者こそが、最も強大な統治権を保持している（TTP. XVII, 202, 下一九二）と心得るべきである。そのうえで、「どのような心性をもつ者であれ、すべての人間が私的な功利よりも公の権利（＝法）を考慮しえるよう」（TTP. XVII, 203, 下一九五）さまざまな事柄を制度化する（instituo）ことが不可欠となる。このようにスピノザは、国家権力の形成の問題を主権者対臣民、個人対国家という大きな図式によってではなく、市民生活の場における個人対個人の力の競合、合成、離反という視点から分析しなおす方法を提示した。それはちょうど当時数学に解析の方法が導入されたように、国家権力というひとつの大きな曲線を、個々さまざまな社会的局面で解析して、そこにおける個々人の精神的身体的力の合成から大きな曲線の運動方向を決定しようとする、解析学的な手法だとも言えよう。

実はここには、権力の成立にかんするホッブズの理論を全く逆転して考えているスピノザがいる。ホッブズは、公的領域における主権者の命令が正当で、その正しい理由に臣民が徹底して服従し、主権者の権利と権威が貫徹されれば、主権者と臣民との正常で一元的な権力の分配関係が成立し維持されると考えた。しかしスピノザは逆に、人々は「服従する理由（ratio obtemperandi）」があるから統治権（imperium）に服従するのではなく、人々が服従するから統治権が生じると考え、権力とは、各々の市民が日常生活の場面でとるさまざまな服従の行為によって生みだされ維持されていくと考えた。それゆえ権力成立の問題は、「人々が統治権の諸命令に服従してしまうように作用しているありとあらゆる事柄」（TTP. XVII, 202, 下一九一）を日常生活の場面で分析する、という問題から解かなければならない。ここには、自由で主体的な近代的自我が服従する理由にもとづいて主権の発動を要請し既存の権力を分配し権威づけていく権力論ではなく、各人が日常的に権力を生産し権威づけていく権力論が、そしてすでにある権力に服従している各人がその理由と権威づけの無根拠性を、あらゆる具体的場面で解除し続けていく権力論がある。

スピノザにこのような服従解除の権力論のインスピレーションを与えた人物は、人間の心の服従と支配はどのように生まれるかを鋭く説いたマキァヴェッリにほかならないだろう。スピノザがマキァヴェッリの賞賛者だったことを本書の最初にふれたが、それは通常指摘されるようなイタリア都市国家における共和政モデルへの共鳴といった、当時の一般的な風潮につきるものではない。スピノザがなぜマキァヴェッリを「自由（libertas）」の味方（TP. V-7, 297, 五九）とみなしたか、それはマキァヴェッリが共和主義的な徳を擁護したからではなく、「自由な大衆（libera multitudo）」がなぜに服従するのか、その服従のメカニズムに偽善を徹底的に排した政治の視線によってメスを入れたからにほかならない。このようにスピノザの権力観には、私的空間における規律権力の浸透によって自発的服従が成立する過程を描いたフーコーや、個人がもつ統一的で自動的なライフ・スタイル（ハビトゥス）のなかに、権力の再生産構造をみるブルデューに接近した視座が見出される。それは、二十世紀にも通じるきわめて現代的な権力論である。

註

（1）なおウェーバーの解釈によれば、十七世紀のネーデルランドは、カルヴィニズムが「資本主義的営利生活」とは結びつかない例外だった。「オランダの有力な資産家たち」はカルヴィニストではなくアルミニウス主義者であり、資本主義以前にも存在するような「営利の衝動」や「金銭欲」、フッガーのような「商人的冒険心」や道徳に無関心な気質をもっていたにすぎず（Weber 1904-1905, S. 33）、むしろ、企業家へと上昇しつつあった中小の市民層こそが資本主義的倫理とカルヴィニズム信仰の「典型的」な担い手だった（ibid., S. 50）。ただしこうした評価は、カルヴィニズムを理論的支柱としたオランダ独立戦争が、のちのイギリスのピューリタン革命、名誉革命のような近代市民革命にはあたらず、十七世紀のオランダの経済発展が前近代的なものであるという「近代」把握を、ウェーバーのエートス論の見地から裏書きしたものである。

（2）なおアルトゥジウスの議論においては、個人の信仰の自由は認められていないものの、世俗的政治と同様、宗教にかんしても都市や州の自治や寛容が大幅に考慮され、また信仰の内容も偏狭で非寛容なカルヴィニズムから、市民的公共精神に近い内容へと転換される傾向がみられる。各々の都市および州の宗教法（jus ecclesiasticum）は、神の意志によって共通の信仰が確立され市民によって実践される場合にのみ成立し、それが「正統の宗教（orthodoxa religio）」（PM. XXVIII, 582）、「神にたいする真実で純粋な宗教（vera & pura Dei religio）」となる（PM. IX, 183-184）。この宗教は、あくまで「市民の多数によってあるいは人々の投票によって確立されるのではなく、神の言葉によってのみ確立」（PM. IX, 184）されるから、聖書における神の啓示にもとづくキリスト教に限られ（PM. IX, 188）、成員は個人としても集団としてもその宗教と信仰告白を義務づけられる。しかしその目的が個々人の精神を豊かなものとし市民生活を円滑にせしめるものである以上、「寛大さ（moderatio）」が尊重され、「すべての意見のほとんど細部にわたっての決定が要求されるべきではなく」、「すべての学識者が同意する」ことはありえない（PM. IX, 188）とされる。

（3）Catherine Secretan, La réception de Hobbes aux Pays-Bas au XVIIe siècle, dans *Studia Spinozana, 3, Spinoza and Hobbes*, Walther & Walther, 1987, p. 28. セクルタンは、当時アルトゥジウスに依拠してホッブズ批判を展開したスピノザと同世代のカルヴァン派の国家論者として、Gisbert Cocquius（1630-1708）を挙げている。

（4）古代イスラエルの契約は、人と人との双務的契約と異なり、神を契約の主体とする一方的な「恵みの契約」であるとの解釈も、キリスト教神学のひとつの立場である（浅野順一『イスラエル豫言者の神学』創文社、一九五五年、八一頁）。しかし、イスラエルの民の側からの責任ある応答という、主体性・倫理性の契機を重視する神学的伝統（岩村信二『血と契約』、ヨルダン社、一九七四年、一九〇頁）がより一般的であろう。

（5）ホッブズによるヘブライ人国家の興亡史の分析が、近代国家論に適合的な「新しい権威と服従の原理」を検討する意味をもっていたことについての詳しい分析は、重森臣広「ホッブズ――市民的啓蒙の国家像」、田中浩編『現代世界と国民国家の将来』御茶の水書房、一九九〇年、参照。

（6）普遍的信仰の教義と社会契約による法的効力とが、同一の「文法」によって成立している点については、上野修「スピノザ〈神学政治論〉における社会契約と敬虔」『山口大学文学会誌』、第四十九巻、一九九九年、参照。

第五章　スピノザ主義者は「自由主義《リベラリズム》」の何を批判するか
――「自由な自己」のアイデンティティと社会的権力

〈一九六八年の異議申し立てとスピノザ〉

こんにち「自由主義」をめぐる諸問題は、思想の分野に限ってもきわめて多様なコンテクストから問われているが、なかでも近代以降の「自由主義」そのものを総決算しようとする試みが一時注目をあびた。たとえば、一九八九年の社会主義体制の崩壊は、リベラリズムの最終的で全面的な勝利を示す「歴史の終わり」であるというフクヤマの議論や、その反対に、一九八九年の冷戦構造とパックス・アメリカーナの崩壊は、リベラリズムの最終的終焉を示しているというウォーラスティンの議論は、自由主義思想の世界史レベルにおける総括の典型であろう。

こうした議論が現れたのは、一般的に言われるように近代以降たえまなく変容と拡張を続けてきた「自由主義」思想の普遍性が確証され、とくに既存の社会主義体制の崩壊以降は世界政治の普遍的コンセンサスとなったからではなく、むしろ「自由主義」が一定の歴史的地点で西欧に現れた特殊な一思考様式であることが明確に意識されてきたからにほかならない。フクヤマは「自由主義」という西欧近代の「自由」は、端的にはヘーゲル歴史哲学と相互承認論のうちに概念化されているとみなし（Fukuyama 1992, II-1）、ウォーラスティンは、「自由主義」とは、今日論争の焦点となっているような自由市場か政府介入かの問題ではなく、人間は本性上合理的になりうるし、かつなるべき存在であって、合理的な思考と行動を開花させれば、社会の理性的改良と進歩がもたらされるという啓蒙的近代主義（Wallerstein 1995, pp. 255-256）の意味であると述べている(1)。

両者はまったく方向性の異なる議論だが、ともに市場か国家か、あるいは正義（公正）と自由主義との折り合いはどうあるべきかといった自由主義を前提とした議論ではなく、むしろ自由主義一般が前提としている「自由」の政治哲学的前提が再検討されるべき時であるという時代認識で一致している。さらにいえば、「自由とは他者において自己自身であること」というヘーゲルの言葉が端的に示しているように、近代以降の「自由」は、自己自身であるというアイデンティティの意識と深く結びついており、そうした個人のアイデンティティ構造そのものの再検討が迫られている。

このように、「自由主義」の問題を西欧近代における自由概念そのものの再検討という視点からみると、ウォーラスティンが注目するように、一九八九年よりさらにさかのぼって一九六八年の意味を考えざるをえない。一九六八年とはいうまでもなく、フランスの「五月革命」を契機に学生反乱や労働運動、および既存の社会主義体制を拒絶する民主化運動が世界中に広まり、その政治的社会的激動のエネルギーが旧来の文化や思想を大きく変容させた年である。一九六八年を境とした文化的変容は大きくかつ多様だったから、どのような思想的変容に注目するかは人それぞれであろう。一般的には、マルクス主義をもふくめた西欧近代思想に反発する非合理主義的思想が躍動し、のちに「ポスト構造主義」「ポスト・マルクス主義」「ポストモダン」といった命名で総称される新思潮が湧出した年とみなされる。あるいはウォーラスティンのように、ジェンダー、エスニシティ、平和などを課題とする「新しい社会運動」や中国の文化大革命、アメリカの公民権運動までをも含めた世界革命的な「反システム運動」とその思想に注目する者もいる（Wallerstein 1989）。あるいは、いわゆるニュー・レフトだけでなく新保守主義が新たな局面で勢力を得たことから、自由主義的福祉国家のヴィジョンが先進国で揺らぎだした転換の年とみる者もある（Pierson 1991, p. 50）。

いずれにせよ、一九六八年が「西欧近代自由主義」にたいする根本的な異議申立ての年であったという点では、大方の認識は一致するだろう。しかしそのことと、一九六八年がフランスを中心にスピノザ研究の新しい流れをつくりだした「スピノザ・ルネサンス」のはじまりの年であったこととのあいだに、深い関連性をみる者は少ない。スピノザが思想を展開した十七世紀後半には、自由主義《リベラリズム》という用語はまだ成立していないが、哲学上・政治上の自由主義はまさにこの時期にその古典的基本原則を整えた。スピノザが近代化・都市化の最も進んだオランダにあって、自由主義の古典的カノンを西欧において根底的に批判したほとんど唯一の思想家であったことを思えば、一九六八年のスピノザを、西欧近代自由主義の総括に最もふさわしい陰の立役者と見るのも、あながち強引ではないだろう。もちろん、フクヤマやウォーラスティンが自由主義の原型とみなしているような、進歩主義と深く結びついた十九世紀以降の自由主義と、十七世紀の段階での自由主義とのあいだにはさまざまに質的な差異が存在する。また、一九六八年以降上梓された新しい角度からの優れたスピノザ研究の数々は、性急な政治的問題意識にではなく、浩瀚な哲学的解釈学的テキスト・クリティークにもとづいたものであり、しかもスピノザ哲学の内容自体が非合理主義や集団的革命主義の主張と相いれないがゆえに、一九六八年以降の運動にスピノザ主義がなんらかの形で関係したわけではない。むしろ一九八九年の出来事を経て、一九六八年と近代の総括が問い直されるこんにちであるからこそ、一九六八年における自由主義の閉塞状況とスピノザ思想との本質的連関がみとおしえるのかもしれない。

私見によれば、スピノザが自由主義にたいしつきつけている哲学的問題とは、自由主義がどれほど多元主義と相対主義を掲げても、自由主義的自由の言説そのものが自由の差異性を阻むロジックを本質的にもち、「自己の本性の必然性のみによって存在し、自己自身のみによって行動するよう決定される」(E. I def. 7, 46, 上三八) という自由の本源的倫理を価値づけることはできない、という点にある。スピノザはみずからの政治哲学の基礎に、自由・平等の個人を前提とする西欧近代の自由主義哲学ではなく、差異ある諸存在を必然的生起として基礎づける無限の自然を形而上学的原理としておき、人間の自由とは、そうした自己内の差異(自己の複数性)および自己と他者の差異(世界の複数性)が、本質的にはどのような必然的連関にあるのかを、他者によってではなく自己自身によって認識し、かつそれにもとづいて行動することにあるとみなした。その意味で彼が要求する寛容は、自由主義的な多元主義を根拠とするものではなく、真に自由な差異ある諸存在の展開を必然性として基礎づける形而上学によるものである。

こうした自由の概念を展開することによってスピノザは、たんに西欧近代自由主義の相対性、限定性を洞察したのみならず、西欧近代自由主義が設定する自由というアイデンティティの言説が、さまざまな局面で人々を他者から発動される差異性と同一性の表象にくみこみ、そうした表象が社会的権力として機能するメカニズムを分析することになる。こんにち自由主義を修正しようとして政治思想においてくり広げられる分節化した議論に比べ、スピノザの哲学および政治哲学は、当然きわめて原初的《プリミティヴ》なレベルで展開される。しかし西欧近代自由主義が一定の総括期を迎え、自己の自由というアイデンティティの言説そのものの構造的機能が問われ、差異と自由にもとづく新しい政治哲学が望まれるこんにち、根源的《プリミティヴ》なレベルから自由主義の問題点を考えることも無意味ではないだろう。しかもスピノザ的思考は、多くの現代思想家によっても意識的無意識的にさまざまなコンテクストで応用されてきた。

本章は、以上のような問題状況の一端を明らかにすることを目指している。なおここでは、スピノザ思想の政治哲学的枠組みが近代自由主義思想の枠組みとどのように異なるかを論じることに主眼がおかれている。そのため、当時の歴史的コンテクストのなかでのみ発現しえた、スピノザのテキストにおける緻密な哲学的言説は抽象化され、むしろスピノザ思想となんらかの理論的関係にある後の近・現代の諸思想との関連性が主題となっている。本章の標題が「スピノザ主義者」となっているのも、スピノザの言説そのものを越えて、スピノザ的な思考を応用する思想家や論者にまで議論が及んでいるからである。もちろんそうした人々と、歴史上現れた多くの自称「スピノザ主義者」とは必ずしも重ならない。以下第一節では、スピノザ思想の理論的前提となる差異の形而上学、およびそれによって基礎づけられる「私」の「身体＝精神」の場の構造について論じ、スピノザと同時代およびそれ以降の近・現代の政治哲学者たち――デカルト、フォイエルバッハ、ヘーゲル、マルクス、ニーチェ、アルチュセール、ブルデューなど――の言説とが対比される。第二節では、第一節で析出したスピノザの理論的枠組を分析の道具として、自由主義の日常的習慣《モース》――欲望の自由、道徳的判断や合理的判断の自由、および階級・国家・民族などの集合意識における自由など――がどのように解析されうるかについて論じる。それによって、「自由な自己」という表象が、他者から発せられる同一性と差異性とにくみこまれていくメカニズムを分析することができる。第三節では、第二節で分析した自由主義の日常的習慣と政治的専制とがどのようにむすびつくかを検討し、公私の領域設定や自由と専制のアポリアがもたらす諸問題と社会的権力の関係を考え、スピノザが示すオルタナティヴの哲学的水準を明らかにする。

第一節　「自由」はどのような場で展開されるか
――差異の形而上学と「私」の「身体＝精神」

1　自由主義《リベラリズム》なき自由主義的民主主義制度

こんにち自由主義と呼ばれる思想のなかには、ハイエクのように消極的自由を重視し最小国家と経済的自由放任を主張するリバタリアニズムから、積極的自由と福祉国家を擁護し社会民主主義に接近するグリーンやホブハウス、ないしは社会的厚生と正義を優先するロールズらの主張、さらには自由主義の個人主義的欠陥を共同体主義的倫理で補強しようとするコミュニタリアニズムにいたるまで、いわゆる左右両極の思想が含まれている。近年では、「ブルジョア的自由民主主義」の揚棄をその理論的試金石としてきたマルクス主義さえ、「自由主義」の範疇へと溶解しつつある。(2)

このように非常に広範囲にわたる自由主義思想の多義性を抽象して、あえて最も広い定義を求めるとすれば、たとえばグレイのように、自由主義とは、個人が本来的には自由であるべき存在として集団、社会、国家などに先行した道徳的価値をもち、その点で各人が普遍的に平等であること、そしてそれを準拠としていっさいの伝統や文化の政治的権威を相対化し、社会や国家が改善可能であると主張する思想（Gray 1986, p. xii）と総括することが可能だろう。このような自由・平等な個人に普遍的道徳性を帰する思想は、西欧近現代の政治思想史のほとんどを埋めつくしており、グレイが、スピノザは自由主義的でない要素をもちつつも、ホッブズよりも自由主義的伝統に近い自由主義の先駆者であるとみなしているように（ibid., p. 12）、一般にスピノザもこうした近代リベラリズムの代表者の一人と考えられている。

たしかにスピノザは、ホッブズを批判しつつ最高権力による法の支配の原理を継承し、法による私的所有権やもろもろの正義の設定およびその遂行のための強制力の行使の正当性を主張した。またロックやモンテスキューに先んじて権力分立と専制政治を防止するための機構・制度について論じ、民主政を擁護した。あるいは自由な国家の条件として、倫理の要素を重視し、所有や社会的地位の大幅な格差に反対するなど、スピノザの積極的自由の考え方はT・H・グリーンの新自由主義に近似しているとも指摘される（Den Uyl & Warner 1987, pp. 310–311）。なによりもスピノザは、儀礼や教義の相異にかかわりなく古今東西の宗教にたいする寛容と不可侵の「思想・信条の自由」を擁護した。しかし実はスピノザ哲学の出発点は、人間は本来、自然の力の前に無力であり、必然性の秩序の下にあり、自由意志は存在せず、人間は相互に平等というよりも力や完全性の点で差異に富んでいるという主張にあり、民主政も「社会」や「大衆」の力の大きさや様式から定義され、個人の自由・人権・平等などの概念によって基礎づけられてはいない。

このようにスピノザの言説にそっていくと、近代自由主義の最良の遺産ともいうべき、思想・信条の自由や寛容の保証、法治主義や権力のチェック・アンド・バランスなどの政治的諸原則および諸制度、そしてそうした事柄の総称である民主政と、グレイが定式化するような西欧自由主義の普遍的道徳理念とのあいだに、必然的連関性は存在していないことが逆説的に暴露されてしまう。スピノザの言説のおもしろさは、西欧の自由民主主義という理念の基礎におかれた道徳・政治哲学と、立憲主義を基礎としたさまざまな民主主義的諸制度がワンセットであると素朴に考えている多くの政治思想史家、ならびに欧米の自由民主主義思想を他国にも移植すべきだと考える良心的リベラリストの考えを前提からゆさぶってしまうところにある。

すでにみてきたようにスピノザの政治思想を丹念におっていくと、前述したような一連の自由主義的なあるいは民主主義的な政治原則や政策は、自由主義的な哲学や理念からではなく、当時の時代的思想的状況に対応するための現実的で実践的なコンテクストから導き出されたものであることがわかる。スピノザは、人間の自由を現実的に拡大するうえで有益と思われる自由主義的あるいは民主主義的といわれる諸制度の構築の問題と、自由主義の言説が人々の日常的生活をどのように組織するかという言説の社会的機能の問題を、連関させつつ明確に区別している。スピノザ哲学によれば、自由主義的民主主義的諸制度と西欧自由主義の言説とが一定の状況下で対応して存在した必然性は認められる。しかし両者は、どちらか一方の存在から他方の存在が必然的に導出されるという、原因と結果の関係にはない。一般にスピノザ哲学によれば、有限な諸事物である様態（modus）は、他の無限に多様な諸様態との因果関係の連鎖を介してはじめて存在することになり、そうした複雑で無限な関係性は神の無限知性によってのみ必然性として洞察されうる。人間の認識にとっては、諸様態の存在相互の因果関係は、偶然性、可能性にとどまらざるをえない（E. I pro. 33 sch. 1, 74, 上七七）。これにたいしスピノザは、それによってあるものが必然的に定立されたり、必然的に消滅したりする事柄を「本質（essentia）」と呼んでいる（E. II def. 2, 84, 上九三）。つまり、自由主義的民主主義的諸制度は、西欧近代の自由主義思想を本質とするものではなく、それ以外の場所でそれ以外の習慣や思考様式に適合的な仕方で存立可能であり、逆に西欧自由主義の考え方が自由主義的民主主義的諸制度の存立を阻む場合もあるだろう。いずれにせよ、スピノザにとって西欧近代自由主義は真に普遍的な言説ではない。そうであるからこそ、「キリスト教が禁止されている国（imperium）にあっても、（……）人々は至福のうちに（beate）生活している。そうした例は日本国においてみられる」（TTP. V, 76, 上一八七～一八八）というスピノザの大胆な発言が可能になる。

こうしたスピノザの発想は、彼自身も言明しているように（TP. I-1, 273, 一一, V-7, 297, 五九）、政治的言説は真理や倫理の言明からではなく、どのような帰結が実際にもたらされるかという実践的言説から導きだされるべきだというマキァヴェリアニズムから学ばれた。マキァヴェッリは、「君主は誠実、有徳である必要はないが誠実、有徳であるように人民に思わせなければならない」「政治の場で必ずしも真実を明らかにする必要はない」といった言明で知られるように、政治の言説が真理や倫理の言説から導きだされるべきではないことを説くと同時に、真理や倫理の言説がいかに政治的な言説として作用するかを鋭く洞察した思想家である。キリスト教的倫理と深く結びつきつつヒューマニスティックで普遍的な価値として前提されていた西欧近代の「自由」の概念内容を、スピノザが独自の哲学的立場から批判しえたのは、彼自身の境界人としての生き方やユダヤ思想の影響を抜きには語れないだろうが、政治哲学として最も重要な影響を与えたのは、真理や倫理の言説の政治性にきわめて敏感なマキァヴェッリだろう。

しかしマキァヴェッリの場合、権力作用の力学を分析する眼は君主や政治指導者の行動学という範囲にとどまっていた。これにたいしスピノザは、「自由」という普遍的倫理的言説がいかに政治的な言説として作用するかを、個々人の社会心理が生成される場のメカニズムとして分析することによって、「自由主義」哲学とはまったく異なる自由の哲学を設定し直していく。スピノザが自由を論じるさいに設定した理論的枠組を知るために、まずスピノザの有名な「自由意志」批判の内容と意図を理解し、その点と密接に関連するかぎりでスピノザ以降の思想展開をおおまかに見通しておく必要がある。

2　近代的な自由意志論と主体の構造

自由主義にとって最初の哲学的前提は、人間の意志ないし選好の自由であろう。自由主義者は次のように考える。まずある人がもつ観念内容と意志作用は別の事柄であり、ある人は、自分がもつさまざまな事柄についての観念を相互比較・斟酌したうえで自由意志によって選択や決定をなす。それは、もっとも合理的ないしは倫理的な選択であるか、合理的倫理的判断が不十分なままの選択であるか、あるいは非合理的非倫理的な選択であるか、いずれかである。そしていずれの状況においても、その自由意志による選択が実は不自由であったとみなされる場合とは、選択・決定をおこなう段階で他者の状況に比して選択肢が少ない場合、倫理的合理的判断を下せる知的責任能力を欠いていた場合、身体的精神的強制が他者から働いたり、自己の能力の欠如や外的障害の結果、意志の実行が頓挫した場合などである。こうした自由・不自由の説明にしたがえば、一方には、自由意志による主体的意図が、他方には自由な主体の意図を超えてしまう結果という残余が存在する。そしてその残余は、人知を越えた神や感情的判断を超えた合理的理性、あるいは個人の意図を越えた市場や歴史の法則などに割り振られる。その意味でそれら神、理性、市場、歴史などは、個々人の自由な主体の総括としてあらわれる一種のメタ主体であり、ラカンやジジェク流の言い方を借りれば、小文字の諸主体とそれを代補する大文字の主体ということになる。

もし、この超越的で有神論的発想に端を発した大文字の主体が、自己原因としての絶対的な自己同一的実体とみなされ、その下に諸存在が階層的秩序をなして包摂されるならば、主体の論理が全体主義的論理に転化することは誰の目にも明らかである。逆にもし小文字の主体から出発したとしても、各人の自由で主体的意志と行動という前提から一貫した解釈を導き出そうとするかぎり、現実には存在せず経験することもできない大文字の主体を必然的に表象せざるをえない。つまり小文字の主体と大文字の主体のカップリングの構図を前提とするかぎり、個人の主体的行動は、大文字の主体の呼びかけに答え行動するという、相補関係の閉域を越えることはできない。しかもそのため小文字の主体的自由は、容易に大文字の主体的自由へと逆転しえる。スピノザの形而上学も、かつてはこのようなデカルトからヘーゲルにつらなる西欧近代の実体論・全体論の代表とみなされていた。

しかし実際にはスピノザは、神としての実体にかんしても人間個人にかんしても、そのような主体的自由を自由とみなしてはいない。自然としての神が、自由意志（libera voluntas）ではなく必然性によって存在し作用する（E. I. pro. 16 & 17, 60-61, 上五九—六〇）というスピノザの主張は、神を冒瀆する無神論であり、またスピノザによる個人の自由意志の否定は不道徳であるとして、当時非常な非難にさらされたことはよく知られている。スピノザによれば自由である（liber）とは「自己の本性の必然性のみによって存在し、自己自身のみによって行動するよう決定されるもの」（E. I. def. 7, 46, 上三八）と定義される。自己自身のみによって決定されるとは、いわゆる大文字の主体によって決定されないということであり、大文字の主体が表象である以上、表象に従って認識し行動することはスピノザによれば自由ではない。ではスピノザはこうしたみずからの自由の定義をたてることによって、「私の自由な欲望による選択」や「私の倫理的責任をともなう自由意志による選択」や「私の熟慮による自由な選択」といった、自由主義的言説における「自由」の非自由性をいかに暴き、真の自由の場をどのように設定しなおしていったのだろうか。以下、デカルト以降の代表的な政治哲学的見解と関連させつつ、スピノザの理論を現代的に再構成してみたい。

一般的に自由意志論は、アウグスティヌスに遡って論じられることが多いが、ここではまず、スピノザが『エティカ』において一番の批判的対象としたデカルトとの関連から考察していこう。デカルトは、人間の自由とは「意志によって行為すること」であり、そこに「人間の最高の完全性」がある（Des-Cartes 1664, I-37）として、近代的人間の自律を基礎づけた。デカルトは、人間の自由は魂が情念を統制することにあるというプラトン以来のテーマを、身体と精神のどちらか一方が受動であれば他方は能動である（Des-Cartes 1649, I-2）という前提から証明する。たとえば、身体（corps）が主導する身体的作用（＝「身体の能動 action」）には、ひとつには外的対象の知覚や自己の身体の自然的欲求（飢え、渇きなど）や身体状況（痛み、熱など）についての知覚があり（ibid., I-23-24）、もうひとつには「魂（âme）にのみ関係する知覚」、つまり喜び・怒りなどの「情念（passion de l'âme）」がある（ibid., I-25）。これら知覚とは反対に、「意志（volonté）」とは、人間が精神にのみ依拠して思考ないし行動する「精神の能動」と呼ばれる状態である（ibid., I-17）。

このように身体が能動的になれば情動が人間を支配し、精神が能動的になれば意志が人間を支配し、後者が人間の自由の境地を開くというデカルトの議論は、欲求・欲望・情念は肉体的感覚的であるがゆえに悪であるという、スコラ的な価値判断をともなったものではない。むしろそれは近代的な選好の概念であり、選好が受動感情（*πάθος* emotion）ではなく自由と呼ばれるのは、善悪を熟考した結果の意志であり徳であるからである（Aristotle 1926, III 3a, pp. 9-10）という、アリストテレス流の選好（*προαίρεσις* choice）の自由の概念を、近代キリスト教的な自由意志論へと読み変えたものである（Wolfson 1934, vol. 2, p. 182）。

ちなみにホッブズは、自由意志が自己決定的ではなく因果的必然性と両立すると主張したことで有名だが、その彼も、自己の利益を計算するという功利主義的な意味での「熟慮（deliberation）」が機能するプロセスに選択の自由があり、その結論が「意志（will）」であるとみなしている。しかも熟慮や意志は、人間が自己保存の欲求にもとづいて万人の守るべき自然法や理性を見出していく際に不可欠な役割をはたす。そしてひとたび意志が確認されるやいなや、ホッブズが、「自由人とは、みずからの体力と知力によってなしうるものごとのうちで、自分自身がおこなおうと意志することをおこなうのを妨げられない人」(Lev. II-21, 196)と定義しているように、自由は、みずからの体力と知力という個人の自然的条件を越えないレベルで、なんらかの外的制限があるかないかという問題に解消される。たとえば、山から必然的法則に従って落下する石は「非自由」であるが、心ならずも山から転落する人間は「不自由」であり、自発的に落下する人間は「自由」ということになる。

3　生きる場の「観念」の力――スピノザの自由意志否定論とデカルト

ところがスピノザの場合は、落下する石も意志があれば自由と思うだろうという箴言(Ep. 58, 266, 二六九―二七〇)で有名なように、デカルトやホッブズのように意志や熟慮に自由を見出す見解を「眼をあけながら夢をみている」(E. III pro. 2 sch., 3, 144, 上一七五)ようなものと激しく論難する。スピノザの目には、自由意志によって死を選ぶという自由こそ、自由意志論の破綻を最も明確に示す徴表と映ったに違いない。スピノザは次のような有名な一節も残している。「自由人は何よりも死について思惟することが最も少なく、彼の知恵は死についてではなく生についての省察である」(E. IV pro. 67, 261, 下七九)。これはのちにヘーゲルが、法哲学の展開される「精神的なもの」の場《エレメント》を、自由意志から開始し(Hegel, 1821, S. 46)、その展開の最終的帰結のひとつとして「死」を導き出すのとは対照的である。ヘーゲルは自由意志を、まず各人のあれやこれやの衝動(Trieb)、欲求(Begierde)、傾向(Neigung)などの自然の意志(Wille von Natur)のうちに見出した(ibid., S. 62)。そしてこれを出発点に、一方では自由意志がそうした表象から純粋な自己意識へと高められ、他方ではその存在形態（Dasein）としての法＝権利（Recht）が、人格性（Persönlichkeit）、道徳（Moralität）、人倫（Sittlichkeit）としての家族、市民社会、国家という、よく知られた順序で展開される。しかしその結果自由な意志は、「国家主権という真の絶対的な究極目的」のうちに「個人の現存在（Dasein）」を棄てる「勇気」として、みずからを示すことになる。「自由の現存（Existenz der Freiheit）」とは「[自由の] 放棄 Entaüßerung」つまり「死」の選択なのである（ibid., S. 496.）。スピノザはこうした方向性を断固としてとらない。

ではスピノザは、生の場にどのように自由を設定しなおしていくのだろうか。まずスピノザは、デカルトのように思惟と延長を異なる実体とする心身二元論を排し、両者を自然の統一性の下に把握するという立場を、初期より一貫してとっている（KV. II, 22-23, 六九―七一）。自然の統一性という見方によってスピノザは、観念論と唯物論がその争点にしてきたような、精神と身体、観念と物質のどちらが一次的でどちらがどちらを統合するかという問題設定を崩し、精神（mens）と身体（corpus）、思惟（cogitatio）と延長（物質）（extensio）は相互に直接的な因果関係にはなく、精神と身体は同一の事物（res）が思惟と延長という実体の別々の本質（属性 attributum）から考えられたにすぎない（E. III pro. 2 sch., 141, 上一七〇）と問題をたて直す。身体なき精神や、精神なき身体が存在することはありえず、スピノザの解釈によれば、デカルトの cogito, ergo sum（我思う故に我有り）は、ego sum cogitans（私が思惟しつつ存在する）という意味であり（RD. I, 144, 二五）、またそう書き換えられなければならない命題であると言う。こうしたスピノザの問題設定からすれば、決意によって精神が身体を支配しうるとか、より身体性の要素の強い欲望をより精神性の高い意志によって統制・変更できるといった、伝統的哲学や倫理学の主張は無力なユートピアにすぎない（TP. I-1, 273, 一一）。「精神の決意（decretum）

ないし衝動と身体の定まり(determinatio)とは本性上同時にあり、あるいはむしろひとつの同一のことがら」(E. III pro. 2 sch., 145, 上一七六)だからである。

こうして、観念は端的に現実的な身体の変容そのものとして存在することになる。そして身体は、有限な「様態(modus)」として他の諸事物との相互関係にあり、身体のさまざまな変容は、身体がおかれた場をめぐって相互に肯定ないしは否定しあう異質な諸力の複合的作用の結果成立したものである。こうした力学のメカニズムは人間精神の場では、観念のさまざまな結合様式の力学となって表れる。それゆえスピノザは、人間の思考、感情、欲望、意志などの精神的活動の基礎にある観念は、思惟内容を示すたんなる「言葉」や「記号」ではなく、すでに観念自体に肯定、および否定をおこなう「力」があり、観念が真であるか偽であるかは、対象との関係や観念に外的な指標(たとえば実験、実践、物自体など)によるのではなく、真は真なる観念そのものによって明らかになる(E. II def. 4, 85, 上九四)と主張している。

またスピノザによれば、欲望、衝動、感情、意志といった呼称は実は虚構で、その各々のような絶対的に独立した自由な機能があるわけではなく、精神が無数の因果関係のなかで決定されたある事態、ある局面を指し示しているにすぎない(E. II pro. 48 sch., 129, 上一五三)。スピノザ哲学のみかたによれば、それは「思惟のある定められた様態」であるということにすぎないが(E. II. pro. 48 dem., 129, 上一五三)、通常では、観念形態の複雑な連結の状況をさまざまな観点から抽象して、いろいろな呼称がもうけられている(E. II pro. 48 sch., 129-130, 上一五三)。たとえば、ある衝動(appetitus)が意識された場合は欲望(cupiditas)と呼ばれ、欲望をとくに肯定したり否定したりする能力という側面から述べる時に意志(voluntas)と呼ばれる。しかし、思惟という属性のもとにみれば、ある一連の観念の一定の連結状態というその本質に相違はなく、衝動は意識されようがされまいが同じものに止まり（E. III aff. def. 1, 190, 上二三六）、欲望から独立した意志も存在せず、相互の区別は非本質的な言葉の相違にすぎない（E. III pro. 9 sch., 147, 上一七九）。とすれば「無意識」に「意識」を、「欲望」に「意志」を対置してみても、それはなんら人間の観念や身体を転換する力にはなりえない。結局人間は、ただ行動を意識するだけでその因果関係の連鎖をしらないがゆえに、それを「自由意志」と呼ぶのである（E. II pro. 35 sch., 117, 上一三五）。

むしろ自由か否かを真に考えるためには、まず意志と選好の自由という言説を、どのような意志作用もそこにいたる無限数の原因からの必然的結果として導出される（E. I pro. 32, 72, 上七五）という言説へと転換する必要がある。それによって、人々が通常、欲望を意志に、意志を真理に、真理を欲望へと反転させあう観念の諸力の連鎖やせめぎあいがみえてくる。そうした観念形態の転変を因果的なメカニズムとして、また同時に身体の変容のメカニズムとして考察することこそ、スピノザの自由論の第一の前提だった。

4　身体の復権――フォイエルバッハとスピノザ

哲学史上でいえば、このスピノザの戦術に最初に気づいたのはフォイエルバッハであろう。かれはデカルト以来の哲学的伝統に反旗を翻し、自分の哲学の基礎に自然的対象を欲求し享受する受動的存在としての人間をおき、次のような命題をたてる。「古い哲学がその出発点に、私は抽象的なたんに思考するだけの存在であり、身体は私の本質に属さないという命題をもっていたとすれば、新しい哲学はそれに反して、私は現実的な感性的な存在であり、身体は私の本質に属している、それどころかその総体性における身体が、私の自我、私の本質そのものであるという命題をもってはじまる」(Feuerbach 1843, §36 S. 301)。フォイエルバッハは、この命題の発想をスピノザに負っていると述べている。

ちなみにドイツでは、この六〇年ほど前から、レッシングはスピノザ主義者かというスキャンダルに端を発したスピノザ解釈をめぐる大論争が、ユダヤ人知識人の命運と複雑にからみ合いながら展開されていた。スピノザ形而上学の評価をめぐってくり広げられたこのスピノザ・ルネサンスには、啓蒙期の著名な哲学者、文学者の大半が関わり、彼らはスピノザの形而上学にどのようなスタンスをとるかを機軸に、自己独自の形而上学を形成していった。そうしたドイツ古典哲学が成熟期をへて解体へと向かう時期、ヘーゲル左派のフォイエルバッハが形而上学の解体と反《アンチ》デカルトとスピノザの身体を掲げて登場した様相は、まさに十九世紀のポストモダン的状況であり、それは哲学の終焉を宣言するマルクスにおいて頂点に達した。

ところが、フォイエルバッハの哲学的立場と身体にもとづく戦略は、スピノザのそれとは根本的に異なっている。そもそもフォイエルバッハは、キリスト教の神とは人間の本質、とくに人間の個的本質ではなく無限性を表す類的本質の対象化であると認識していた。彼の課題は、宗教によって疎外された人間の類的本質を身体的な感性を介して回復することにあった(ibid., §§1–12 S. 248–263)。それゆえ、宗教的神が排斥されなければならないのと同様、ヘーゲルのような形而上学化された絶対精神や、「非感性的存在者・抽象的存在者・形而上学的存在者」にすぎないスピノザの実体としての神は排されなければならず、スピノザが思惟とならんで実体の属性とした延長(物質)こそが、真の実体とみなされなければならない(ibid., §15 S. 267–269)。そうした疎外克服の出発点となる「真理」とは、「人間の生活と本質の全体」であり、身体と身体との相互作用を認識できる「感性」である。そしてそれによって把握される個人の生存と「人間と人間との共同性」とは、身体と感性と直接的な対話を介した、我と汝との愛や友愛の関係（ibid., §§ 58–60 S. 320–321）である。

　フォイエルバッハ自身が十分認識していたように、思惟にたいする延長、思考にたいする身体の第一義性というフォイエルバッハの唯物論的主張と、スピノザの形而上学的前提とは大きく相違している。しかしフォイエルバッハはヘーゲル的な疎外論の立場にたっていたがゆえに、自分とスピノザとの次のような重要な相異に言及することはなかった。スピノザによれば、「いかなるものも、それによって破滅させられかねないようなあるものを、あるいは自分の存在を除去するようなあるものを、みずからのなかに有さない」（E. III pro. 6 dem., 146, 上一七七）。つまりスピノザの形而上学的設定によれば、現存在自体に内在的な否定の契機は認められず、すべての存在と存在様式、それゆえすべての人間およびすべての身体状況や諸観念はなにかを喪失した欠如態とはみなされない。欠如のないところには欠如なき完全体や絶対性をとりもどそうとする運動がおこるはずもなく、喪失された人間の類的本質を他者を介して回復するというフォイエルバッハのような疎外論的論理が介入する余地はない。ましてや、個人の精神が弁証法的自己否定の運動によって徐々に高次の認識に昇って絶対精神に達するという、バーリンのような自由主義者が強い懸念を示すヘーゲル的な「自己完結的な自己実現」の目的論的構造も存在しえない。

　むしろスピノザによる身体の復権の意義は、自己と他者が関係しあう実在的な場そのものを、しかも心身一体の場として論理的に設定することにあった。そうした場の概念として設定されたのが、スピノザの「コナトゥス（conatus）」の概念であり、それをスピノザは、「すべての物はみずからのうちにあるかぎり、みずからの有（esse）を維持しようと努める」（E. III pro. 6, 146, 上一七七）と説明している。しかしスピノザが従来の西欧哲学史のコンテクストとは全く異なる意味でコナトゥスという概念を使用していたこと[3]、および日本ではそれが「自己保存力」と訳されたことにより、その内容は全く誤解される結果を招いた。コナトゥスとは、人間個体の主体的本質や自然的目的性としての利己性を意味するかのように誤解されたからである。

5 差異性は止揚されるか保証されるか——ヘーゲルとスピノザ

さらにコナトゥスについて、別のコンテクストから検討してみよう。そもそも人間や社会をも含めた自然の諸事物は、すべて神としての自然の必然性のもとにあるというスピノザ哲学の根本テーゼは、さまざまな事物、諸現象を実体の変容（affectio）としての様態（modus）としてみることにある。スピノザによれば、実体とは「それ自身のうちに在りかつそれ自身によって考えられるもの」、様態とは「実体の変容、つまり他のもののうちに在りかつ他のものによって考えられるもの」（E. I def. 3, def. 5, 45, 上三七）と定義されるように、両カテゴリーは、哲学史上プラトン、アリストテレスに発しデカルト、ライプニッツ、ヘーゲルと受け継がれていく、実体 *οὐσία*（substantia）と付帯性・偶然性 *συμβεβηκός*（accidens）という対概念に対応している。

しかしスピノザにおける実体と様態の関係は、きわめて特異な関係として把握されている。実体が変容するといっても、ヘーゲルの体系における実体と個別との関係のように、個別の存在と変化・現象が、本質としての実体の主体的運動として根拠づけられたり止揚されたりすることはない。またライプニッツのモナド（個体的実体）におけるように、実体性を体現するような個体ないし個体性の契機も存在しない。スピノザ哲学の神髄は、「自然をまったく転倒して」みる目的論的見方（E. I app., 78–83, 上八三〜九二）をすべての領域から追放したことにあり、諸様態が実体によって目的論的に配置されたり運動したりすることはなく、結果＝目的としての必然性や予定調和はありえない。

スピノザによれば、個物の存在と運動は、実体としての神から直接的に産出されたり、決定されたりするのではなく、あくまで他の個物との外的な相互作用によって決定される。「各々の個物（singularis）、すなわち有限で定められた存在を有する各々の物（res）は、同様に有限で定められた存在を有する他の原因から、存在するようにあるいは作動するように決定されなくては、存在もしえず作動するよう決定もされえない。そしてさらにこの原因も同様に有限で定まった存在を有する他の原因から存在するようにあるいは作動するように決定されなくては、存在もしえず作動するよう決定もされえない。そしてこのように無限にすすむ」（E. I pro. 28, 69, 上七一）。このようにある個物の存在や運動は、それをとりまく外界の他の諸個物との外的な接触、連関によって決定されるが、そうした諸個物相互間の因果性は無限に開かれている。さらにスピノザは次のようにも言う。諸様態は「神のある属性がある様態に変容したとみられるかぎりにおいて（quatenus）、神ないし神の属性から生じなければならない」（E. I pro. 28 sch., 69, 上七一）。そして「各々の個物は他の個物からある様態で存在するように決定されているとはいえ、各個物が存在を維持する力（vis）はやはり神の本性（natura）の永遠なる必然性から生じる」（E. II pro. 45 sch., 127, 上一五〇）と。スピノザは先のコナトゥスの定理の証明のなかでも、「個物は神が存在し活動する力（potentia）をある定められた様式で（modo）表現する物である」（E. III pro. 6 dem., 146, 上一七七）、と述べている。

こうしたスピノザの議論を敷衍すると次のようになるだろう。まずある個物は、つねにさまざまな他者（物）から有形無形の数々の刺激をうけさまざまに制限され決定される状況下にあるが、そうした外的な被規定性、関係性そのもののうちにその個物そのものの存在根拠と活動能力が、つまり自己肯定性や自己生産性が内在している。そして実体は、そうした諸個物の存在と運動そのものを、変容したかぎりでの神として、つまり内在的な必然性として基礎づけ肯定するのであって、外在的に変容、止揚したり、内在的に否定するのではない。とするとスピノザ哲学は、老子などの東洋思想と同じ「人格性の滅却」と「無を最高善」(Kant 1794, S. 99) とするというカントや、スピノザ哲学は「差異あるいは有限性の原理を正当に認めない」(Hegel 1830, S. 296)「主体性・個人性の原理」を欠いた東洋的思想である (Hegel 1832-45, S. 164) というヘーゲルによる評価は、きわめて一面的であることがわかる。ドイツ観念論とくにヘーゲルにおいて、スピノザの体系が目的論的で一元的な決定論として歪曲される必然性があったことは、こんにちではいくつかの研究によって指摘されている。むしろスピノザの形而上学においては、「実体は［対象的な］活動をしないが、決定されているもの［様態］が活動性をもつという逆転」が生じ、実体の個体的運動を強調したライプニッツ以上に、諸様態とその相互作用の存在性、物質性が完全に保証されている (Wartofsky 1973, pp. 335-358) といった評価の方が妥当であろう。スピノザの汎神論は、形而上学的な個体（人）主義 (individualisme) の基礎を築いている (Matheron 1969, p. 21) とみなすことさえできる。

しかも一見実体による一元的な決定のごとくみえるスピノザの必然性の体系には、実はとんでもない逆説が含まれていることがわかる。「この人間があるいはあの人間が存在することもしないことも同様に自然の秩序 (naturae ordo) から起こりうる」(E. II axi. 1, 85, 上九五) とスピノザが述べるように、この者が存在するかしないか、あるいはこのように存在するかあのように存在するかという存在様式 (modus) が、たんなる主観性や偶然性ではなく、「自然の秩序」として、つまり自己原因としての実体の必然性として根拠づけられることになるからである。つまり無限の制約性のもとにある諸様態でありながら、それは実体によって必然的に生起する過程として基礎づけられ肯定されているがゆえに、多様な諸様態の存在様式と諸様態相互の偶然的ともみえる邂逅は開かれた状況にあり、そこに「自己原因」としての自由の境地へと自己の存在様式をみずから導いていく現実的展望が必ず存在している。マシュレはこうしたスピノザの体系を、真に実在的な様態を産出する構造ととらえ、これにたいしヘーゲルによる否定的弁証法を観念的なものを再認する方法としてとらえている。(4)

6　社会的諸関係はどこに見出されるか――マルクスとスピノザ

このように目的論をいっさい排して、実在における偶然の邂逅によって必然性を考えるスピノザの立場を、死の直前のアルチュセールは、「不確定な唯物論（el materialismo aleatorio）」と呼び、その伝統をデモクリトス、エピクロス、マキァヴェッリ、ホッブズ、スピノザ、マルクス、ニーチェ、ハイデガーという系列で考えた（Althusser 1988, 五六、八七）。かつてエンゲルスが、人間の自由とは自然や歴史の必然的法則を認識し、それにもとづいて実践し成果を得ることとみなし（Engels 1894, S. 106）、スピノザとマルクスの同一性をヘーゲル主義的な啓蒙主義に求めた見解は、こんにちでは全く過去のものとなった。(5)

ここではスピノザとマルクスの哲学体系の関係について全面的に論じることは避け、これまで述べてきたコンテクストとのかかわりから、人間存在の把握に関してのみマルクスとスピノザとの基本的見解の異同を確認しておきたい。フォイエルバッハを経由したマルクスの人間論と、スピノザの問題設定とは通底する側面をもっているからである。(6) まずマルクスは、身体へ着目したフォイエルバッハを評価しつつ、フォイエルバッハが「人間の生活と本質」を「愛」や「友情」といった感情的で内面的な抽象的諸関係に還元した点を批判した。そして受動

（苦）的身体的存在としての人間に代えて、生産をおこなう能動的実践的存在としての人間をおき、その現実的具体的個人の本質を、規定された社会的諸関係に求めた（Marx 1845, S. 6–8）。

しかしマルクスによれば、現実的諸個人は「生活様式」＝「生産の物質的諸条件」（ibid., S. 27–29）によって第一義的に規定されるから、人間相互の現実的諸関係は、まずは経済的所有関係を最終審級とする社会的諸関係として、つまり資本主義的に外在化し物象化した形態として考察されなければならない。これにたいしスピノザの場合は、あくまで各人の具体的身体＝精神の場に立脚し続ける。コナトゥスとは、個人の身体＝精神という具体的場から離れて抽象的諸関係として捕捉されることはなく、また労働や生産という視点から限定的にとらえられることもない。そのため、スピノザにおいては社会的諸関係は、端的に自己の身体＝精神そのものにおいて把握される。スピノザは、コナトゥスの具体的な存在様式を、「身体の変容（corporis affectio）」およびそれと対応する「身体の変容の観念」という、心身一体の場としてとらえ、その状態を「感情状態 affectus」（E. III def. 3, 139, 上一六七）という概念でとらえている。(7) スピノザはこのような身体の変容の観念に立脚する点で、「経験について疑うことは我々にとってゆるされない」（E. II pro. 17 sch., 105, 上一二〇）と述べる経験主義者であり、あくまで各人の感じ方を認識の出発点として守っている。

スピノザによれば、「身体の変容の観念」は、表象（imaginatio）と呼ばれる感性的な認識段階ではあるが、「それ自体においてみれば何の誤謬をも含んではいない」（E. II pro. 17, sch., 106 上一二二）。それどころか「人間精神は、身体が刺激されるところの諸変容の諸観念によってのみ人間身体自身を認識し」（E. II pro. 19, 107, 上一二四）、精神自身をも認識する（E. II pro. 23, 110, 上一二七）。さらに身体の諸変容の観念のなかには、関係する外的諸物の本性が刻印されている（E. II pro. 16, 103, 上一一八）がゆえに、それは他者についての知覚でもある（E. II pro. 26, 112, 上一二九)。つまりこの「身体の変容の観念」こそ、非妥当 (inadaequatus) とよばれる不十分な認識であるとしても (E. II pro. 25, pro. 27, pro. 29, 111–113, 上一二八〜一三一)、人間の自己意識と他者意識の定在場所なのである。

7　日常的習慣《ハビトゥス》としての「身体＝精神」——ブルデューとスピノザ

ところでスピノザにおいては、感情状態自体がもつ生産性は、感情状態の三つの機能として大別される。それは、自己の身体および精神の活動能力そのものを意味する欲望 (cupiditas) と、活動能力が増大することによって感じる「喜び (laetitia)」、および活動能力の減少によって感じる「悲しみ (tristitia)」の基本的な三種である。人間精神は「身体の活動能力を増大しあるいは促進するものを表象しようと努め (conatur)」、逆に「身体の活動能力を減少しあるいは阻害するものを表象する場合、そうした物の存在を排除する事物をできるだけ想起しようと努める」(E. III pro. 12, pro. 13, 150, 上一八二〜一八三) のだから、喜びと悲しみとは、私が欲望形成をするさいの機能上の指標であり、それが外部の他者に向けられたときには「愛 (amor)」と「憎しみ (odium)」となる。こうした感情状態を具体的なイメージで考えれば、ある一定の状況におかれた個人が心身両面において示すさまざまな対応、態度、数々の欲望、好み、愛憎、性向、スタイルであり、そうした自己の感受様式、思考様式、行動様式をつくってゆくさいに発動される傾向性や戦略を総称していると考えてよいだろう。さらにスピノザは、コナトゥスの具体的な存在様式を感情状態という個人レベルの情動のありかたとしてとらえる一方で、そうした個人的な心身の感情状態がある程度集積された状態を「意向 (sententia)」としてとらえ、たとえば国家（civitas）などは「すべての人々が……共同の意向（communis sententia）に従って生活しうる」（TP. II–15, 281, 二七）までに各人の「力（potentia）」（これはコナトゥスおよび自然権と同義である）が集合した状態と解している。あるいは個人の意向（sententia）が「習慣（mos）」といいかえられる場面もあり、「自然がつくるのは、民族（natio）ではなく、個人（individuum）のみである」（TTP. XVII, 217, 下二二四）というスピノザの信念通り、習俗、慣習、おきて、流儀、風紀など社会的で伝統的な倫理的要素もふくめた習慣が、民族や階級に付随した実体的なものではなく、個々人の「生活様式」、つまり感情様式や行動様式の集積として把握される。

このようにスピノザのコナトゥスの議論を追って解釈し直していくと、ブルデューがスピノザのコナトゥス概念を継承しながら、ハビトゥス（habitus）という独自の理論枠組みへ発展させた経緯にも、一面では納得がゆく。ブルデューによれば、本来的に個人は社会化された存在であり、社会的なものや社会的関係をになっているのは身体であり、身体がなかば無意識的に行動の原理としている日常的な習慣がハビトゥスである。ハビトゥスとは、ある単独ないし集合した複数の行為者（たとえば家族）が、自己の社会的位置を維持するためにとる生活様式《ライフ・スタイル》のことであり、そのように自己を保ち再生産しようとしてあらゆる戦略を結びつける統一的原理こそ、スピノザがコナトゥスと呼んだものである、とブルデューは解釈している（Bourdieu 1980, pp. 89–95）。

このようにブルデューにおいては、コナトゥスは、身体化された無意識的な「戦略」としての意味あいが強く、行為者（agent）がコナトゥスにもとづいてなかば自動的におこなう実践的行動がハビトゥスとみなされる。そのためハビトゥスは、「構造化された構造」であるとともに「構造化する構造」であると言われるように、既存の構造の再生産および自己の位置の再生産のための戦略に限定される結果となり、それ以外のハビトゥスをもたらす起動力がコナトゥス自身にない。その結果ブルデューは、構造自体が変革される要素を見出すために、自己のコナトゥスを反省的意識によって統御した主体（sujet）という機能を導入せざるをえない（加藤 1990, 六八―九八）。

しかもブルデューの場合、マルクス主義的な視点が強調されるため、ハビトゥスは端的に階級構造と直結される。加えてハビトゥスにはモースに比してうわべの服装、態度、立場、気質を示す語感がつきまとっている。その結果、ブルデューのコナトゥスからは、スピノザが理論的に設定したような形而上学的政治哲学的意味は捨象され、文化・貨幣資本の分配構造に組み込まれたゲーム戦略の意味が前面におしだされる。たとえばある家族のハビトゥスとは、自己の社会的位置（諸特権、諸権力）をすべてにわたって永続化するために、婚姻、相続、教育、経済などの分野にわたって、どのような投資ゲームをおこなうかという戦略を意味するというように。ちなみにジジェクは、ドゥルーズが喧伝する「分散的で多元的に構成された主体」「スピノザ的メカニズム」とは、すべての固定された社会的アイデンティティを浸食するような資本の力に照応した主体性であり、後期資本主義における閉鎖的な現実をとりくずすポテンシャルを含んでいないと批判する（Žižek 1998, pp. 216-219）。ブルデューによるスピノザのコナトゥス解釈にたいしてならば、このジジェクの批判も有効性をもつだろう。

このようにブルデューは、スピノザのコナトゥスという概念を正しく再使用しているわけではない。しかし、社会的諸関係の場を身体に設定し、コナトゥスの機能を身体的日常習慣（habitus）というわかりやすい表象におきかえ、さらにハビトゥスの発生と機能を客観的に存在する構造として分析した点では、スピノザの理論を現代的に応用したといえよう。

8　自己への配慮――ニーチェとスピノザ

以上みてきたように、スピノザのコナトゥスをめぐる概念装置によって、端的に「私」の身体＝精神の場が理論的に設定されうる。しかもそれはブルデューが述べるような階級構造の場というよりも、無意識の観念も意識的観念も同一の平面上であつかわれている点で、むしろ社会的政治的な意味あいの強い「私」の意識的無意識的習慣を問題にする精神分析の場に近い。それをフロイトとの同一性として検討することも可能であるし[8]、ニーチェ的な身体の理論への繋がりを見通すことも可能であろう。ニーチェとスピノザの思想的すれ違いについては後述で補足するが、ここではさしあたり身体論に限ってニーチェとスピノザの異同にふれておきたい。

ニーチェもスピノザと同様、デカルトの「感覚（Sinn）と精神（Geist）」としての「我（Ich）」にたいし、身体（Leib）を対置する。身体は思考する我ではなく行為する我であり、自己自身（Selbst）である（Nietzsche 1883–1885, S. 36–37）。人々の健康な本能とは、この自己自身を認識し、「自分が本来あるところのものになる」ことであるが、それを鈍らせ惑わせる最も有害な病的な嘘こそ、「神」「霊魂」「徳」「罪」「彼岸」「真理」「永遠の命」といったもろもろの概念にほかならない。こうした嘘によって政治や社会秩序や教育はすっかり見当違いなものになってしまった。ニーチェが生の根本要件として重要だと考えるものは、真の自己防衛本能であり、人々が軽蔑するように教えこまれてきた「食物、場所、風土、休養、利己心の決疑論《カズイスティク》にかんするすべての事柄」である（Nietzsche 1888[2], S. 210）。このように正しいエゴイズムにもとづいて身体と感情に配慮し、復讐・嫌悪・ルサンチマン・敵意といった悪い感情を駆逐する戦略を、ニーチェは仏教を例に語っているが（Nietzsche 1888[1], S. 189）、スピノザの『エティカ』にも同一の戦略が存在する。

ただしニーチェが、「私とは、全くもって身体にほかならず……魂（Seele）とは身体に属するものを言い表す言葉にすぎない」（Nietzsche 1883-1885, S. 36）と述べるように、ニーチェにとって感覚や精神は身体の道具にすぎず、身体と等価ではない。他方スピノザの哲学においては、精神が表象相互のあるいは表象・理性・直観知相互のあいだで観念を組み変え、認識の変化を経験すれば、身体もそれにともなって位置や方向や行為の変化を経験し、しかも精神と身体とは等価である。スピノザによれば身体と精神とのあいだの相互決定性は個人という主体のうちにはないが、神即自然という無限性からみれば必然的な連動性を有していた。これにたいしニーチェの身体は、スピノザの述べるような理性や直観知に対応する位置や方向性の変化を見出せないまま、無秩序に彷徨する危険性のうちにあり続けた。

さてここで、本節でたどってきた議論をまとめよう。スピノザ哲学の大前提は、人間による選択の自由に先立って第一義的に、人間内部と外部に存在するすべての差異を必然性として位置づけることにあった。スピノザは、コナトゥスやその場に生じる欲望、感情すべてを目的論的要素をいっさい排除した形而上学で基礎づけたことによって、他者とは異なる一個人を、さらに一個人内部におけるきわめて差異に富んだ場を概念装置として設定した。またコナトゥスとは、個人に限らず、二者ないし二物以上の相互関係そのもの、あるいは複数の集合体の場の原理としても考えられうるから、統一され同一の意向をもつようにみえる国家、民族といった集団内部に意識的、無意識的に存在する数かぎりない欲望や感情の差異の存在をコナトゥスによって理論化することも可能であろう。女に生まれるか男に生まれるかは自然必然性のもとにあって人間の自由にはないように、性差にかぎらず人間は差異あるものとして生まれ、差異ある環境に直面し、自己内部の差異を抱えながら生活する。スピノザはそうした場にある差異あるすべての存在様式を、なにかを欠如させているもの、価値を棄損しているもの、不完全であるものとは把握せず、存在肯定性、自己活動性としてのみとらえた。そうした形而上学によれば、意識し反省するという意識化や、欠如を回復し欠如から解放されるために認識し行動するという主体化に、自由の契機は見出されえない。ここには、欲望を一貫して人間精神における欠如性としてとらえ、認識による回復と完成に自由をみたプラトン以来の西欧形而上学の全くの逆転があり、ドゥルーズとガタリが、スピノザの欲望論と形而上学を高く評価する所以がある。

第二節　自由主義の日常的習慣《モース》とは何か——「自由な自己」意識としての従属

さてスピノザはみずからの形而上学にもとづき、必然的に差異あるものとして設定された「私」の「身体＝精神」の日常的習慣《モース》という場を設定した。そうした前提にたてば、「私の自由な欲望による選択」、「私の道徳的責任をともなう自由意志による選択」、「私の熟慮による自由な選択」といった自由主義的言説によって語られる自由は、どのようなものとして分析できるだろうか。スピノザ自身はもちろん「自由主義の日常的習慣《モース》」といった概念を提示しているわけではない。しかし、前章でみた概念装置のうえにたって、スピノザが『エティカ』で展開した欲望形成のメカニズムを読むならば、それが明らかに「自由主義の日常的習慣《モース》」と呼ぶべきものを解析しているとみてとれる。スピノザ以降、資本主義の精神をプロテスタンティズムとの関連で解析する思想家は現れるが、スピノザのようにキリスト教的な道徳を前提とすることなく自由主義の精神の解析を企てる思想家は、ニーチェを除けば一九六八年前後まで現れることはないだろう。

1　欲望の自由によって設定される差異性と同一性

スピノザは、ある人間の「身体＝精神」がある事物と偶然的に相互関係をもつことによってある欲望が形成されたのち、時間と空間の独自の形式のなかで次々に観念の再生産、連結、反転がおこることによって数々の欲望が成立するメカニズムを分析している。まず人間は自分の経験にもとづいてある事物とある事物とのあいだに自分独自の感情の連鎖を形成する。たとえば「自分の愛するものが破壊されることを表象する人は、悲しみを感じるだろう。これとは反対に、自分の愛するものが保持されることを表象する人は、喜びを感じるだろう」(E. III pro. 19, 155, 上一八九）と説明されるように。しかも人間と事物との相互関係の特徴は、諸物の相互関係のように直接的無媒介的ではなく、外部の事物との相互関係が残した痕跡を、人間が「記憶（memoria)」として、つまり「人間身体の変容の秩序および連結に相応じて生じる」「人間身体の外部にある物の本性を含む諸観念のある連結（concatenatio)」(E. II pro. 18 sch., 107, 上一二三）として保持することにある。人間の経験においては、この「記憶」の「想起（reminiscentia)」という機能がことのほか重要な役割をはたす。たとえば、スピノザは「人間は過去あるいは未来の表象像によって、現在の物の表象像によるのと同様の喜びおよび悲しみの感情に刺激される」(E. III pro. 18, 154, 上一八七）という定理をかかげる。これは、人間が自分の経験から得られた観念の連鎖を、過去や未来という時間の形式のなかで、拡大することによって、感情自体が同一化と差異化の両方の変容をこうむる過程の必然性を説明したものである。また「もし人間身体が過去に二つあるいは多数の物体ないし身体（corpus）から同時に刺激されたとしたら、精神はその後で、そのうちの一方を表象する場合、ただちに他方を想起する（recordator）」（E. II pro. 18, 106, 上一二二）から、時間と不可分の空間という形式によっても、感情の対象は拡大され、感情そのものが同一化と差異化の両方の変容を受ける。

こうした法則性から次のようなことがいえる。たとえば、AとBという二者ないし二物を一度に享受した人間が喜びを感じたとする。それは実はAが人間の活動能力を増大させて喜びの原因となったからであるが、しかし人間は、のちにBを享受しても喜びを感じるようになる。こうした必然的現象をスピノザは「同感（sympathia）」と名づけ、その逆を「反感（antipathia）」と名づける（E. III pro. 15 sch., 152, 上一八五）。こうした欲望の拡大は、さらに「類似性」による観念の連結作用によっても可能である。つまり人間は、Aに「類似したもの（similis res）」であるCにたいして、Aにたいするのと同じ身体の変容の観念をもちえる。これは、自分と同類と思うものに同じ感情をもちたがるという「諸感情の模倣（affectuum imitatio）」（E. III pro. 27 sch., 160, 上一九六）という現象をひきおこす。たとえば自己と同類と思う人がある欲望をもっていると思うことから、自分も同じ欲望をもつ場合は、それは「競争心（aemulatio）」と呼ばれるし、我々と同類だと判断した他人の悲しみを自分も分けもつことは「憐憫（commiseratio）」と呼ばれる（E. III pro. 22 sch., 157, 上一九二）。また経済的な希少性の観念がこの欲望の拡大メカニズムにもちこまれ作用する場合もある。「もし我々が、一人によってしか所有されえないものをある人が享受すると表象すれば、我々はその人にそのものを所有させないようつとめる（conatur）だろう」（E. III pro. 32, 165, 上二〇二）

こうした欲望の成立構造のメカニズムは、ラカン流にいえば、他者を鏡像としてそこに自己の欲望の象徴化を認知する人間の姿であり（Lacan 1957）、ジラール流にいえば、他者の欲望を媒介としてのみ或るものに欲望を感じるという、欲望の三角形の構造である（Girard 1961）。スピノザによれば、欲望のメカニズムは、このように他者との偶然的連関によって生じ、再度同一ないしは異なる他者との偶然的な遭遇のなかで再生産され、それを作動させる観念が、「漠然たる経験（experientia vaga）」やもろもろの「記号（signum）」を介したコミュニケーションから生じる表象（E. II pro. 40 sch. 2, 122, 上一四二）、つまり第一種の認識（cognitio primi generis）である。本来、人間身体はひとつの個体（individuum）ではなく、「（多様に異なる自然の）非常に多くの個体plurima（diversae naturae）individua」から成っており（E. II pos. 1, 102, 上一一七）、経験の場における人間身体が多面的であり、かつ人間の経験は直接的で無媒介的なものではなく、言語を代表とするさまざまな記号を介して、時間と空間という人間にとって特有の経験の形式を媒介として成立するがゆえに、欲望の拡大過程は、「偶然によって（per accidens）」（E. III pro. 15, 151, 上一八四）無限に拡散し、それは欲望の同一化とともに多様な差異化を引き起こす。こうして他者を介して自己の欲望をたちあげる個人が、それを「私の自由な欲望」と呼ぶとき、自由な主体が成立する第一歩がきざまれる。

2　日常的習慣《モーレス》としての階級・国家・民族

さらにスピノザは、こうした欲望の拡大・集積および差異化・同一化のメカニズムによって集団的感情状態が成立するとみる。先にふれたように、「私」における類似の感情は「我々と同類」という「我々」の感情判断に横すべりし、同一のメカニズムによって感情が成立する。つまり「我々と類似したもので、しかもそれにたいして我々が何の感情もいだいていないものがある感情に刺激されるのを我々が表象するなら、我々はそれだけで類似した感情に刺激される」（E. III pro. 27, 160, 上一九五）ということになる。このような同類意識は、たとえば国家意識、階層感情、民族意識としても成立する。「もしある人が自分と異なった階層（claßis）ないし民族（natio）に属するある者から喜びまたは悲しみに刺激され、しかもその階級ないし民族全体の名のもとに（sub nomine universali）その者があたかも原因であるかのような観念をともなったならば、彼はたんにその者だけではなく、さらにその同じ階級ないし民族に属するすべての者を愛しあるいは憎むであろう」（E. III pro. 46, 175, 上二一六）。

このようなスピノザの洞察によれば、階層意識、民族意識、さらには国家意識といったものは、過去の記憶や想起をくみたてる日常的習慣として、個人的なアイデンティティの成立と同様の平面で同様のメカニズムで起こるものである。そうである以上、たとえばバーリンが強調するような、個人的で経験的な自我の欲望や情念を自由とみなす「消極的自由」と、「国家、階級、民族、あるいは歴史そのものの歩み」といった集団的意志へ拡大された自我の目指す「積極的自由」とを区別すること（Berlin 1969, pp. 131-134）は、無意味になってしまう。バーリンによれば、後者の積極的自由は、ヘーゲル的な形而上学によって設定された「自己同一性の要求」によって、あたかも真の理性的な自我であるがごとき装いのもと個人を超えて拡大され、その「より高い」自由の実現を個人に自己支配として強いる「自由の強制」を生み出す。バーリンはこうした積極的自由の概念を排除することによって、自由主義的自由が全体主義的抑圧の論理に転化することを防止しようとした。しかしスピノザの見地からすれば、個人的レベルで欲望の主体としてたてられた自我は、必然的にヘーゲル的な自我の拡張をおこなう主体である。なぜならば、「自由な欲望」の主体という言説は、その感情や欲望へと決定された他者との因果関係を捨象し、自己のなかに残っている他者との類似性の契機を「自由」と確認することによって、はじめて可能になるからである。その結果「自由な欲望」の主体は、相互の類似性の痕跡を「自由」として確認しあいながら、集団的に主体化していく運動過程のなかにおかれることになる。結局、消極的自由と積極的自由は実は本質的に区別しうるものではなく、「自由な主体」という表象が成立するメカニズムが同一である以上、両者は容易に転換可能なないしは同一の欲望である。

この主体化の過程を断ち切るためにまずスピノザがしたことこそ、自由意志の徹底的否定だった。それによって、人間の本性は利己的か他利的か、孤立的か社会的か、あるいは自己保存的欲望と共同体的感情や理性、ないし個人的自我と拡張された自我とはいかなる関係にあるかといった、近代思想家の多くがたててきた問題設定そのものは無意味になる。本来、人間の欲望や意志は、人間身体＝精神がさまざまな他者との相互関係性のなかにあり、その結果複雑に交錯しつつ移動し合う相互の諸力が、ある身体の状態とそれと対応した観念のなかに結晶していく過程として成立する。そのため、当人が利己的だと思ってなした行為がアダム・スミスの言うように利他的行為になる場合もある。あるいはヘーゲルの理性の狡知のように、当人も周囲の人々もそれを利己的行為と判断したのに、時間をおいてみると社会的歴史的理性と目される方向を志向した行為であることもある。スピノザにとって、当人がどのような欲望や意志をもつか、あるいはそれが主観的か客観的か、個人主義的か共同体的かといったことは表象の問題であっても本質的問題ではなく、ある身体＝精神がある欲望や判断や意志を発するように決定された場の力学の必然性が問題なのである。ある個人の生の豊穣さは、そうした数かぎりない他者から決定される場の必然性にあり、自由とはそうした必然性をどのように認識するかという問題としてたてられなければならない。

3 日常的習慣《モース》としての倫理性・合理性

人間は、こうした欲望の同一化と差異化を場と時間とを軸に無限に過剰生産していく過程におかれているから、当然、内面的には相矛盾した多種多様な欲望に引きさかれ、「心情の動揺（animi fluctuatio）」（E. III pro. 17 sch., 153, 上一八七）と「葛藤（conflictus）」（E. III pro. 23 sch., 158, 上一九三）に深く苦悩し、「同一の人間でさえ変わりやすく不安定」（E. IV pro. 33, 231, 下四〇）であり、また人間相互間では「対立的」であらざるをえない（E. IV pro. 34, 231, 下四〇）。にもかかわらず、時々のある特定の衝動や情熱に盲従することなく、そうした欲望や感情を調整し、なんらかの統一性と一貫性をもたせることは、近代人とよばれる人間が誕生するための必須条件だった。近代的自由は無前提な自我の自由と同時に、プロテスタンティズムに代表されるような禁欲主義的信仰の両方を併存させなければならず、欲望を制御するためのカント的な内面的規律や教養の形成、およびそれを養う教育が必要となる。ロックやミルといった代表的な自由主義者は、制度の改良とともに人間の改良としての「教育」の効果に期待した。

スピノザが「教育」について語る視点は、こうした近代自由主義の脈絡とは異なっている。「教育（educatio）」とは、習慣（consuetudo）や宗教（religio）のうえで「悪い（pravus）」と呼ばれる行為に「悲しみ」の感情がともなうよう、また反対に「正しい（rectus）」と呼ばれる行為に「喜び」が伴うように訓練をほどこすことである（E. III def. aff. 27, 197, 上二四四）。このように教育は、基本的には表象のメカニズムの形成の問題であり、それゆえ教育によって、親が「名誉（honor）」や「妬み（invidia）」から子供を能力の向上に向かわせ、人間をますます憎しみや妬みに駆り立てる（E. III pro. 55. sch., 183, 上二二七）ことになるか、「人々を教育してついに各自の理性の指図にしたがって生活するようにさせてやる」ことができるか否かは、教育の制度と訓練が各自の「身体＝精神」にどのような日常的習慣を植えつけるかによる。

こうした議論のコンテクストからわかるように、スピノザは、各人が欲望の同一化と差異化の集積のゲームをおこなう過程から必然的に少数者ではなく多数者（これは必ずしも事実上の多数を意味しない）の欲望とみなされる欲望が、「我々」による抽象的認識としてたち現れる過程をみている。その代表的な概念装置はいまふれたような「正」「善（bonum）」「悪（malum）」といった一連の倫理的概念である。「善とは、それが我々に有益であることを我々が確知するもの」「悪とは、我々がある善を所有するのに妨げとなることを我々が確知するもの」（E. IV def. 1 & 2, 209, 下一二）というスピノザによる善悪の定義は、功利主義的見解によるものであるというよりも、善・悪という表象が必然的に成立するメカニズムをラディカルに解明した言説である。

各人が表象を介して活動能力の増減をめぐるゲームをくり広げる結果、必然的に「善」や「完全性（perfectio）」や「人間本性の型（naturae humanae exemplar）」（E. IV prae., 207–208, 下一〇〜一一）といった概念を抽象する作業が遂行される。[9] スピノザは他にも「秩序と混乱」「美と醜」「称賛と非難」（E. I ape., 81, 上八九）といった対概念を挙げているが、こうした「一般的概念（notio universale）」は、「物の真の認識にもとづくより偏見にもとづいて」（ibid.）、「我々が一般的なもの（universalia）と個別的なもの（singularia）を、あるいは理性の有（entia rationis）ないしは抽象的な（abstracta）ものと現実的な（realia）ものを混同した」結果、生じた概念である（E. II pro. 49 sch., 135, 上一六二）。そうした概念は、旧来の哲学史上「理性の有」と呼ばれてきたように、すべての事物に共通な「共通概念」としての「理性（ratio）」とは区別される表象にすぎないが、ラティオであるかぎりなんらかの合理性を帯びた表象であるに違いない。そして一般的概念による合理性の表象は、私たちの身体の変容とその観念の組織化をめぐる過程のなかで、いつも活動能力の方向性と強度を左右する参照点として作用する（E. IV prae., 208, 下一一）。

この「我々」の認識は、実際は「私」の現実性に根拠をもつ認識ではなく、個別的な事柄のあいだの相違を無視して全体の一致点を表象したことによって必然的に生じる認識（E. II pro. 40 sch. 1, 121, 上一四一）であり、各人の内部を統合し、また各人のあいだにある種の調和をもたらすような何らかの合理性を発揮するがゆえに、それは往々にして私の道徳的合理的熟慮をへた「自由意志」による選択と名づけられる。ある集団が目にみえる形で実在しなくとも、まぼろしの多数者の選好が暗黙のうちに設定されれば、そうした「我々」によって個人の選好の拡大と規制と秩序化は可能になる。欲望や選好が、自己の自由意志というアイデンティティの意識を伴っているがゆえに、一定の道徳性と合理性をもつ文化的ヘゲモニーのなかへ自己規制され秩序化されていくこのような感情状態を、スピノザは、端的に「他者の本性によって決定される」、あるいは「自然の共通の秩序に従う」人間の「受動への隷属」（E. IV pro. 4 cor., 213, 下一八）とよんでいる。以上のような論理によるスピノザの自由意志論批判が、まさにニーチェの「善悪の彼岸」と「道徳の系譜」の系列にあることは、ドゥルーズの指摘する通りである。ドゥルーズは、スピノザが三つの西洋的価値を切り下げた点でニーチェと類似点をもつとして、意識の切下げ、いっさいの価値とりわけ善悪の切り下げ、悲しみの受動感情、つまり生にたいするルサンチマンの切り下げの三点を挙げているが（Deleuze 1970, p. 27）、これについてはいままでの論述で明らかだろう。自由意志が、道徳が、倫理が、そして習慣が従属であることをもって西欧思想の根幹に闘いを挑んだ思想家は、スピノザ以降はニーチェをおいてない。

逆に自由主義的言説を前提とするかぎり、自律的主体とみなされる自己が自由な自己である保証はどこにもなく、自由な主体というアイデンティティ成立の構造のなかにこそ、自己の他者への従属を再生産するメカニズムがあることは隠蔽される。スピノザからみれば、このようなメカニズムに受動的に従属することは、人間にとって必然ではあるが、それを隠蔽すること自体は、まさに「眼をあけながらみている夢」であり、『エティカ』第五部で論じられる「知性の力あるいは人間の自由」を展望するうえで大きな障害になる。なぜならば、「精神はすべてのものを必然的と認識する（intelligo）かぎり、感情にたいしていっそう大きな力（potentia）を有し、あるいは感情に受動的になることはいっそう少ない」（E. V pro. 6, 284, 下一〇六）からである。結局、自由意志の名のもとで、自己の自然的欲望を、熟慮された欲望を、共同的に相互承認された欲望を、そして道徳的に純化され正義にかなった欲望を自由とよぶ自由主義は、私の身体＝精神の場を貫いて作用する異質な諸力の複雑な網目のような交錯状態を、そしてさらにそれが「自由」の言説として成立する必然性を分析することを、なんらかの地点で放棄するよう迫る思考・行動様式であり、それ自体個人の身体＝精神をきわめて強烈につらぬくひとつの習慣である。

第三節　政治的自由主義《リベラリズム》と専制

1　公私領域の分離と民主政のアポリア

以上のように、「自由な自己」という意識のなかに従属の要素を見出すスピノザにとって、政治的領域の認識も自由主義者とは必然的に異なったものとなる。

一般に自由主義的政治論は、個人の欲求・意志・善などの自由およびその実現可能性としての個人的私的能力の問題と、意志や欲望の実現が政治的社会的関係において他者から制約を受けるか否かという問題を、哲学的自由と政治的自由ないしは私的領域の自由と公的領域の自由との問題として区分して論じてきた。これは自由主義的政治論の先駆者とみなされるホッブズが、「自由（liberty, freedom）」とは、「外的障害の欠如」であると定義し、権利としての自由と拘束としての法を明確に区別して以来のことである。彼によれば、「臣民の自由」は、ある事柄について「主権者がなんらの規則も規定していない」という「法の沈黙」にあり、それは主として「相互売買や契約、自分の住居、食物、生業の選択、子どもの教育」といった私的領域における自由にある（Lev. II-21, p. 199)。

こうして古典的リベラリストにとっての自由とは、のちにJ・S・ミルが『自由論』の冒頭で指摘するように、第一義的には国家の法、つまり国家権力から干渉をうけないことであり、そうした自由の領域がどのように定められどのような方法で確保されるべきかが、自由論の中心課題となっていく。一般的には、ホッブズからロック、スミス、と市民社会の成熟の度合いが進むにつれて、私的自由の圏域は増大し、国家的領域は縮小されていくが、それはホッブズが国家および市民法の成立理由を、私的な自己保存の権利とそれにもとづく利害計算に求めたことの必然的帰結でもあった。そして自由主義にとって、国家の公的領域から区別され、道徳性や自由に基礎づけられた人間の私的領域や経済活動の領域を、国家権力にたいして防衛しかつ拡張することこそ、専制を防止するための最重要な課題であり、そのための保証として立憲主義や権力制限的諸制度が要請された。(10)

しかし古典的リベラリストたちは、私的領域と公的領域を本当に分離させていただろうか。むしろ両者は厳密に区別されていたというよりも、区別されつつ裏側からその同一性が導きいれられたとみるほうが妥当だろう。

それは近代の政治思想家たちが、プラトン以来西欧政治思想が抱えてきた民主政のアポリアを共有していたからであり、同時に私的領域の政治性を熟知していたからでもある。プラトンは、魂が「支配する部分」としての理性と「支配される部分」としての欲望とに分かたれ、前者が後者を道徳的に支配するように、ポリスにおいても、欲望に生きる人々が「理性による強制」によって一定の共同体的秩序へと統合されるべきだと考えた。しかし民主政においては、賢者による理性の支配はデーモスによる「欲望」の支配へと堕落してしまう。近代社会契約論者といわれる思想家たちは、多数者は理性的ではないにもかかわらず民主政においては多数者が支配しなければならないという要請のもと、プラトンのアポリアをより深刻な形で背負った。そしてこのアポリアを解消するため、私的領域における個人の選好内容にかんして、自発的で批判的な検討をくわえる直接的間接的契機が、公的な問題として導入されざるをえなかった。

それは、ホッブズ以降の市民社会型モデルのように、国家（市民社会）を、自己利益の貫徹をめざす各人が相互に利害交渉しあうフォーラムとみなす場合も、リベラリズムからは最も遠いルソーのように、国家を個人利益を越えて政治的な共同の合意や公共性を発生させる共同体とみなす場合も同様だった。ホッブズは、契約の政治を根底から支えるのは自由意志や理性ではなく「力」であり、契約違反者を罰する強力な主権者の存在によって生じる「恐怖」であるとする一方、他方では宗教的迷信ではなく利害計算や科学的思考のできる主権者の「理性」に期待し、大衆の「教育と規律」の必要性を訴えた（Lev. II-31, 357 ; rev., 702）。ルソーは、私的市民としての権利と公的臣民の権利をいったん建前として区別しつつ、社会契約の理論のなかでそれを同一のものとして設定し、「強制としての自由」により啓蒙された市民を必要とした。この点をもっと赤裸々に述べると、人間の自由意志とキリスト教への服従との関連について語ったカントによる次の言葉になる。「命令者は、服従を要求する彼の意志を人々に強要するにしても、人類の友として、しかも同胞がおのずからよく納得のいった意志に従って服従するよう説くのである。」(Kant 1794, S. 102)

こうして近代自由主義者は、私的領域における欲望の政治性の問題を、「恐怖」による露骨な力の支配から次第に自由意志や倫理という啓蒙的理性の力による支配の問題へと解消していった。やがてその帰結はリベラル・デモクラシーの集大成者J・S・ミルがたてた、大衆民主主義時代における大衆の陶冶と民主主義の実現というプランに典型的に実った(関口 1989)。J・S・ミルは、人間とは利己的な動機にもとづき快・苦を計算し行為するというベンサムの功利主義的見方から、人間とは非利己的な行為能力を形成する「完成可能性(perfectibility)」をもつという人間観へと移行することによって、マス・デモクラシーの時代においても、個人の私的自由を確保しつつ最大多数の最大幸福を実現するというリベラル・デモクラシーの二律背反を両立可能なものとして展望したからである。

2　私的領域の政治性と専制

こうした一連の自由主義にたいしてスピノザが下す診断は、すでに前章の議論から容易に予測される。スピノザは、各人の自由な意志や欲望がたち現れる私的領域に、さまざまに異質で現実的な諸力の複合と合成がおこなわれる場をみていた。スピノザにとって、私的領域と公的領域、経済的領域と政治的領域といった区別は存在せず、公私の両領域はじつは社会的力が複合的に作用する融合的な権力領域でしかない。個人ないし個人の集合体の身体と観念を縦横無尽にいきかう力のありかたが、私的問題を語る言語で語られたり、効率や希少性といった経済的言語で語られたり、政治的権利という言葉で語られたりするのである。それゆえ、私的な領域でおこなわれる自己決定はけっして政治と無縁ではなく、権力から自由でもなく、私的な決定こそ権力作用の総合的結果であるとさえいえる。[11]

このことは、スピノザがコナトゥスという身体＝精神の力を哲学的な問題設定としてのみではなく、政治的な規定としてとらえていたことからも明らかだろう。多くの近代自然権論者が「自然権」に各人に平等に与えられた天賦の自由権という規範的な規定を与えていたのにたいし、スピノザが規定する自然権はコナトゥスから生じるもろもろの衝動や力そのものであり（TP. II-5, 277, 一九）、その権限は、現実にその人の力がどこまで及ぶかによって決まり、ある人の権利とはその人が実際になしえることを実在的に示すものでしかない（TP. II-8, 279, 二三）。その逆に「他人の力のもとにあるかぎり、他人の法〔＝権利〕（jus）の下」にあり（TP. II-9, 280, 二四）、最も強力な法たる最高権力は、多数者の権利としての力の相互運動のプロセスや結果として現出する（TP. III-2, 284, 三四）。相手を自分の法のもとにおく場合、つまり支配する場合の諸形態を、スピノザは次の四種に区別しながら、それを同一の平面で捕捉している。①相手を縛っておく場合、②相手から武器および自衛の手段または逃亡の手段を奪っている時、③相手に恐怖の気持ちを起こさせた時、④相手を利益・好意（beneficium）によって、本人の意図・習慣（mos）よりも自分の意図・習慣に従ってふるまうようにさせ、本人の魂の意向（animi sententia）よりも自分の魂の意向にそって生きたいとおもわせる場合、の四類型である。そして前者の二つが、物理的束縛だけであるのにたいし、後者の二つは、身体と精神の両方を従属させるという特徴をもつ。（TP. II-10, 280, 二四）。そして「人間は恐怖によりは希望によってより強く支配される」のならば、支配・従属関係のなかで、もっとも強力な権力作用を及ぼすものは最後の形態であり、自由と支配は対立するものではなく、支配はむしろ自由な服従の産物である。人間は権力の外的規制によって自由を制限されるというよりも、自己利益や選好や倫理について判断を下せる「自由で自律的な個」として主体を掲げ、自由であると確信して自己を実践へと投企すればするほど、他者の日常的習慣によって設定される関係性に服従していき、誰ともどんな集団とも特定されない匿名の他者から深く支配されることになる。

ここには、ホッブズが自由と恐怖は両立すると述べたように、自由を求めた人々が君主的専制支配を導くというパラドックスがある。このリベラリズムのパラドックスは、道徳的行為が「公共」と「私的良心」の両方にまたがることを認めつつ、両領域の境界線の設定にリベラリズムの真骨頂をみるロックの議論（Locke 1689）にとっては、捕捉しがたい射程にある。あるいは公私の分離ではなく、「消極的自由」と「積極的自由」との区別によって自由と専制のパラドックスを解こうとする、自由主義的な処方箋もあるだろう。たとえば先にふれたバーリンによれば、「消極的自由」と「積極的自由」は、自己にとどまる自我と拡大された自我との相違として区別されるとともに、政治的領域へのかかわり方においても区別される。「消極的自由」とは、主体の活動がいかなる他人からも干渉されず放任され、自分自身の仕方で自分自身の善を追求することである。他方「積極的自由」とは、私が何であるべきか何をなすべきかを問い、目的のため自分の生活を積極的に統制する自由であり、そのために「政府がなにをどれほど私に干渉すべきか」という決定に参画することである（Berlin 1969, pp. 155–181）。

しかし、スピノザからみれば自由意志の存在を論駁することの実生活上の有益性は、「人民を奴隷的に服従させるようにではなく自由な動機から最善をおこなわしめるよう統治する」方法を見出すこと（E II pro. 49 sch. 136, 上一六四）と述べられているように、自由と専制のつながりは、自由意志と専制のつながりから根本的に解かれなければならない。それはスピノザが、私的自由の領域と政治的法的自由の領域を、あるいは消極的自由と積極的自由を区別することなく同一平面上において権力の移動をみる必要を痛感していたからである。このように私的領域と公的領域の区別に疑問を提示し、それをひとつの社会的権力の移動の場とみなして自由主義と専制との本質的連関を見出す議論は、思想史上では百五十年後のトクヴィルを待たねばならない。

3　社会的領域と政治的領域

社会的権力と自由意志の関連性について、さらにスピノザの議論の方向性を見定めるうえで、ここでは「社会的なもの（the social)」の領域と専制と自由意志の問題連関を本格的に取りあげたアーレントの議論について簡単にふれておきたい。

知られているようにアーレントは、トクヴィルの問題意識を継承しつつ、政治的法的平等の浸透という輝かしい成果を生んだ近代が全体主義を導きだしてしまった主要な要因を、社会的領域に固有な特性である画一主義(conformism）に求めている。アーレントによれば、リベラリズムが専制防止論の前提のひとつとする公私の領域の分断という図式には、近代リベラリズムが暴政に転落する隠されたモメントが逆説的に表現されている。彼女は、近代において公的領域が縮小された点を否定的に評価する。政治的なものが占める空間が小さくなればなるほど自由の領域は大きくなる、という信条を掲げて自由主義が登場したことは、差異性をもつ多数者が行為や言論を介して相互に他者として邂逅するという、古代ポリスのような政治的世界が、近代の初期に根本的に変化したことを示している。私的領域と公的政治的領域の両者の境界が溶解してひとつの「社会」が出現するという歴史的現象は、のちのフランス革命以降に明確になるが、その原理的な設定は、すでに近代初期の思想からうかがい知ることができる。「社会」により公的領域が征服され、人々の「区別（distinction）と差異（difference）」や「自由」の問題は個人の私的問題へと追いやられ、それにともない政治的形態としては国民国家が確立される。アーレントによれば、こうした一連の変化の結果、私的領域は公的領域とは異なり社会的領域にたいして無防備で征服されやすいものとなり、画一主義の影響に直接的にさらされることになる（Arendt 1958, pp. 28, 38–43）。

ここで留意しておきたい点は、アーレントが社会における均一化と自由意志の連関性を指摘している点である。アーレントによれば、「意志の自由」や「内的自由（inner freedom）」の観念は、言説と行為によって自己と他者の区別と差異を際立たせ、他者を真に差異あるものでありながら平等な者と認める政治的活動性としての自由とは異なる。それは「他者との結びつき（association）ではなく、自己自身との交わり（intercourse）」において経験される、「世界から他者が近づくことができない内面性へ退却」することであり、自分自身とのディアローグでしかない。こうした内的空間や内的感情は、「政治にかかわる自由」とは無縁である（Arendt 1961, pp. 140–157, 212）。アーレントは、このように本来の政治的自由からきりはなされた近代的な自由意志の観念が、「他者から独立し、しかも最終的には他者を圧倒」し、欲望を理性で支配するプラトン的な要素をもっていたがゆえに、「権力への意志としての主権」へと転写されて専制が成立したとみる（ibid., pp. 163–165）。

このようにアーレントは、自由意志の言説が真の差異性を消去し抽象的同一性を設定することを、さらにはそれが社会的権力の機能と不可分に連関していることを暴露するスピノザの議論と、きわめて類似した分析を示している。[12] しかし二人のめざす方向性は、大きく異なっている。アーレントは、自己自身のかけがえのなさを相互に確証しあう複数性の場を、現在の社会的領域とは区別された真に自治的で自由な政治的公共性としてあらたに再興することを、人間の自由の条件と考えた。これはアーレントが「政治的自由」の領域を、プラトン的な制作の概念と深くむすびついた「意志の自由」や「意図された目的」から完全にきりはなし、「判断力や意志」が無効になっていくような行為の過程にもとめたことと不可分に結びついている。しかしスピノザはアーレントが否定的に評価した私的でも公的でもない近代の「社会的領域（societas）」にあくまでもとどまって政治的問題と取り組もうとしている。

たしかにスピノザ主義的な分析の眼からみれば、「自由」な自己というアイデンティティが生成する場の背後には、非対照な（そしてもっと素朴な言葉でいえば不平等な）社会的力＝権力の必然的な運動が存在しており、それが一定の文化的ヘゲモニーの自動生産的で規制的なメカニズムとして機能しつつ、心身の日常習慣を形づくる。そして、自由主義哲学の前提となる自由意志の言説は、倫理性、公共性などの側面から修正されたとしても、そのメカニズム自体を批判的に議論の俎上に乗せることをどこかで阻む必然性をもっている。こうした点を鋭くついたスピノザの「自由主義の日常的習慣《モース》」の解析は、近代から現代の高度消費社会にいたるまで、分析可能なパラダイムとして一定の有効性を発揮し、自由主義の言説の外部における批判的標準として機能しえる。しかし「表象」は必然的に生じ、現実には多数の人々が「表象」に従って生きる。そして表象にもとづいた日常習慣の結晶体として制度や法や機構が存在し、君主政か貴族政か民主政か、あるいは抑圧的か開放的かといった政治体制の性格はそれを支える大衆の表象に左右される。結局政治とは、現実的に人間の自由を拡大しうる条件としての制度や機構をつくるうえで、いかなる表象をどのように連結すべきかというヘゲモニーをめぐる闘争であり、それは妥当な認識ではないにしても、より有益な方向づけは可能である。スピノザは、自由主義やそれにもとづく社会契約論が表象にすぎないとしても、それらの言説がきわめて有効であること、そしてそうした表象を基礎として政治的領域の再構築がなされる必然性があることをも認めていた。それゆえスピノザは、自由を拡大しうる社会的政治的な基盤を現実的に整備するという点で、リベラル・デモクラシーの潮流と同一の課題を共有することになる。

スピノザはそうした立場から、『神学政治論』では社会契約論が果たす社会的機能を分析している。また『政治論』においては、王政、貴族政、民主政など所によりさまざまな形態をとっている各々の国家において、思想・言論の自由や寛容、私的所有権や経済活動の自由に代表される私的領域における自由権、法による統治の保証や法の下の平等、政治的権利の平等や少数派の権利擁護、政治参加の自由や議会制民主主義の保証、さらには個人の生存と快適な生活の社会保証など、のちに自由主義者が一連の諸権利として設定する人間の自由がどのような制度的工夫によって現実的に確保できるかを論じている。このような理論的作業によってスピノザの政治思想は、一面ではニーチェと同様すべての表象を、そしてそれを成立させる基盤としての小文字・大文字の主体のすべてを破壊的に解体しながら、ニーチェ的な政治思想とは一線を画すことになる。自由主義とは異なる哲学的立場に立つスピノザにとって妥当な問いのたて方とは、自由主義的表象やそれにもとづく制度や法が現実的にどのような社会にとってどのように「役立つ」「善い」「正義」と言われる機構として機能しているか、その必然性を分析し、現実社会の存立構造を解析することにある。

スピノザ主義的に考えるならば、最も優れた自由主義の言説とは、自由意志というアイデンティティの言説と社会的権力とがきりむすぶメカニズムにもっとも敏感に深くメスをいれることのできる自由主義の言説であることになろう。そして自由主義的なある制度や機構が、差異ある人々の自由の条件を大幅に損なう現実が明らかになった時、それを基礎づけている一定の自由主義の言説は「有効な」「善い」「正義」の表象としての役割を必然的に終えたことを意味する。そうした局面にある制度や機構の改善のためには、自由で合理的な選択をなしうる平等な個人がいかに仕立てあげられているか、またそうした個人の意向の集約をいかに効率的にかつ公平におこなうかという問題設定が、逆にさまざまな個人的集団的差異を抑圧的な権力関係に転換していないかが問われるべきだろう。その意味で、スピノザが当時のさまざまな政治論の有効性を見定めたように、現代のさまざまな自由主義の言説の有効性を、スピノザ主義的な差異の形而上学と政治哲学を根本的な批判標準として見定める作業も、ひとつの有効な視角を提示するように思われる。

補論：コノリーをめぐるニーチェとスピノザの対話

1　スピノザの「幼稚」を叱責するニーチェ

ニーチェがスピノザに深い親近感を抱いていたことはよく知られている。ニーチェ自身、スピノザ哲学が「自由意志、目的、倫理的な世界秩序、非利己的なもの、悪」をことごとく否定した「異常な哲学」であることを知って驚嘆し、自分自身の先行者と認めているからである。(13) 両思想家は理論上の問題で歩みよったばかりか、運命との戦いのため心身を健康で快活に保つようニーチェが心がけていた「自己への配慮」は、スピノザのような「閑暇で思索の情熱に燃えている全く孤独で全く静かな生活」(Nietzsche 1880-1881, S. 305) を模範としていた。ニーチェのアフォリズムにはスピノザがあちらこちらに登場するが、最終的には「デカルトと同様、幼稚《ナイーヴ》」という三下り半がスピノザにつきつけられてしまう。ニーチェの言い分は、遺稿『力への意志』によると次のようなものだ。

ニーチェは、スピノザが自然の内在的一元論によって「合目的性（Zweckmäßigkeit）」を廃棄したにもかかわらず、「原因」を残したことに不満をあらわにする。「原因を信じることは目的を信じることにほかならない（スピノザとその因果論 Causalismus への反対）」（WM. 627, S. 100）。ニーチェによれば、スピノザが「合理性（Vernünftigkeit）」を堅持するかぎり、「非合理」「恣意的なもの」「偶然的なもの」「欲求（Begierde）」「感情（Affekt）」「変転」（WM. 576, S. 68）などを真に是認しきることはできない。なぜなら「合理性」とは、二つないし複数の諸力のあいだの諸関係をあるがままにみることができない者が虚構する掟（Gesetz）であり、本来諸力は原因と結果によって制限されてはいないからである（WM. 631, S. 101）。

にもかかわらず法則性（Regelmäßigkeit）を思考に導入することは、持続するなんらかのもの（たとえば実体、物、物体、心など）から過程《プロセス》を分離させることであり、諸現象の背後に一定の主体を虚構し（WM. 632, S. 102）、存在者の自由な解釈や行為を強制へと変えることである（WM. 664, S. 119）。原因と合理性を捨てきれないスピノザの「自己保存（Selbsterhaltung）」は、結局「変化を停止させざるをえず」（WM. 688, S. 141）、「永遠に同一にとどまるものの価値」を認識する喜びへと安住せざるをえない。スピノザは「最も短命で移ろい易きものの価値を、そして生という蛇の腹に誘惑するかに輝く黄金の閃光」をどこまでも賛美し続けるという危険を回避したのだ、とニーチェはスピノザの「幼稚さ（Naivität）」を非難した（WM. 577, S. 68）。

2　スピノザの「狡知」に思い惑うニーチェ

しかしスピノザを「幼稚」と決めつけたわりには、ニーチェは最後まで「スピノザの狡知」（WM. 432, S. 307）に惑わされ続けた。事実ニーチェが自覚していた以上に、ニーチェはスピノザに接近している。たとえばスピノザのいう「自己保存力（conatus）」とは、ニーチェが失望したと述べるような、主体の自己保存や利己性を示した概念ではない。コナトゥスは、ある有限な事物が他のさまざまな諸力との相互的な運動状態のただなかでみずからを維持しようと発揮する力を示しており、それは、ニーチェが「力への意志」を諸力の諸関係のただなかにおける伸長と抵抗の起点と捉えた発想にむしろ近い。スピノザのコナトゥスの方向性や強度は、人間の場合には「欲望」「喜び」「悲しみ」という感情（affectus）の三要素として現れるが、これもニーチェが「力への意志」を「感情（Affekt）」としてとらえ、その作用の度合いを「快・不快」と考えたこと（WM. 669, S. 124）と符合する。

またニーチェは「主体」を認めてはいないが、遠近法主義による「固有性の複合形式（complexe Form der Specifität）」については語っている（WM. 636, S. 106）。固有性をもつすべての物体は、類似する他の物体と和解・結合することによって共謀して力への運動を展開する場合があり、そうした力の中心の設定とそれによって生じる種の固有性の存在を、遠近法主義によって語ることができるというわけである。これは、スピノザの「個体（individuum）」の概念と通底し合う。スピノザは、同じないしは異なるいくつかの物体が結合して、ある一定の運動の相互伝達様式が一定期間持続される場合、そのような相対的に独立し安定した一定の本性（形相）をもつ複合体ないし複合形式をインディヴィドゥウムと名づけている（E. II pro. 13 def.-pos. 99-102, 上一一三〜一一七）。スピノザによれば、身体や個人あるいは集団などは主体ではなく、コナトゥスという力を有したindividuum ないしは複数の individua のさらなる複合体として把握されることになるだろう。

ニーチェとスピノザの距離が近いことに真に気づいた人間は、当時はニーチェ本人以外にはいなかっただろうし、今日でもニーチェがスピノザの傑出した理解者の一人であることに変わりはない。ニーチェはつぎのような自問自答をくり返した。「〈善悪の彼岸〉にひとつの神を考えることは、意味をもつであろうか？　こうした意味でならば汎神論は可能だろうか？　私たちは過程から目的という表象を取りのぞいて、それにもかかわらず過程を肯定するであろうか？……スピノザは、いずれの瞬間もひとつの論理的必然性であるかぎり、そうした肯定的態度を会得していた」（WM. 55, S. 46）。ニーチェはスピノザの汎神論が「永劫回帰」と同じものではないかと迷い苦悩し続けたが、結局はスピノザの誘惑に打ち勝ちニヒリズムを選択したのである。

3　ニーチェ主義者コノリーにおける「アイデンティティ／差異」の政治

さて、ニーチェとスピノザが〈善悪の彼岸〉というプロジェクトを共有していたことは、今日ではドゥルーズによってあまねく知られるようになった。そして、ニーチェとドゥルーズの思想を政治的プロジェクトにまで進めたと自認して、近年注目を集めるアメリカの政治思想家がコノリーである。

コノリーは、善悪というモラルの機能は、アイデンティティ〔同一性〕と差異の設定、およびそれにもとづく政治的抑圧と密接不可分の構造にあることを強調する。個人内部においても集団においても、ヘゲモニーを有するアイデンティティが硬直化すると、その純粋性や確実性が善とみなされ、それにたいしてなんらかの他者性の要素をもつ差異が悪や脅威とみなされる。その結果、自己内部の差異や自己外の差異ある他者にたいして、抑圧や排除がなされる。ある特定のナショナリティ、人種、宗教、ジェンダーなどの集合的アイデンティティがドグマ化された結果、悲惨な抗争と政治的抑圧が現出した例は数限りない。中立的で普遍主義的なリベラリズムでさえ、正常で私的な個人を前提することによって、生の様式の多様性を圧迫し差異にたいする政治的抑圧を招いている、とコノリーは主張する（Connolly 1991）。

しかしだからといって、単純に抑圧された差異の側にたつ反抗やアモラルが選択されるべきでもない。モダニティにおいて差異やアモラルとは、アイデンティティやモラルが構成される際に、そこから排除され抑圧されたものの転倒した帰結のことであり、両者は相互補完的で反転可能な関係にある、とフーコーを参照しつつコノリーは述べる。たとえば、一方でホッブズやルソーが利益や徳によって自然の欲望を規律化し、他者性を狂気や悪徳として締め出し、それを可能にするための国家や市民を構想したのにたいし、他方で、それによって封じ込められた他者が倒錯した復讐者サドとなって現れる、といった具合である。サドは、自然から倫理をひきだしたホッブズやルソーの理論的敵対者ではなく、その理論に忠実な殉教者として、自然からありとあらゆる欲望、非道、放蕩をひきだしてくるのだと（Connolly 1988）。

コノリーが見出す処方箋は、ひとつにはこうしたアイデンティティと差異をめぐる闘争を通して、閉塞的で強制的なアイデンティティと差異の規定にゆさぶりをかけ、そうした規定が人為的で偶然的な相互関係性にあることを暴露し、個体的な生を解放することである。二つ目には、そのような系譜学的な反省をたゆまずほどこし続けることが可能となるような公的な生活様式を確立することであり、コノリーが言うデモクラシーとは、こうした闘争と寛容〔距離のパトス〕のバランスがとれた公共領域の樹立を意味する。コノリーはみずからの「ニーチェ主義」をもって、一方では国家ないしは公的政治からの自由を強調するあまり、能動的で民主的な政治的アジェンダや闘争を押しつぶしがちになる個人主義的リベラリズムを、他方ではアモラルの浸透と公共領域の崩壊を補繕しようとして、共同体やそれにもとづくアイデンティティを再強化しようとするコミュニタリアニズム（そこには伝統的共同体を擁護する保守主義から、マイノリティの権利闘争を遂行する左翼的潮流まで多様な思潮が属する）の両潮流を、より根底的《ラディカル》に批判できると考える。たしかに個人主義か共同体主義か、功利か道徳か、利己主義か公共善かといった二元論的図式より、二元論的対立の相互補完性を丹念に分析するコノリーの「ニーチェ主義」は、より根底的《ラディカル》な批判の位相を設定している。また、ジェンダー・人種・言語をはじめさまざまな領域でマイノリティとして差異化された集団がくりひろげる政治的抗議行動や新しい社会運動と、個人の自由や普遍的権利に依拠する従来のリベラル・デモクラシーの政治との両者の基盤を、それぞれ脱構築しつつ、新しい地平で連動させて急進的《ラディカル》なデモクラシーへと方向づけたコノリーの理論は、政治実践への影響という面からみても意義ある新たな一ページと評価されうるだろう。

4　非ニーチェ主義者コノリーにおける「闘争《アゴーン》」の政治

さて、こうしたコノリーによる理論的功績と政治的戦略の一定の成功を認めたうえで、ここでは彼の「ニーチェ主義」の理論的水準について考えてみたい。「ニーチェ主義」とリベラル・デモクラシーという理論的に不可能な折衷からは、当然にも両方向からの理論的批判が招来される。たとえば、リベラル・デモクラシーを基調とする現実政治への有効性を重視する立場からみれば、コノリーの主張するようなアイデンティティと差異をめぐるニーチェ主義的アゴーンの政治の激化が、差異にたいする敬意と寛容へ、モラルと政治の成熟や民主主義的制度の深化へとつながる保証がどこにあるのか、という疑問が提示される（こうした方向からの検討は、たとえば森

1998、井上 1999, 第七章を参照)。

他方ニーチェ主義者からみれば、コノリーの主張がニーチェ主義を自認するにはあまりニーチェ主義的ではないという点がまず気になるだろう。たしかにコノリーは、アイデンティティの統一と道徳による規律化を求める近代的な個人主義を排し、アイデンティティの偶有性、多義性、流動性、自己超出性を強調している。また道徳やアイデンティティの再強化によって社会の無秩序化を補繕しようとする保守主義者や共同体論者の主張が、逆に闘争を激化すると警告する。しかしコノリーは同時に、アイデンティティや道徳とは人間の生にとって両義的なものであり、自己自身や他者を抑圧する場合もあるが、生の豊かさにとって重要不可欠な場合もあり、それをめぐる政治的ヘゲモニー闘争《アゴーン》は個人の内外においても集団間においてもやむことはない、とアイデンティティを再評価する。いやむしろ彼は、アイデンティティをめぐる問題を積極的に政治的闘争へ転化するよう推奨する。こうしたコノリーの「闘争」は、主体やアイデンティティやモラルそのものを、根本的に批判解体しようとしたニーチェの「闘争」とは、理論的水準を異にしている。

ではコノリーの推奨する「闘争」とは何なのか、その内実の多くはフーコーに依拠して語られる。それはアイデンティティの固定化にたいしてつねに非同一性を掲げる闘争であり、アイデンティティに解消されない「過剰」を主体がいだきつづけることによって、非閉鎖的でより高度な感性や倫理を、そして他者にたいする寛容な態度を涵養する闘争である。同時にこうした闘争はたんなる個人の倫理的構えではなく、道徳を鼓舞する公的な「政治生活」であり、民主化の方向性をもつ現実的運動でもある。このあたりになるとすでにコノリー自身、ニーチェ主義から離脱していることを自覚している。

しかし問題は、そうした闘争が、従来型のアイデンティティや差異を賭けた政治闘争と具体的客観的にどのように異なるかがやや不明確なことであり、そのため、個人的な生の領域の政治化・闘争化によって、逆に個人の解放と公的な寛容をめざすというコノリーの逆説的な戦略の説得力は減じざるをえない。これは、すでにリベラリズムの側がコノリーのニーチェ主義的闘争の問題点として指摘していることなのだが、理論的にみればむしろそれは、コノリーがアイデンティティにもとづくマイノリティの民主的闘争とニーチェ主義的な闘争を性急に結びつけ、ニーチェ主義的闘争の意味をつきつめて考えなかった結果生じた問題点と言うべきであろう。

そもそも近代主義的な従来型の闘争が、固定化したアイデンティティにもとづいて差異ある他者と敵対し、同一化の進展によって他者破壊や他者支配をはかってきたとしても、その進行と収拾の過程においては、他者性を同化統合するなんらかの形の「共存」や「寛容」や「多様化」が帰結し、アイデンティティの変容と新しいタイプのアイデンティティが必ず出現してきたはずである。その意味では、各人が主観的にどのような主体的構えをしていたかにかかわらず、現実には闘争において賭けられたアイデンティティは、コノリーが推奨する闘争の場合と同様、確固とした同一性のなかにはなくいつも過剰な揺らぎのなかに開かれていたと言えよう。ここでなおかつコノリーが、推奨すべき「闘争」(たとえばゲイ・レスビアンの権利運動)と加担すべきではない「闘争」(たとえば人種差別運動)を区別したいと考えるのならば、そしてその基準が「生の豊穣さ」や「より高い方向性」や「民主化」に求められるとすれば、コノリー自身は否定しているが、なんらかの道徳主義的目的論がニーチェ主義とは異なる地平で導入されざるをえないのではないか。

5　ニーチェ主義的闘争の高貴な破滅

では、コノリーとは異なりニーチェ主義的闘争に邁進するとどうなるだろうか。それは凡人には不可能であり、そのプロセスすら想像しがたいが、その破滅的な結果のみはだれもが知っている。ニーチェ自身が「生命」と「健康」と「名誉」を賭けて（WM. 949, S. 311）、主体の分解と全面的闘争を極限まで押し進めたからである。その結果、彼は複数性のなかを移ろい、時間さえ越えて「結局歴史のなかのすべての名前が私なのです」と語るまでにいたった。[14] 彼の闘争は、当時人々が闘争の場として設定していた宗教・政治・経済・社会といった各領域に収まることなく、またそこで慣習化されていた一定の闘争の作法を踏襲することもなく、既成の境界や様式を破壊しつつ驀進した。ニーチェは、人間を貶めるような生の領域化や様式化そのものにたいして闘争を挑んだからである。

だからニーチェ自身は権威主義者でも民族主義者でも差別主義者でもない。階級・民族・人種・ジェンダーをめぐって彼が喝破する「高級」「低級」「超人」「名人」「貴族」「自由人」「奴隷」などといった評判の悪い階層化は、字義通りに受け取られるべきではないだろう。当時はちょうど、そうした諸領域において特定のアイデンティティと差異をめぐって諸権力の配置が完成され、自由・平等・相互性〔博愛〕を賭けてくりひろげられる政治闘争の様式が固定化された時代である。ニーチェは、そうした社会の分節化に我慢のならない苛立ちを感じ、またそうした諸領域で付与されたアイデンティティと差異にもとづく政治闘争が、真の闘争というよりも、既存の社会の分節化と隠された階層秩序と差別構造の再認にしかならないことに怒りを感じていたのだろう。

たとえば、「女」というアイデンティティにもとづいて権利要求をおこなうことが、逆に私は差別される「女」であるというアイデンティティを闘争者自身に押しつけ、「女」を差別する社会をつねに前提することによって、逆にそれを是認・再生産するというパラドックスは、アイデンティティを掲げる闘争にはつきものである。そしてこうしたパラドックスにたいする鈍感さは、自由・平等・相互性〔博愛〕を無思慮に掲げる偽善的行為と結びつきやすい。そのためニーチェは、アイデンティティやそれにまつわる物言いそのものを皮肉と嘲笑で霧散させる闘争を求めた。隠された階層秩序を爆破するためには、階層秩序の逆転や平準化を主張することは忌避されるべきであり、きわめてわかりにくいレトリックによる闘争の方法が選択された。しかし危険で傍若無人な闘争は凡人に理解されるはずもなく、ニーチェの残したメタファーは全く逆のメッセージとして解釈され、彼の言説が解釈の自由と戯れを無際限に産出する可能性をもつことを皮肉な形で証明した。

6　ニーチェの「無責任」を諭すスピノザ

そこでニーチェ主義的闘争を遂行するために、ニーチェ哲学を最も深く理解しつつ、闘争を方向づけ、闘争の強度を調整し、解釈の戯れを整序する人物を呼び出す必要がある。その人物とはもちろん、ニーチェがずっと深い縁で結ばれていたのに、肝心のところで自分につき従ってくれなかったとみなしたスピノザである。こうした戦略は、たとえばドゥルーズにみられる。ドゥルーズは、スピノザによる「悲しみの受動感情」の否定とニーチェによるルサンチマンの否定をともに、モラルとその根底にある西欧形而上学の根底的な解体であると把握し、さらに「悲しみの受動感情」を「喜びの能動感情」へ、そして共通概念としての理性へと転換していくスピノザの『エティカ』の展開のなかに、新しい倫理の構築を見出しているからである（Deleuze 1968, pp. 252–253, 266）。それは個人（個体　individuum）における「生態の倫理《エティカ》」の形成過程であると同時に、能動感情や共通概念によって複数の individua を結び合わせる集団形成の理論でもある（ただしドゥルーズがそれを「市民共同体」

と述べるとき、スピノザの議論とのズレが明らかになるが）。ニーチェの闘争は、対立、孤独、永遠の無へ、スピノザの闘争は平安、新しい集団形成、永遠の肯定へと、両者は反対方向のベクトルをもつことになる。

しかしニーチェとスピノザの闘争が、欲望や感情の方向づけや強度において異なるだけではなく、そもそも質が違うということをニーチェ自身はよく理解していた。ニーチェが「スピノザの狡知」と言ってスピノザをふりきったのは、スピノザが「感情をたずさえてではなく、論拠［原因］をたずさえて闘争にふみいる」（WM. 432, S. 307）からだった。スピノザの自然の一元的体系には「目的」はないが、「原因」はある。だからアイデンティティやモラルの解体と新しい倫理の追求をめざしたとしても、ニーチェのように「自己を保存するためではなく、より以上になるために、すべてのことをなす」（WM. 688, S. 141）ことができるとは考えず、すべての名前になれるとは考えない。スピノザによればいっさいの超越的領域はないのだから、「私」が非合理と思われる選択や結果の予測不可能な行為をおこなったとしても、それが自然＝神の必然性・合理性を越えることはない。むしろ「私」の生の豊かさと自由の根拠は、「私」が制約され関係をもっている数限りない他者との出会いと認識のうちにあり、そうした数々の相互関係がなぜ存在するようになったかという因果性を把握することではなく、「私」自身がどのような原因となりうるか、本質の必然性を能動的に把握しつつ行為するところにある。

このように自己の状況をできるだけ全面的かつ個別的に把握する知恵が、スピノザがめざした「直観知」としての「神への愛」であり、それは、「身体にたいする関係を離れた精神」（E. V. pro. 20 sch., 294, 下一一九）でありながら、「神のなかであれやこれやの［個別的な］人間身体の本質を永遠の相のもとに表現する観念」（E. V. pro. 22, 295, 下一二〇）であると言われる。自己の身体の必然性に深く内在することによって、逆にその身体性と時間性を脱し永遠の相の下に自己の身体の本質を把握するというこの困難な境地について、私はまだ充分な説明をすることができない。しかしたとえそれが束のまのことであれ、自己の身体と時間をめぐって複雑に設定され作動している既成のアイデンティティ装置が完璧に解除されるような自己認識が現実に存在することをスピノザは確信していた。

もしスピノザがニーチェと対面したならば、きっとニーチェが主張する「意図をもたない生起」(WM. 627, S. 100)の自己超克や変幻自在性こそ、自然とそのなかの人間を越えた道徳主義的で形而上学的な超越論ではないかと諭しただろう。ニーチェのような闘争は一見「雄々しい」態度のようにみえるが、その自己認識の欠如は、不透明で非合理的な運命を苦悩をもって認識し甘受する「運命への愛」へと反転する。どこでなぜに反転したかと問いただしてみたところで無駄である。なぜならそれはそもそも「原因」のない過程なのだから、原因や原因にともなう自己責任を問うことはできない。こうした行為をニーチェではなく凡人が決行すると、はた迷惑な結果を招く。被害を被った人々はそれを「愚行」と呼び「結果」に責任をとれと叫ぶが、凡人は、そうした発想と要求こそが「愚行」であり「運命への愛」という苦悩を「雄々しく」甘受せよ、という無責任な言い訳をニーチェから借用する。ニーチェの倫理は、ニーチェのような高貴な人物を無責任な自己破壊へと導き、多くの凡庸なる人々を無責任な他者破壊と「自己保存」へと導くことを、スピノザは見抜いていたのかもしれない。

7　スピノザにおける異質なものの存在様式

スピノザはニーチェと同様、リベラル・デモクラシーはそれ自体価値あるものでも人間の生得の権利に根ざしたものでもなく、アイデンティティ／差異や道徳や正義といった大衆の表象知に依存した制度であり、権利や契約は、約束ではなく権力関係によってしか現実化しないことを十分知っていた。しかしスピノザは、平和と安定と自由のために社会契約論やデモクラシーを擁護し、同時にできるかぎり差異を考慮した社会的政治的制度・法・慣習のあり方を工夫するよう主張した。これは一見するとコノリーの戦略と近似しているようにみえるが、そうではない。スピノザの眼目は、さまざまなアイデンティティと差異の存在様式を闘争へともたらすことではなく、両者を闘争へともたらしている一定の表象システムを分析することによって、対立的な相互関係自体になんら必然性がないことを暴露し、基盤の異なる両者が不可侵のまま奇妙に併存する最も合理的な地平と様式を探ることにあったからである。デモクラシーとは、そうした道筋を多くの人々が納得しつつ見出していくために、慎重に利用されるべききわめて貴重な方便である。

さらにスピノザとコノリーの決定的相違は、存在論あるいは形而上学の有無にある。コノリーは道徳主義的目的論とともに存在論をあくまでも拒否し、自分の議論は存在異論的（ont-a-logical）な次元にあると主張する。他方スピノザの議論が、コノリー以上にニーチェ主義によりそいながら、「闘争」やそれにもとづく倫理の高揚といったニュアンスに乏しいのは、ニーチェが迷い続けたように、スピノザが目的論や超越論や道徳主義を排したうえで内在主義的な形而上学を立ててるからである。この「異常な哲学」によると、異質なもの同士は闘争し合いながら新たな統合と共存へといたるのではなく、むしろ相互関係せずに併存している。延長と思惟という二属性が、そして身体と精神が相互関係せずに同一の秩序を保つというスピノザ哲学の有名なテーゼは、その原則を最も象徴的に表している。そしてそうした原則は、より具体的なレベルであちらこちらに現れる。

たとえばスピノザによれば、さまざまな不安や闘争をもたらす感情や欲望も、その原因を認識することによって受動感情から能動感情に転化されるが、感情や欲望自体は消えない。『神学政治論』では、理性認識にたずさわる哲学が啓示の確実性に依拠する聖書に従属してはいけないと主張される一方で、聖書を理性によって歪曲してはならず、理性と啓示は領域を異にすると執拗に主張される。『政治論』の始まりでは、政治に関する知は、哲学や倫理学にかんする知とは区別されるべきだと宣言している。一般に近代的な啓蒙思想によれば、表象知やそれが機能するような諸現象、諸領域は、理性や科学知や倫理や実体によって統制されたり消去されたりするはずなのに、スピノザは逆にその固有性、実在性、不可侵性にこだわり続けた。しかもそれこそが彼の一元論的と言われた哲学の首尾一貫した帰結なのである。

近代思想は一般に、ホッブズをまつまでもなくマキァヴェッリやボダン以来、無秩序化した人間事象を秩序づけ、暴力と戦争を狡知と平和に置き換えるため、自然・運命・徳・国家・宗教・聖書・歴史《ヒストリア》・身体・精神といったさまざまな領域間の境界設定や領域内の様式化、そして諸領域間の統合のために悪戦苦闘を続けてきた。そこからは、徳と運命との闘争と勝利だとか、宗教や聖書解釈の理性や国家への従属だとか、身体の精神への従属だとか、歴史における自由の段階的発展だとか、西欧近代に特有のさまざまな統合形式が案出された。それらの多くは二元論的な闘争とそれにもとづく支配・服従・融和関係をモデルとしており、それにそって様式化された闘争は非暴力化されはしたが形をかえて続行された。こうした領域化・統合化・階層化・闘争化の様式こそ、のちにニーチェにたまらない嫌悪感と闘争心をもたらしたものである。しかしそれは、スピノザが自然のなかにさまざまに異なる事象の布置を描いていく様式とは、本質的に異なっていることは確かだろう。スピノザの布置の描き方の独自性は、さまざまな概念や領域についてさらに綿密に明らかにされる必要がある。私たちはスピノザ的発想に大いに啓発されながら、まだその豊かな内実を十分解明しているとはいえない。

註

（1）ウォーラスティンは、「イデオロギーとしての自由主義」はフランス革命以降十九世紀に登場したとする一方、他方で「世界システム論的視座」からみれば、「自由主義」は「世界経済の中核地帯で主流となっている諸階級が用いる特殊な戦略」であり、その起点を十六世紀に求めているようでもある（Wallerstein 1991, pp. 10–11）。このようにウォーラスティンの「自由主義」の概念は明確であるとは言いがたく、フクヤマの場合も同様である。ただし、ウォーラスティンの世界システム論やそれにもとづく変動周期や革命に関する「予言」に肯首するか否かは別として、かれが「自由主義」を近代世界システムに典型的な西欧近代主義的イデオロギーとしてとらえ、その普遍化に抗するラジカルな批判的態度を貫いている点は評価できよう。なお、ウォーラスティンの一九六八年論を、国家と市民社会の力関係の逆転と個人的社会的領域の政治化によって、「福祉国家」の乗り越えを図るヴィジョンとして読み解く興味深い試みについては、豊泉周治「国家の政治からライフスタイルの政治へ」（後藤道夫編『日常世界を支配するもの』大月書店）一九九五年、参照。

（2）たとえばカニンガムは、社会主義とは、基本的に民主主義を前進させるための手段とみなされるべきものであり、民主主義の度合いが高いとは、共同の社会的環境をいっそう多くの人々が、いっそう多くの側面を、それも民主主義の観点からいっそう重要な側面をコントロールできることであり、事物をコントロールできるとは「選好の内容が何であれ、自分が望むときに、自分の思い通りの選好に事物を合致させることができた場合」であると規定している（Frank Cunningham, *Democratic Theory and Socialism*, Cambridge University Press, 1987, pp. 4, 26–28）。

（3）ラテン語の conatus に対応する概念は *ὁρμήν* と考えられ、その用法はキケロによれば、有機体の自然的欲求（appetitio）とは自己破壊ではなく自己保存（conatus）であるとした逍遥学派に遡る。ストア派は一般に、動物の最初の衝動の意味で conatus を使用していた。ところがアウグスティヌスが、生命体に限らず自然物はすべて自己保存力をもち、それは自然的愛（amor naturalis）であるとして以来、conatus は自然物一般の原理となった。その後、同様の意味がトマス・アクィナスやダンテ、テレシウスなどルネサンスの思想家にも継承されていったが、近代的意味で conatus を再び取り上げたのはデカルトとホッブズである（Wolfson 1934, vol. II pp. 195–201）。デカルトは、自然の第一法則（慣性の法則）として conatus を位置づけ（Des-Cartes 1664, II-37）、他方ホッブズは、衝動（appetite）、意欲（desire）をひきおこす努力（endeavour）をconatusとみなした（Lev. I-6, pp. 39–40）。スピノザはある意味ではこの両者の解釈をともに継承し、たとえば、物質部分（pars materiae）が運動をつづける「自己保存（conatus）」として慣性の法則を認める一方（RD. III def. 3, 229, 一五五；E. II lem. 3, 98, 上一一一）、欲望をconatusから発するものと解釈した。しかし、スピノザのconatusがこうした伝統的意味を大きく越えた概念であることは本章で論じられる通りである。その起源については、ウォルフソンが指摘するように、ユダヤ思想との関連や、当時日常用語だった自己保存（self-preservation）の意味なども考慮されるべきだろう。

（4）ヘーゲルによるスピノザ哲学の読みのズレをてがかりに、ヘーゲルとスピノザの方法を再検討しなおすという課題を最も包括的に果たしたマシュレの研究は（Macherey, op. cit., 1979）、いくつかの点で納得し難い解釈と主張をふくみつつ、基本的な方向性は肯首しえるものである。たとえば本論のコンテクストに限って言えば、マシュレが、実体の本質的傾向性としてのコナトゥスおよびそれをおびた有限様態＝個物と、外的諸条件によって存在させられた個体（individu）およびその集合体としての主体を区別し、前者の要素にヘーゲルとは異なる目的［主体］なき弁証法の力動性を見出そうとする点（たとえば第七章）は、筆者と見解を異にする。

（5）エンゲルスの見解をうけてかつてソ連アカデミー哲学史は、スピノザの功績として「必然性の洞察としての自由の提起」を挙げ、多くのマルキストも同様の見解をとった。必然性と自由とのあいだに弁証法的関係をみる立場によれば、理性によって認識された必然性は科学的道徳的要請とされ、その実現のため可能性の契機を必然性へと実践的に転化することが重視される。なおマルクス主義に依らずとも、たとえば人間が神のように完全な知識をもちえないとしても、人間の道徳性は可能性を洞察することにあるとみなすスピノザ解釈もいくつか存在する。（たとえばH. de Dijn, The Possibility of an Ethic in a Deterministic System like Spinoza's, in *Spinoza's Philosophy of Man*, edited by J. Westlesen, Oslo Universitets-forlaget, 1978）。

（6）実際、スピノザ、フォイエルバッハの思想系列にそってマルクスを再解釈しようと試みた代表的な人物としてプレハーノフ（Georgii Valentinovich Plekhanov, 1856–1918）がいる。

（7）affectusはfeeling、passion、「感情」と訳されてきたが、こうした訳が全く不適切なことは研究者によって広く指摘されている。ヨアヒムは、思惟、感情、意志の三分法は、ライプニッツ・ヴォルフ学派に属するJ・N・テンテンス

（1736–1807）、メンデルスゾーン（1729–80）、J・G・ズルツァー（1720–79）らによって確立され、カントへと受け継がれたものであるから、スピノザの affectus を、三分法を基礎とした「感情」の範囲内で論じるのは誤りであり、affectus は「異なった調子（pitch）あるいは強度（intensity）の意識」あるいは「一定の調子を意識していること」であると説明している。なおヨアヒムは、より適切な訳として emotion、Stimmung を挙げている（Harold Joachim, *A Study of the Ethics of Spinoza*, Oxford Clarendon Press, 1901, pp. 186–188）。さらに affectus が「身体と精神とがそこから発するところの根源的、統一的なあるもの」（斎藤博『スピノチスムスの研究』創文社、一九七四年、一九三頁）である以上、身体と精神の両側面に関係し、かつ根源的で形而上学的意味をもつ概念として訳されなければならない。たとえば吉田和弘氏は「感化状態」という訳を提起している（吉田和弘「フロイトとスピノザに関する雑考」、『Imago――フロイトと精神分析の現在』一九九六年二月増刊）。ここでは暫定的に「感情」と訳しておく。

（8）スピノザ哲学と精神分析、とくにフロイト理論との関係については近年研究が盛んである。以下の文献を参照、Yovel, op. cit., 1989, vol. 2 ch. 6、吉田、前掲論文、松田克進「スピノザと精神分析」日本倫理学会編『倫理学年報』第四四集、一九九五年。

（9）その意味でスピノザは、善悪を対象の特性の問題とはせず、我々が倫理的判断をおこなうさいの正当化の機能として明らかにしたメタ倫理学者である（E. Curley, Spinoza's Moral Philosophy in *Spinoza : A Collection of Critical Essays*, Anchor, 1973, p. 355）という指摘は一面で正しいだろう。

（10）ただしモンテスキューのように、ホッブズの自由の定義のなかには、「自己の意志を行使していると考えている」「哲学的自由」と「自己の安全」である「政治的自由」の両者がふくまれていると批判し、ホッブズ的なリベラリズムの自由の定義に従いつつ、権力の相互抑制と法秩序によって独自の政治的公共性の領域を設定していく自由主義的政治思想家も存在した。モンテスキューは、「政治的自由（liberté politique）」は「おのれの欲することをおこなうこと」ではなく「欲すべきことをなすこと」、つまり法そのものであるとし、「自由とは諸法律の許すすべてをなす権利」であるとともに「法律の命令しない事項をなすよう強要されえないこと」（Montesquieu, op. cit., II-xi-3,-4）、と定義する。このような政治的自由の実現は具体的には、「国政にかかわる」場面では国家権力の乱用を阻止する仕組み、つまり三権の分立が保たれた節度ある政府に、また「市民」にかかわる場面では各人の「安全」を確保する刑法の整備に依存する（ibid, II-

をアーレントは高く評価していた。Hannah Arendt, *On Revolution*, The Viking Press. 1963, ch. 4, 参照。

xi-6)。このようにリベラルな自由から公共的自由の領域が導出されるモンテスキューおよびそれに連なるリベラリズム

(11) このようにさまざまな諸力＝権力が交錯する場として身体を設定することは、フーコー的な問題設定である。フーコーによれば、権力（pouvoir）の分析とは、通常考えられるような「国家への市民の服従を保証する制度と機構の総体」からではなく、絶えざる闘争、衝突、逆転といった力動的な運動をくり広げる「力関係の多数性」から出発すべきであり、従来権力の端的な存在とみなされてきた「国家の主権とか法の形態とか支配の総体的統一性」とは、むしろそうした「力関係の多数性」が各々の領域で内在的な構成要素となって結晶した終極的形態にすぎないとする。つまり権力とは「ひとつの制度でもなく、ひとつの構造でもなく、ある種の人々がもっているある種の力」でもなく、力の諸関係が存在している社会にはどこにも発生するものであり、そうした可動性の各々を支え固定しようとする連鎖にすぎないからである（Michel Foucault, *La volonté de savoir, vol. I d'Histoire de la Sexualité*, Gallimard, 1976, pp. 121-123）。また、ある道徳的合理的言説が欲望の言説とともに、諸力の相互作用のなかで具体的な必然性をもって立ち現れてくるメカニズムを考察するスピノザの『エティカ』は、もろもろの欲望や感情を、従来哲学者がなしてきたように、なんらかの形而上学的原理にもとづいて低次のものから高次のものへと目的論的に秩序づけたり、理性や倫理的価値による克服を理論化するのではなく、あたかも私のひとつの欲望や倫理とみえるものの起源ではなく、「由来」と「現出」をさぐるという、フーコーの「系譜学」の方法に近いものである。別の文脈ではあるが、桜井直文氏はスピノザの政治論の方法を généalogie と名づけている。桜井直文「スピノザにおける力と権力──『政治論』の用語法を巡って」（工藤喜作・桜井直文編『スピノザと政治的なもの』平凡社）、一九九五年、参照。

しかし、エリボンの伝記（D. Eribon, *Michel Foucault*, Flammarion 1989）によれば、フーコー自身はスピノザ思想に興味を示さなかったようであり、スピノザとフーコーの戦略の類似性は、ニーチェ、マルクス、アルチュセールなどの思想を介した間接的影響によって生じたものか、あるいは、フーコーが自分の権力論を形成するうえで転機となったと語っている一九六八年の政治的思想的状況全体と深く関連して生じたものかもしれない。

(12) アーレント自身は、スピノザをホッブズと同様の思想家とみなし、その思想の特異性に言及することはほとんどない。またアーレントによる「許し（forgiveness）」と「約束（promise）」の力による政治（Hannah Arendt, *The Human Con-*

dition, The University of Chicago, 1958, pp. 236-247）を、ネグリはアングロ・サクソン的な契約主義への後退とみなしているが（Negri, op. cit., 1997, p. 26）、アーレント自身の著作のなかに社会契約論を積極的に評価する言説はほとんどみあたらない。彼女によれば、「マキァヴェッリからマルクス」までの代表的な一〇人の政治思想史家たちは、大別して「哲学者（philosophers）」と「著述家（writers）」とに区分される。後者には、マキァヴェッリ、モンテスキュー、トクヴィルが属し、「彼らは、政治的経験にもとづいて政治のために叙述」し「政治の目的」や「政府の目的」を問うことはなく、「政治それ自体よりも高度な目的や目標」をもつことはなかった。それにたいして、それ以外の思想家は、前者のカテゴリーに属し、「彼らは、政治を外側から叙述し、非政治的基準を政治におしつけようとする」パルメニデス、プラトン以来の哲学者の伝統に属しているという（千葉眞『アーレントと現代——自由の政治とその展望』岩波書店、一九九六年、七七―七八頁）。アーレントのこの区別に従えば、彼女自身の評価とは反対に、スピノザはマキァヴェッリ、モンテスキュー、トクヴィルの系列に属する。アーレント（そしてハイデガー）における哲学と政治、およびカントとの関係を考えるうえで、スピノザが重要な位置を占めることについては、Myriam R. d'Allonnes, Hannah Arendt et Spinoza : le politique sans la domination, dans *Spinoza au XXe siècle*, sous la direction d'Olivier Bloch, Presses Universitaires de France, 1993, 参照。

（13）一八八一年七月三〇日の Franz Overbeck あて葉書。*Sämtliche Briefe*, Kritische Studienausgabe. Bd. 6, dtv de Gruyter, 1986, S. 111.

（14）一八八九年一月六日の Jacob Burckhardt あて書簡。*Sämtliche Briefe*, Kritische Studienausgabe. Bd. 8, dtv de Gruyter, 1986, S. 578.

第六章　デモクラシーのもうひとつの可能性

――スピノザ的国家における差異と同等性

本節では、西欧政治思想史上スピノザが民主主義や平等の問題についてどのような特異な問題設定をしているか、またそれが現代においてどのような意義と可能性を秘めているかについて論じる。しかし肝心の民主政論は彼の絶筆となり、三頁目で途絶えている。そこで、本書のここまでの議論を大きくまとめながら、スピノザの特異性を際立たせる二つの座標軸のうえで、彼の民主政論を検討したい。

ひとつの座標軸は、シュミットによる民主政や平等にかんする議論である。彼の議論は、近代民主主義が大衆民主主義とファシズムと化し崩壊していく事態がだれの目にも明らかになった時期、その本質をあまりに辛辣にえぐってしまったがゆえに、のちにファシズムを正当化したとみなされることになる。シュミットはその政治論のなかでスピノザに多く言及していることでも知られており、彼の主権論や民主政論の理論的枠組みは、ある点でスピノザと共通点をもっている。もうひとつの座標軸は、西欧近代民主主義の黎明と確立の時期、それを理論的に基礎づけた自然権論とシヴィック・ヒューマニズムのパラダイムである。それがどのように「政治的なもの」として「主権国家」を理論づけ、どのように差異と「平等」を基礎づけたかを最低限確認することは、スピノザの国家ないし民主政における差異と同等性の論じ方の特異性を明らかにするうえで必要である。この二つの座標軸のうえにスピノザの最高権力論や民主政論をおいてみると、フランス革命からファシズムにいたりシュミットによる辛辣な批判を喚起することになる民主主義的な国民国家とは異なる方向性を、スピノザが政治哲学的に基礎づけたことがわかる。

ところでこうしたスピノザの民主政や同等性の分析は、現在、主権国家の将来を考えるうえできわめて貴重だろう。というのは近年国民国家単位の政治的権利の概念が、一方では国境を越えた普遍的な市民権と、他方では社会的差異にもとづく権利と相互に対立しあうがゆえに、否定的に論じられる場合が多いからである。たしかに、民族紛争や亡命や移民といった焦眉の問題が、近代国民国家における市民権の閉鎖性を告発し、その欠点を補うべく国家より小さい単位（地域やボランタリーな中間団体）や、逆に国家を越えたインターナショナルな組織体の機能に大きな期待が寄せられている。しかしまた今日ほとんどの地域では、自己の存在論的同等性を公的平等（＝市民権）として最終的に保証する力ある組織体として、国民国家以外の形態を作り上げることに成功していない、ということも事実である。その意味では主権国家単位の権利を、差異的権利や普遍的権利を楯に全面的にしりぞけることは、きわめて危険なことであり、むしろそれら諸権利相互の関係性を設定しうる政治哲学が必要とされている。こうした現実のなかで、国家なき民ユダヤ人のひとり、スピノザが遺した近代主権国家のオルタナティヴは、今日時代を越えたリアリティをもっている。

第一節　民主政《デモクラテイア》の政治的無規定性とパラドックス

1　定義としての民主政《デモクラテイア》と表象としてのデモクラシー

まず最初に、スピノザが民主政（democratia）をどのように定義しているかみてみよう。彼によれば民主政とは、政治的資格が出生という「ある種の生得的権利（jus innatum）」のみにあり、一定年齢に達した成員すべてが最高会議のメンバー、つまり立法者たる資格を法的に要求できる政体と規定している（TP. VIII-1, 323, 一一 ; XI-1, 358, 一七八)。こうした民主政の定義からみれば、今日わたくしたちがデモクラシーという言葉から思い描く、多数者支配や代議制や参加型民主主義などは、スピノザの言葉でいえば、民主政の表象にすぎない。「表象（imaginatio）」（ないし意見 opinio）とは、感覚的で漠然とした経験やさまざまな記号（signum）（言語や象徴など）を介した伝聞によって形成される認識であり（E. II pro. 40 sch. 2, 122, 上一四二)、ある事柄をそのものたらしめている個的本質を明示する観念（直観知）でもなく、すべての事柄に共通する普遍的概念（理性）でもない。つまり民主政《デモクラテイア》は、多数者支配や代議制や参加型民主主義などの概念と必然的関係にはなく、それゆえ民主政がそうした様式をとることもありうるが、逆にそれらとは全く異なる政治形態を帰結させる可能性もある。

たとえば代議制を考えてみよう。スピノザによれば「貴族政（aristocratia）」は、「術（ars）と熟慮（consilium）に優れ」、「最善者たちの徳（virtus）に倣おうと努め、それゆえ統治するに相応しい」（TP. VIII-2, 324, 一一二）人々を、最高会議の構成員として「大衆（multitudo）」のなかから「選挙」し、その人々が立法者として政治的権利をもつ政体、と定義される。これは一般的に代議制と呼ばれる政治システムであり、そこでは大衆や庶民（plebes）は決議や行政、裁判といった公的仕事にたずさわることはない。しかも留意すべきことは、大衆は選挙された人々を介してみずからの意志を示すわけでもなく、多数者は諮問もされず代表もされない（TP. VIII-4, 325, 一一五）。代議制において代表するものと代表されるもののあいだにつねにズレがあり、代議制から排除された階級が、およそみずからの代表機能を果たさないボナパルトを支持するという、マルクスの『ブリュメール十八日』での有名な分析が、すでにスピノザにはみられる。

このように、代議制と民主政とはなんら必然的関係にはないのだから、たとえ「国じゅうの大衆全体が貴族の数にいれられたとしても、［その政治的］権利」が一定の徳という政治的資格と選挙とによっているかぎりでは、それは貴族政と言われる（TP. VIII-1, 323, 一一二）。あるいは逆に、貴族の資格が政治的徳や選挙によらず世襲のような「生得的権利」による場合は、きわめて少数の市民によって保たれている民主政と言うべきである（TP. VIII-14, 330, 一二三）。スピノザはここで、『神学政治論』で述べていたようなアリストテレス以来の政体分類法とは異なる、彼独自の定義を明示している。スピノザの定義によれば、多数者参加の直接民主政に近い政体でも貴族政といわなければならない場合もあるし、少数者による独裁の場合でも「民主政」のことがありえるのである。

2　政治的領域の風化と政治的平等の形骸化——シュミットの裁断

こうしたスピノザの民主政の定義と全く同じ定義から、民主政の無規定性とパラドックスをきわめて直截に導きだしたのが、のちのシュミットである。生まれながらにすべての人が政治的権利をもつ政体、というスピノザの民主政の定義は、シュミットの命名によれば「絶対的な人間平等」にもとづく「普遍的な人類的民主主義（allgemeine Menschheitsdemokratie）」とよばれる（Schmitt 1926, S. 16）。シュミットによれば、この万人を万人にたいして平等ならしめる普遍的な政治的権利は、そこに概念的にも実践的にもなんら実質的差異の概念がもりこまれていないがゆえに、実は無意味である。そのような民主主義はいまだかつて存在しなかったばかりか、もしそのようなものを真面目にとりあげようとすれば、むしろ逆転した結果が生みだされる。

その逆説のひとつは、たんなる組織規則であり政治的には無規定なこのような民主主義は、「軍国主義的でも平和的でも、絶対主義的でも自由主義的でも、中央集権的でも地方分権的でも、進歩的でも反動的でも」、いずれでもありうるという点にある（ibid., S. 34）。シュミットによれば、大衆民主政治と無規定な平等が進展した今日、公開討論によって合理性、真理性、正当性を明らかにするはずの議会政治は危機に瀕し、代わって社会的経済的な権力集団と化した諸政党間の利害調整と、それらによる大衆操作が幅をきかし、政治的領域の風化が進んだ。そして一般的には、民主主義とは代議制であるとみなされているが、実は代議制は自由主義であって、民主主義ではなく、民主主義はボルシェヴィズムやファシズムといった独裁制と背反しない。それどころかそうした独裁は、議会主義と自由主義が不明瞭にしてしまった「政治的なもの」を明確化している、とシュミットは考える。

シュミットによれば、民主政の無規定性がもたらすもうひとつの逆説は、政治的平等の形骸化にある。生まれながらに政治的権利をもつという平等は、さまざまに特殊な領域に固有の特殊性を認めないがゆえに、最悪の形式喪失をもたらし、実質的平等が逆に奪い去られる。「人間は抽象的な人間としてあるのではなく、政治的に利害をもち政治的に規定された人間として」あるので、「政治的平等を絶対的な人間平等に近づければ近づけるほど、政治的平等は価値なきもの」となり「政治そのものが、ますますその本質を失うこととなる」のである(ibid., S. 17-18)。

こうした「生まれながらの政治的平等」と政治領域の風化が社会的同一化と独裁をもたらすという認識は、シュミットと対極の政治的立場にたつはずのアーレントにおいても共通している。アーレントによれば、人間は生まれながらにして平等な政治的権利をもつと信じた人々によるデモクラシーは、「真実の解放と真実の平等」にいたらないどころか、その「正反対のもの」、つまり画一性と専制をもたらす。そうした大衆としての人民は、歴史的にはフランス革命において登場し、かれらは数的な意味で多数者であるにもかかわらず多様ではなく、実体はルソーが「ひとつの肉体をもちひとつの精神をもつ」とイメージしたように、「意見の一致」という「専制」にいたる必然性をおびているとアーレントは指摘する(Arendt 1963, pp. 71-74, 89)。アーレントによれば、その最たる原因は、共和主義的徳にもとづいて人為的に自由・平等を作りだし政治的正義を貫徹させるような公の「政治的領域」が、大衆・人民のあいだから消滅したことにある(1)。

たしかに二十世紀前半には、シュミットやアーレントの洞察や危惧はきわめて的確なものであったし、今日でもそれらは、強いインパクトと鋭い批判性をもち続けている。しかしはたして「生まれながらの政治的平等」は、政治的領域の風化や政治的平等の形骸化、独裁や社会的同一化といった帰結を必然的にもたらすだろうか。民主政は必然的に議会制の凋落と独裁にいたるというシュミットと、民主政と独裁政が両立しうる場合を洞察しつつ、『政治論』の随所で議会制度や分権主義のより機能的な発展を地道に模索しているスピノザとは、その政治認識に大きな相違がみられる。しかもそれは、たんに近代デモクラシーの黎明と終焉に位置したという、二人の思想家の歴史的位置の相違によるのではなく、両者を分かつ本質的で理論的な分岐点による。この点をより明らかにするために、シュミットが総括した西欧近代が、政治的領域としての国家やそこにおける差異や平等を、どのようなパラダイムで規定してきたかについて、おおまかにみておかなければならない。

第二節　西欧近代初頭における「政治的なもの」

1　自然権論とシヴィック・ヒューマニズム

西欧近代政治思想において、政治的な領域としての国家やそこにおけるデモクラシーを体系づけたパラダイムとして知られているのは、近代自然権〔法〕論とシヴィック・ヒューマニズム〔政治的人文主義〕である。きわめておおまかに述べれば、両者は次のような理論的傾向をもつ。自然権論は、私的利益の追求という人間の自然的本性から自由・平等な自然権〔普遍的人権〕を導出し、権利実現のために各人の自由な合意（そこには規範的自然法やなんらかの社会的倫理が介入する場合が多い）により新しい政治共同体を作り上げるという、自由主義と社会契約論のパラダイムである。他方、シヴィック・ヒューマニズムのパラダイムは、ローマ法の前の自由と平等および法の支配による都市コミューンの自由と自治を理念とし、それを保証するためにアリストテレスの「政治的動物」の理念を援用しつつ、公民（市民 civis）による能動的政治生活と公共善としての正義の実現を重要なコンセプトとしている。

近年では、ポーコックのマキャベリアン・モメントの再評価以来、かつては近代的権利や抵抗権の言説によって解釈されることの多かった、十七・十八世紀のイングランドから建国アメリカまでの政治思想が、アリストテレスやマキァヴェッリの言説に基礎をおく、伝統的で共和主義的なシヴィック・ヒューマニズムの言説によって解釈し直されたという経緯がある。しかし当然にも、両パラダイムの流れは複雑に交錯するばかりか、そもそも時と場所に応じた多様な融合形態としてしか存在せず、政治的なものを規定するうえで相互に不可欠のものとして補完しあっていた。ここでは、スピノザが生きた十七世紀ネーデルランドにおける両パラダイムの交錯状況を簡単に述べておくのが妥当だろう。

十七世紀のネーデルランド政治史は、ホラント州の覇権による共和主義的連邦制樹立をもくろむ都市貴族派の勢力と、カルヴィニズムの国教化と全国議会を梃子にイギリス型の立憲君主制の樹立をもくろむオラニエ公派の対立として描かれる。しかし、自由都市と文化的宗教的な多元主義の伝統が根強いネーデルランドでは、王の大権か議会の特権かが主たる争点となっていた中央集権化のすすんだイングランドに比して、シヴィック・ヒューマニズムのパラダイムは強力だった。それゆえ、共和主義の文脈から派生する都市と州の自由、および自治や古来からの法（＝市民権）の共有を思想的基盤として、連邦主義的な国家を形成しようという政治統合のヴィジョンは、ネーデルランドの対立する党派間に共通のものだった。

2　十七世紀ネーデルランドにおける二つのパラダイム

たとえば、ホラント州法律顧問として活躍した後、レーフェンシュタイン事件というオラニエ派のクーデターにより亡命した政治経歴をもち、前者の党派に近い政治思想家の位置を与えられてきたグロティウスについてみてみよう。近代自然法論の祖といわれる彼は、私的利益の追求主体として個人の権利と義務を定め、世俗的な相互契約から単一の主権国家を導出する理論構成をとっている。しかし彼の国家論にはアリストテレス主義が強く残っている。

グロティウスの自然法は人間の自己保存欲から導きだされるが、同時にそれは、理性的で社会的な人間本性で補強されなければならない。なによりも彼の体系には平等な自然権の概念はなく、自律的で思慮深い自由人たる家長相互の平等と、支配者たる家長とその能力のない女性および奴隷のあいだの不平等、というアリストテレス政治論における平等論の枠組みがそのまま残存している。そして、統治の様式や内実という政治的問題は、個々人相互の契約によってではなく、支配者と人民ないし少数者集団（元老院 senatus あるいは議会 coetus）という、政治的資格を付与された者どうしの統治契約（＝従属契約）によって決定されなければならない。

他方、オラニエ公派が独立戦争勃発以来その理論上の援軍としてきた政治思想家、アルトゥジウスをみてみよう。ギールケによるアルトゥジウスの発見以来、平等な市民権をもつ諸個人（女性を含む）相互の契約の積み重ねによって人民主権を形成するというアルトゥジウスの国家論は、近代自然権論と社会契約論のパラダイムの先駆として注目されてきた。しかしアルトゥジウスには、グロティウスとは異なった意味でアリストテレス主義の影響が濃厚にうかがえる。

アルトゥジウスは、一方でアリストテレスの「政治的（社会的）動物」の理念や、ポリスにおける市民の能動的政治生活（actio）の重要性を前提としながら、また他方では、人間は自足的状態にはないからこそ、コミュニケーションが必要であると述べて、ギリシャ的自由人の理想像やアリストテレス政治学の枠組みがすでに崩壊していることを認めている。アルトゥジウスにとってコミュニケーションとは、政治生活における議論や行為ではなく、財・労働・サーヴィスの交換を基礎とした共生を意味するからである。彼は、家族・職業別組合・村・町・都市・州などの自然的社会的共生様式（symbiosis）が階層的に秩序化され連合することによって、連邦主義的な主権国家を形成するという政治統合のヴィジョンをいだいていた。

そこには、近代的な市民社会像から隔絶している点がいくつかみられるものの、先駆的に資本主義化のすすんだネーデルランドや西北ドイツの自由都市をモデルにした市民社会像がうかがえる。しかしここで留意すべきは、この共生様式が、分業的な経済共同体を基礎にした自足的な政治共同体であるという点で、アリストテレス的と評価されることである（Hüglin 1991, S. 55)。つまりアルトゥジウスは、社会的差異を基礎とした経済的共生システムとして登場しつつあった近代的市民社会に、ポリス的な自足性をよみこむことによって政治性を付与し、市民社会の多元的な性格づけによってはじめて主権国家を政治共同体として規定しえたのである。

以上からわかるように、普遍的に自由・平等な権利をもつ市民が、個人的契約によって主権を形成するという自由主義的社会契約論のパラダイムは、シヴィック・ヒューマニズムのパラダイムを採り入れなければ、私的利益や社会的差異のうちに分解してしまった個人から、公共的なものや政治共同体としての国家を構築できないというジレンマを、発生の当初から抱え込んでいた。そしてその後も、このジレンマから生じる不整合は解消されない。ただグロティウス以降ロックに連なるような個人主義の系譜の上では、この不整合性が、個人の市民権および市民的資質に共和主義的な徳としての政治性や公共性をおりこむことによって糊塗された。他方、アルトゥジウスからのちのヘーゲルにまで連なる団体法論の系譜においては、家族、職能集団、地方自治体、教会といった中間団体から編成された市民社会全体に公共性をよみこんで、国家主権を多元主義的にサポートすることによって調整された。つまり市民が直接的に公共性を担うにしろ、市民社会が間接的に公共性を支えるにしろ、いずれにせよ市民社会における公共性は、一方では、たんなる私的利益の追求主体の集合体がアナーキーへと解体することを防止する要であり、他方では、そこにおける自由と多元性が、並ぶものなき唯一絶対の強力な国家主権の暴走に歯止めをかけた。

第三節　近代的平等における同一性と排除

1　公的市民権から能力の平等へ

しかし、このように自然権論をシヴィック・ヒューマニズムで補完しつつ、政治的なものとして国家を構成するという近代政治思想の枠組みは、生まれながらにして政治体に参画しうる資格を平等にもつというデモクラシーの概念の登場によって、深刻な矛盾を露呈することになった。まず近代自然権のパラダイムは、グロティウスにみられたような、自律的で思慮深い家長相互の平等と家長とその能力のない者のあいだの不平等、という平等論の前提をとりはらわなければならなくなった。それにともなって平等の内実は、自己の努力と能力によって公的領域に積極的に参加しうる、法的共同体のメンバーシップとしての市民権（jus civile）の平等というシヴィック・ヒューマニズムのパラダイムから、身体的精神的能力としての、あるいは「人間本性」としての普遍的平等という近代自然権論のパラダイムへと遷移した。

たとえばホッブズによれば、「自然は人々（男たち（men））を身体（body）および精神（mind）の諸能力において平等につくった」のであり、「身体の強さについていえば、最も弱い者でも、ひそかなたくらみなり、他の人々との共謀によって、最も強い者を殺すだけの力をもっている。……そして精神の能力についていえば……私は、強さの場合よりももっと大きな平等を人々のあいだに見出す。というのも慎慮（prudence）は、等しい時間をかければ……すべての人に等しく与えられるからである」（Lev. I-13, 110）。

アリストテレス的な政治的判断力としての慎慮（prudence）は、ホッブズにおいては闘争を有利に遂行する身体的精神的能力という自然的で実在的な形象となり、その後この身体的精神的能力をもつ「人格」はさまざまな属性を付随させていった。たとえばロックが論じたように、私的所有権が人格に本質的なものとして付随されれば、身体的精神的能力は労働能力や経済能力という側面から規定され、他方、カントにおけるように人格が端的に道徳的概念としてあつかわれれば、倫理的価値的な判断力が能力として要求される。(2)

このように近代的な平等概念は、人間相互の自然的社会的平等と政治的平等を無媒介的に同置することによって成立した。旧来の政治的権威の解体とともに、それによって基礎づけられていた政治的市民権を喪失した市民は、ただ自然的社会的に等しい存在として現れざるを得なかったからである。ホッブズの政治論においては、当初社会契約の場面に現れた平等な大衆は、主権成立後には二度と登場せず、支配者にたいする被支配者つまり臣民としてしか現れないため、社会的平等と政治的平等との直接的並置という事態は明らさまにならない。しかしルソーの社会契約になると、この点が明白となる。ルソーによれば、人間は自然状態においては平等であったが、社会状態に移行することによって知力、経済力、権力の不平等が生まれ、それが政治的不平等（支配・被支配の関係）となる。それゆえ政治的平等を回復するためには、治者と被治者の同一が確保されるような人民主権論的な社会契約が必要であり、そのための条件として平等で同質的な社会が望まれる。ここにシュミットやアーレントが、民主主義における政治的なものの消滅と社会的同一性の支配の思想構造をルソーに求める所以がある。

2　民主主義における外的国境と内的国境

本来社会契約論は、民族や宗教や言語の相違を越えた普遍的人間相互による契約社会を理論的前提としていた。にもかかわらずそれが、とくにフランス革命以降の歴史的めぐり合わせにより、同質的な国民からなる民族国家モデルと同一化されていったことは、社会的平等と政治的平等の無媒介的な並置という理論構造と無関係ではなかった。その結果、市民権（citizenship）は、主権国家が国籍に伴って与える権利となり、外国人という他者にたいして外的国境をもつものとなった。そしてホッブズが、国家主権を自由・平等な人格のアナロジーでとらえたように、もし一個の主権国家そのものが身体的精神的「強さ」をもったもの、そして最も端的には他人を殺しえる「強さ」をもったものとして立ち現れるならば、国際法による規制が存在しないかぎり、人格として対外的に強さを誇る国家は戦争を遂行する国家となる。

さらにこうした「外的国境」は、同時に「内的国境」をつくりだす（Balibar 1988 p. 72）。一定の身体的精神的能力をもつ者が、一定の資格としての市民権を定め、国民国家の同質性を法的に宣言することによって「排除」の機能が生じるからである。普遍主義をとる近代の平等論は、実は平等に値するものと値しないものという区別を、表裏一体として伴っていたことはよく知られている。たとえば、カントによる「国民（Volk）」の範疇からは、「他人の指導がなければ、自分自身の悟性を使用しえない無能力」な「未成年」や、成人年齢に達していたとしても「自分自身の悟性を敢えて使用しようとする決意と勇気に欠ける」未成熟の大人、わけても「すべての美しい性［全女性］」（Kant 1784, S. 1）が除外される。「啓蒙的理性」には排除機能がある。時代により平等とみなすべき線引きの範囲は巧みに変更され、その範囲は、能動市民へ、受動市民へ、女性へ、心身障害者へ、移民へと拡大されていくが、なんらかの不平等な他者が産出され続ける平等論の論理的前提そのものは、根本的に変わることはなく、現実には、平等であるべき者たちを隔てる格差は、いっそう複雑にいりくんだ線分で設定されるようになった。

シュミットはまさにこうした近代的平等論の結末を、歴史的事実として批判するのである。彼によれば、民主主義における平等の本質は、「第一に同質性であり、第二に異質的なものの排除ないし絶滅である」。同質性とは、肉体的精神的資質の実質であり、古典主義的民主主義の場合、それは公民としての徳（virtus）であったが、十九世紀以降は特に一定の国民への帰属、つまり国民的同質性となった。他方これまでの民主政は、「野蛮人、非文明人、無神論者、貴族、反革命的」などと呼んで、政治的権利を剥奪または制約された人間をつねに排除してきた。そしてそうした本国での民主主義は、「植民地、保護領、委任統治領、内政干渉条約、その他これに類する従属関係の諸形式」によって、「異質な住民を、市民権を与えることなしに支配」することを可能たらしめてきた（Schmitt 1926, S. 14–15）。

ではスピノザは、このような近代国家論と平等論との隘路をいかに脱しようとするのだろうか。まずは、スピノザが先達によるシヴィック・ヒューマニズムと自然権論の融合形式をどのように乗り越え、それによって民主政を論じる地平をどのように設定しなおしたかをみてみよう。

第四節　他者なる大衆と近代主権国家

1　シヴィック・ヒューマニズムの一掃と平和の実現

スピノザがみずからの国家論や民主政論を構想するさい、よりどころとした先達の政治思想家がマキァヴェッリだったことはよく知られている。スピノザが「政治的なるもの」を論じるさいの出発点は、旧来の哲学者が論じてきたような「そうあってほしい」という規範やユートピアの領域ではなく、現実の領域にあった（TP. I-1, 273, 一二）。そうした方法論の数少ない実践者はマキァヴェッリをおいてなく、スピノザにとってマキァヴェッリは、自然法論のパラダイムを体現する思想家でないのはもちろんのこと、シヴィック・ヒューマニズムのパラダイムを代表する思想家でもなかった。

一般的にマキァヴェッリをめぐる解釈論争は、彼が『リウィウス論』におけるように、ローマ的な徳（virtù）と自由による共和政を理想としていたのか、『君主論』にみられるように、絶対的権力をもった新君主による一元的私的支配としての主権国家（stato）を構想していたのか、という点に集中する。佐々木毅氏によれば、それはマキァヴェッリが「シヴィック・ヒューマニズムの後裔」でありながら、アリストテレスの「政治的動物」の観念を崩壊させているからであり、十四世紀末以来シヴィック・ヒューマニズムが現実可能性を喪失し閉塞状態におちいった事情が反映されているという（佐々木 1970, 一六八～一七〇）。まさにスピノザの現状認識も、そのようなシヴィック・ヒューマニズムの実現不可能性にあった。それとともに、マキァヴェッリは大衆（multitudo）に自由のあり方を教えている（TP. V-7, 297, 五九）という評価からわかるように、スピノザはシヴィック・ヒューマニズム崩壊後に現れた主権国家（stato）〔スピノザにおいてはcivitas〕の主体は、君主ではなく「大衆」であると認識していた。ムルティトゥードーとは治者の立場にあろうが被治者の立場にあろうが、公益を認識できず政治的言論や行為をおこなう能力のないもの（TTP. XVII. 203, 下一九四）、つまりシヴィック・ヒューマニズムを喪失した人々の群れである。

ところでマキァヴェッリにおける徳論の残滓を一掃するうえで、スピノザにインスピレーションを与えたのはホッブズであろう。本来、自然権論とシヴィック・ヒューマニズムという二つのパラダイムをめぐる論争がロック解釈に大きく影響したことからわかるように、両パラダイムの融合を可能にしたものは、自然法論の基礎におかれたキリスト教的倫理であると考えられる。それゆえ、ホッブズのような無神論的要素の強い思想家にはシヴィック・ヒューマニズムの香りは薄く、ネーデルランドでもホッブズ国家論は比較的受容されにくかった。

ホッブズの情念論によれば、従来より生命欲や物欲より高尚であると考えられてきた貴族主義的な名誉欲は、実は自己の他者にたいする優位を幻想させる自己欺瞞的な自尊心であり、平和の破壊者である。リヴァイアサンという国家は、名誉心ではなく、生命欲にもとづく「死の恐怖」や「快適な生活の必需品をもとめる」物欲などの、客観的で平等な願望に基礎づけられるべきであり、それこそが平和的な政治統合をもたらす道なのである（長尾 1994, 七三〜七五）。実際、シヴィック・ヒューマニズムの伝統は、市民が祖国のために献身的に戦う祖国愛こそが、最も価値ある徳や名誉であるとみなしている。共和主義的自由は、傭兵ではない公民の軍隊と強力な君主政を組織し、対外的に「自由」を輸出することによって「自由」の大義を実現しようとする帝国主義的戦闘性と不可分だった。

ホッブズが、平和を守る自然法の認識のみを要件として、大衆を社会契約の場面に契約の主体として登場させたように、公共善を認識しうる徳や政治的能動性をもつことを前提としなくとも、生まれ存在しているという事実のみによって参画可能であり、参画者には安全を保証する平和な政治体の姿こそ、生まれたての近代主権国家の姿だった。スピノザは、国家（civitas）の最高権力（summa potestas）とは、君主政、貴族政、民主政といった政体の相違にかかわらず、つねに「大衆の力（multitudinis potentia）」の集合によって決まり（TP. III-2, 284, 三四）、その存在意義は共和主義的な善や正義でないのはもちろんのこと、「魂の自由（animi libertas）や強さ（fortitudo）」といった「私的な徳（privata virtus）」でもなく「安全」にある（TP. I-6, 275, 一五）と述べている。

2　表象権力としての近代主権国家

では大衆はどのようにして力を集合させるのか。かつてアルトゥジウスは、人民（populus）とは、家族、職能団体、村落、都市、州といった世俗的組織とそれに平行した教会組織によって共生体に編成され、そのシステムを媒介に政治上の意思統一が可能となるような「普遍体（universitas）」であり、他方、大衆ないし庶民（vulgus, plebes）とは、そうした普遍性の外におかれている人々をさすと区別した。つまり徳をもたない大衆とは、政治空間に直接参画が不可能なばかりか、労働や財の交換といった経済的社会的関係を基礎とした市民社会の体系を媒介に間接的に政治的資格をもつことさえできない人々であり、「普遍体」にとって他者なる者たちである。

スピノザはこうした政治論の脈絡をよく心得ていたと思われる。スピノザの説明によれば、君主政や貴族政であろうと、統治権は多数者の自然権の集合具合によってきまるが、そのさいには大衆の力としての権力は特異な結集のしかたをする。たとえば君主政（monarchia）においては、統治権（imperium）は一人の君主が掌握しているが、その君主は概して外敵よりも自国民を恐れており（TP. VI-6, 299, 六三）、国内の平和と強化のためには大衆の福祉（salus）を図らざるをえない（TP. VI-8, 299, 六四）といった事態が起こる。こうした大衆の権力形成の手段は、代議制が存在している場合でも本質的には変わらない。たとえば貴族政においても、大衆は代表されえず、大衆はみずからの自由（libertas）を「明示的な法（lex）によってではなく、暗黙のうちに要求し、維持する」（TP. VIII-4, 326, 一一五）のであり、大衆の力は、法的に設定された公共空間への政治参加によってではなく、恐怖などの感情や世論といった表象を手段として発動される。あるいは終身制の法律顧問（syndicus）（最高会議の招集、議案提出権、諸会議ならびに官吏の監督権や一部の軍隊をもつ）への直訴といった圧力によって、自己の政治的自由を行使するのである（TP. VIII-20～28, 332-335, 一二七～一三二）。

もちろん多数者の表象は、君主や貴族を脅かす反面、大衆を既存の体制と主権の枠内にとどめる方向にも作用する。スピノザは、「国家を恐れなければならない理由」が多ければ多いほど、国家の権利［法］は保たれ（TP. III-9, 288, 四一）、「国家にたいする臣民の恐怖（metus）や畏敬（reverentia）がなくなれば、国家は消滅する」（TP. IV-5, 293, 五三）、あるいは「［社会］契約（contractus）は終わる」（TP. IV-6, 294, 五四）と述べている。恐怖やさらには希望（spes）といった「共同感情（communis affectus）」を、もっとも強力に喚起するものが表象であり、表象によって示される多数者の権力はもっとも強力な権力である。結局、大衆の共同の福祉を図ることによって大衆からもっとも強力に支持された君主政や貴族政こそ、最も強力な統治権を確立したことになる（TP. VII-11, 312, 八〇）。

スピノザは、大衆は衝動的で興奮しやすく、暗示を受けやすく煽動にのりやすい（TTP. prae. 6-8, 四三〜四六）といった指摘をするにとどまらず、『エティカ』第三部での感情論の詳細な展開にみられるように、多数者の感情動向や行動様式の法則性を知りぬいていた。表象は「記号」による「類似の観念」を基礎に成立するのだから、表象による人々の結集は、市民社会における結社（たとえば職業団体、政党、教会、自治体など）にみられるような、生活や経済の実質をともなった自発的で個人主義的な契約とは異なる存在様式である。とくにスピノザが指摘した表象のなかでも、「階級（claßis）」や「民族（natio）」などのアイデンティティを介した集合表象（E. III pro. 46, 175, 上二一六）は、その後の主権国家の歴史のなかで主要な役割を果たすことになる。スピノザは、それ以前には長老《プレズビテリアン》派の教会組織のなかの各グループをさすラテン語であったclaßisを、階層的な社会集団をさす用語として初めて使用した人物でもあった（Burke 1988, p. 16）。のちの十九世紀にル・ボン（Gustave Le Bon 1841-1931）などによって群衆による権力形成論が論じられる以前に、スピノザは、近代主権国家とは大衆による表象の秩序化によって成立する権力様式であることを見抜いていたのである。

第五節　民主政と自然権の新しい基礎づけ

1　例外状況と民主政

ところで、この大衆の表象権力がはっきりと可視的になる場合がある。ひとつは、大衆が現行法を越え、現行法そのものの無根拠性を暴露した時である。「大多数の人々（plures）を憤激させるような事態」が起これば、それにたいしては「国家の権利［法］はほとんどおよばず」（TP. III-9, 288, 四一）、自然必然的に国家成立の契約は破棄され革命がおこる。「民衆は恐れを知らない時に恐るべきものである」（E. IV pro. 54 sch., 250, 下六五）。このスピノザの議論のたてかたに従えば、市民権として革命権が認められうるか否か、というグロティウスからロックへと続く近代的個人の権利をめぐる論争はそもそも無意味となる。大衆とはそもそも法を越えた存在であり、その意味で最高権力の主体なのだから、かれらの表象の力と運動が現行の法秩序の枠を破ったときが革命となる。もしあえて権利という言葉をつかうならば、国家を転覆させる法＝権利＝正義とは、国法（市民法 jus civile）ではなく、戦争の権利＝法（jus belli）であり自然法（jus naturale）である（TP. IV-5, 294, 五三）、とスピノザは述べている。

こうした最高権力の把握は、シュミットの主権概念と全く重なりあっている。シュミットも、主権とは「現行法を廃棄する権限」であり、緊急事態において自然的法則によって現行法の効力と全秩序が解消したさいの「例外状況」において、決定をくだす者であると定義している。シュミットによれば、こうした近代的主権概念は、ボダン以来ホッブズやプーフェンドルフなどの十七世紀の自然法に支配的であったにもかかわらず、ロックや十八世紀啓蒙主義が例外状況を見失い、それにともなって、法が真理や正義であるというナイーヴな法治国家論が通用するようになったという（Schmitt 1922, S. 15-20）。こうした脈絡においてみれば、スピノザはホッブズやプーフェンドルフと並び、シュミット的な主権概念の正統な先達にあたる。

ところでスピノザの議論においては、この例外状況の他にもうひとつ、大衆の政治的権力が法的な形態として可視的になる場合がある。それが民主政《デモクラティア》である。そしてスピノザの見方に従えば、例外状況と民主政は全く別の事柄とはいえない。出生という事実によってのみ存在している大衆に、平等に政治的権利が何の資格要件もなく認められるのだから、表象をめぐる権力形成に法的権利を認めたことになる。つまり民主政は、いわば表象権力が現行の法的秩序より上位にあることを現行法が宣言した奇妙な政体ということになる。あるいは民主政は例外状況が日常化した政体であるとも言え、それゆえ大衆の表象をめぐる権力形成は、もっともダイナミックなプロセスとして顕在化することになる。

2 異質性としての大衆と多様性としての自然権

さてこのような民主政は、シュミットが述べるような独裁と政治的平等の形骸化を必然的にもたらすだろうか。この問題に答えるために、ここでスピノザの大衆の概念がどのようなものであるかをみておきたい。それによって、さきにふれた近代自然権論のパラダイムとスピノザ国家論のパラダイムの相違が、はっきりするからである。まず「大衆の力」の「力」とは何を意味するだろう。スピノザは「力」を端的に「自然権」と言い換えている。しかし「力」と等置された「権利」には、当然ながら自由主義的パラダイムによる権利概念とは異なった含意があり、自発的欲求と自律的思慮にもとづき行動する自由を倫理的法的に各人に認めることを意味しない。「力」には規範的意味はなく、「自然権」とは倫理的要請でも法的規範でもなく、ある者の「存在および活動にかんしてもつ力」がどこまで実際におよびうるかという、存在の実態を示すものでしかないからである。その意味では「自然権」は人間に特有なものではなく、存在するすべての個物に「自然権」はあり、スピノザの「自然権」の正確な定義によれば、主語は「人間（homo）」や「男（vir）」ではなく「物（res）」であり、ある物の自然権には「その物の力の及ぶ所まで」のすべての存在と活動が含まれる。しかも、権利が倫理的法的当為ではなく存在論的な実態である以上、権利の内容は、人間の私的主観や社会的慣習や法制度によって決定できるものではなく、そうした事象を含むすべての事柄をのみこんだ自然全体、つまり「万物がそれに依って生起する自然の諸法則そのもの」として考えられなければならない（TP. II-4, 277, 一八）。

もちろん、ここでいわれる「自然の諸法則」とは自然科学の法則のみを意味するのではなく、人間や社会や生物をもふくめた宇宙全体の存在様式を意味するのだが、こうしたスピノザの自然権思想は、従来の政治・社会思想においては誤解を生むのみで、その意義が正しく汲まれてきたとはいいがたい。スピノザの権利概念には規範的批判力が欠如しているといった批判がくりかえされてきたからである。しかし実は、スピノザはこの自然的存在論的権利の概念と、政治的な領域で一般的に権利といわれる事柄（スピノザはこれを、「公的自由」や「国家の法」という概念で語っている）を明確に区別しており、のちに述べるように、スピノザにとって国家とは、この存在論的権利と政治的権利との連動性を現出させる場である。さしあたりここでは、スピノザの自然的存在論的権利が、自然権論のパラダイムが一般に前提とする平等な自然権の内容とどのように異なるかを確認しておきたい。

スピノザの述べる自然権とは、相互に同一であるという意味では平等ではありえない。自然権は、「もろもろの自然物が存在し活動する力」なのだから、どれひとつとして同じものはなく、どの時として同じものもない。そしてこの万物の無限の多様な存在と存在様式そのものが「神の永遠なる力そのもの」（TP. II-2, 276, 一八）であるとされるように、個体の複数性や相互多様性を形而上学的根拠によってどこまでも肯定的にとらえた概念が、「自然権」である。

しかし、自然権の内実が無限に多様な差異に満ちていたとしても、そうした多様な差異や差異相互の関係が生じるのは神即自然の必然性によってのみであり、そうした「実在性（realitas）」つまり「ある様態として存在し活動するかぎりでの各々のものの本質」こそが完全性（perfectio）の内実となる。そしてそうした本質の視点からみたとき、様態としての存在様式や持続（duratio）の長さがどのように」異なっていようとも、「各々のものは、……存在し始めたのと同一の力によって、つねに存在を維持することができるであろう」し、その点では「すべてのものは、同等（aequalis）なのである」（E. IV, prae., 209, 下一一―一二）。この同等性の概念は、神の前の平等という言い方と一見類似するが、従来キリスト教が前提としてきた人格神の前での人間相互の平等とは、出発点が全く異なる。もしスピノザ的な神即自然の体系が宗教であるというのであれば、それは宗教的平等といえなくもないが、むしろ汎神論的でエコロジカルな存在論的平等というべきものだろう。

さて以上みてきたように、既存のすべての道徳、宗教、正義、法を前提することなく政治的なものを論じなければならないというスピノザの出発点は、実は、政治的なものは、すべての自然的社会的差異を肯定し続けながら、かつその共存を支えるスピノザ的自然の形而上学のみを前提として論じうるという意味だったことがわかる。大衆とはたんに数において多数なのではなく、各々が多様性に満ち、かつ自己の内部に複数性を抱えこんだ自然権をもつ存在であり、シュミットが危惧するような民主政における同一性と独裁を現出させる力をもつと同時に、そうした状況の成立を阻む根源的な力をももっている。それゆえそうした大衆が、平和のためにみずからの存在論的力を共働させうる様式を探求するというスピノザ国家論のヴィジョンは、かれの自然の形而上学ときわめてアナロガスである。

第六節　平等の新しい基礎づけ

1　エコロジカルな同等性と理性の意味

スピノザの存在論的同等性の概念が示す特異性は、シュミットが酷評するような歴史的経緯をたどった近代的な平等概念と比較するとき、いっそうはっきりする。スピノザによれば、人間を含めたどのような諸様態も、みずからの外部にある諸原因として現れる神即自然の必然性にたいしては無力ではあるが、逆にみずからの存在する力そのものも、その神即自然の必然性に根拠づけられており（E. IV pro. 3, pro. 4 dem., 212-213, 下一六～一七）、その意味ですべてのものは同等だった。とすれば、どのような人間も自然にたいして無力であるがゆえに、各人は相互に同等であるということになる。ここで言われる「弱さ」は、ホッブズの平等概念における「強さ」のアンチテーゼともなる。ホッブズが近代主権国家を構想するにあたって、最も根底においた問題設定は平和の実現だった。しかしスピノザにとって、「強さ」において平等な大衆が「恐怖」や「希望」に導かれてなりたっているホッブズ的国家は、「隷属者（servus）」の国家であり（E. IV pro. 67 dem., 261, 下七九）、戦争がないという消極的平和の状態でしかない（TP. V-4, 296, 五七）。しかしスピノザが語る自然にたいする「弱さ」の同等性は、人を「魂の徳、すなわち魂の強さ（animi virtus seu fortitudo）」へ導き、戦闘ではなく逃避という「勇気（animositas）」をもたらす（E. IV pro. 69 dem. et cor., 262, 下八一）。それによって国家による対外的な「強さ」の誇示や、国内における「強さ」による「他者」の排除は論理的に回避され、隷属がない積極的平和への展開可能性が開かれる。

スピノザは、生まれながらにして政治的権利をもつ政体としての民主政は、さまざまな形態を考えることができるとしつつ、経験的に知っているかぎりでの民主政は、さまざまな人々の排除の上に成り立っていると述べている。それはたとえば、外国人（peregrinus）、女性、下僕、未成年、なんらかの恥ずべき生活態度によって公権を喪失した人々などである（TP. XI-3, 359, 一八〇）。そして、たとえば女性が政治的権利をもたないのは、「弱さ（imbecillitas）」や「魂の強さと才能（ingenium）」の劣位によるとされる（TP. XI-4, 360, 一八一）。『政治論』が絶筆となったため、スピノザは民主政についてこれ以上叙述していないが、いままでみたスピノザの論理にしたがえば、この「弱さ」や劣位が、なんら存在論的な欠如や倫理上の欠陥を意味していないことは明らかである。そして、「弱い」人々が民主政から排除されているのは、大衆が「強さ」という言葉に一定の意味（記号、象徴、世論等々）を内包させ、その表象体系によって権力を結集し、自己とは異なる差異ある他者を「強さ」にたいする「弱さ」と特徴づけ、それにたいして公的政治的権利を認めていないからにすぎない。もしその表象体系が変化し、それにともなって権力の結集システムも転換されるならば、必然的に女性にたいする排除機能は消え、「弱い」人々は「弱い」人々ではなくなる。そして民主政こそ、このような表象システムの変動が最も激しい政体であり、それは、存在論的に同等である「自然権」の運動が、最も表出しやすい政体であることを意味する。その意味で、民主政において各人は、「自然状態においてそうであったのと同じように、皆の同等にとどまる」（TTP. XVI, 195, 下一七七）と言われるのである。

ところでスピノザにおいて「同等性」が、自然にたいする弱さとしてしか規定されていない点は、注目すべきである。これはたとえばカントが、人間が相互に平等であることの根拠を、人間が自然物を支配できる人格であるという点から導きだしたのとは対照的である。カントによれば、自然のなかで唯一理性を付与された人間は、他の自然物とくらべうるものがないほど絶大な力を得、「他のいっさいの動物にたいして行使しうる特権が自分にそなわっていることを自覚し」、それらを「彼自身の任意の意図を達成するために、随意に使用しうる手段であり道具であるとみなすようになった」。これとは反対に人間は、人間にたいしてこのような考えをいだくことは許されず、逆に人間は存在そのものが目的であり、「他のいかなる存在者によっても他の目的のために手段として使用されない」という点で、平等なのである（Kant 1786, S. 77）

　のちにアドルノとホルクハイマーが激しく告発する、このような「啓蒙的理性」の自然にたいする道具的位置づけは、スピノザのように、すべてのものの同等性の問題を自然全体のなかでエコロジカルに位置づけることによってとりはらわれることになる。そもそもスピノザにとって「理性（ratio）」とは、「すべての物に共通であり、そして等しく部分のなかにも全体のなかにもある」「共通概念（notiones communes）」（E. II pro. 37, 118, 上一三七; pro. 40 sch. 1 & 2, 120–122, 上一四〇〜一四三）である以上、そこから排除されるものや抑圧される部分はいっさいない。理性がメルクマールとなって、理性的人間と非理性的自然が分かたれたり、理性的人間と非理性的人間が選別されたり、理性的精神と非理性的身体が分離されたり、心のなかに理性的部分と非理性的部分が区別されたりすることはない。[3] スピノザは神即自然の形而上学によって、差異をもつ無限に多様な存在が無限に多様な仕方で存在することを根拠づけ、社会的同一性としての平等とそれによる内的外的排除の機能を回避する。

　それゆえ「共通概念」とは、多くの差異のなかから等価物が抽出されて成立した抽象概念とは異なる。スピノザは、共通概念と「一般的概念（notiones universales）」とを区別し、後者はたんに人々が数々の表象から共通点を抽出して案出した表象像にすぎず（E. II pro. 40 sch. 1, 121, 上一四一）、多くの哲学者が一般的概念にもとづいて論争と混乱をひきおこしたと揶揄している。共通概念たる理性は、個別的特殊的な事柄のなかに働く必然性を明らかにする役割をはたすが、たんなる等価物の抽出によって成立する一般的概念は、個別的特殊的な事柄の必然的な結びつきを破綻させる表象であり、それにもとづく認識と行為は敵対的暴力的な結果をもたらすからである。

スピノザのいう一般的概念の作用とは、たとえば現代でいえば、ラクラウが「中和化」と呼んでいるイデオロギー作用に近い。「中和化」とは、互いに異なる言説から等価物を抽出するような分節化をおこない、個別的な事柄の必然的な結びつきを破綻させることによって、ひとつの「普遍」を立ち上げることであり、それによってたとえば、各階層間に潜在する異なる敵意を統合しつつひとつの特殊な対象に向けることも可能になる。なおラクラウはそうした方向に抵抗するため、諸要素間の敵対関係を明確にし、ヘゲモニー闘争に転化することを強調するが（Laclau 1985, pp. 143-144）、スピノザの戦術は異なる。スピノザにおいては、個別性のなかに普遍性が内在しており、個別性を離れた普遍性は存在しないが、普遍性はいかなる個別的なものとも通約不可能であり、個別的なものとの非対称性が解消される地平は存在しない。そうした普遍性を見据えることによってヘゲモニー闘争はむしろ消失に向かうのである。

2　差異と平等の均衡点としての国家

ではこのような自然における存在論的同等性と、通常国家における政治的権利として考えられる政治的平等は、どのような関係にあるだろうか。スピノザは、国家における政治的平等は「公的自由（communis libertas）」

であり「国家の法」(TP. VII-2, 308, 八二) の問題であるとして、社会的差異やその根拠としての存在論的同等性と、政治的平等の問題を無媒介的に等置せず明確に区別している。たとえば、君主政においては氏族制の民主的組織化などによって、公民(市民 civis) 相互の「同等性」がはかられるべきだとしている (TP. VII-18, 315, 九五)。また貴族政においても、国家がある人の功績にたいし特殊な栄誉を法的にあたえるということは、「同等性」の点から考えてつつしまなければならず、同等性がなくなれば、公的自由も必然的に亡びると論じ (TP. X-8, 357, 一七四)、随所で貴族相互間の政治的法的権利の同等性をはかる制度的工夫について論じている (TP. VIII-11, 329, 一二一; VIII-19, 331, 一二六)。

ただし、「公的自由」ないし「公的自由」としての「同等性」は、法的権利の完全な同一化を意味するわけではない。たとえばスピノザは、多数の自治的諸都市が連合して統一国家をつくる、都市連合のような国家共同体を志向している。スピノザはそのさい、国家レベルの問題にコミットする各都市の権利は、各都市が現実的にもつ力の大きさに比例しなければならない、と主張している。そもそも「等しくないもの (inaequalis) のなかに同等性を求めようとするのは、不条理な要求である」(TP. IX-4, 347, 一五五)。結局、実質としては社会的差異をもち、それゆえ非同一的で非対称的な力関係のうちにある個人や集団を、リベラリズムのように同一的で自由な主体として相互に平等とみなすことは、差異を同等にあつかうことにはならず、差異から必然的に生じる不均等な権力関係を、公的に再生産することになる。このような実質的公的平等性への認識が、スピノザの政治論にはある。

以上のようなスピノザの同等性に関する議論をみると、同等性とは、存在論的差異をありのまま認めたうえで存在論的に対等であるとみなされる同等性(それが共通概念としての普遍的な同等性となる)と、一般的抽象的に同じとみなされる表象としての平等、そしてさらにはその両者をなにがしかの点で調整し、均衡させた法的権利としての公的同等性の三種がひとまず悟性的に区別可能だと思われる。

スピノザにとって国家という場は、まず多様な存在論的差異の力（＝自然権）をもった多数者が邂逅し、民族、宗教、言語、伝統、階層、文化、ジェンダーなど数々の抽象的な表象が立ち上げられることによって、権力の形成や喪失といった運動がくり広げられる場だった。しかもスピノザには、そうした表象の運動に内在する通約可能性が、どこかにかならず存在しているという哲学的確信があった。しかしその通約可能性は神即自然の立場からのみ認識可能であり、現実の国家においては、その時々に応じて展開される一般的抽象的同一性という表象としての平等と、それとは通約不可能な自然的社会的差異（共通概念としての普遍的な同等性）が並存している。公的自由としての政治的権利とは、表象としての平等と差異としての同等性をできるだけ相互対立させることなく、あたかも両者の標準点であるかのごとく設定された水準ではないだろうか。

もちろん理想としては、排除機能のない真の意味で普遍的な共通概念を形成する場としての国家、つまり「自由人（liber）」によってしか形成されえない「自由な共和国」（libera respublica）を考えることはできる。しかし、民主政のように政治的なものが表象権力によって激しく変動する政体においては、社会的な差異と一般的抽象的な同一性はともに公的自由を棄損するがゆえに、その均衡点は容易に崩壊する。社会的に差異ある集団が特定の権利を要求する特殊主義は、緊張や紛争によって公的同等性という統一性を破綻させるし、逆に一般的抽象的な平等の権利の推進は、社会的差異を抑圧し、画一化による公的自由＝同等性の損失が帰結するからである。こうした事態は、いわば国家としては悪しき現象形態であり、現象形態は最悪の場合から最良の場合までさまざまでありえるだろう。そうした種差を決定する要素のひとつは、スピノザによれば、第一に大衆の権力結集としての表象の水準にあった。

国家をつくる集団的表象は、「恐れ」や「希望」といった親近感や反感など感情的なアイデンティティが中心となったものであり、そうした表象は必然的に発生するがゆえに、法や道徳によっては規制しえず、強力な感情はより強力な反対の感情によってしか抑制できない（E. IV pro. 7, 214, 一九）。しかしスピノザはそうした強力な感情のなかに、有益な「能動感情」と呼ばれるものが存在すると考える。それは「勇気」や「寛仁」というように、アリストテレスに由来する共和主義的徳と同一の名称があたえられてはいるが、その内実は、前者が「理性にしたがって自己の存在を維持しようとする欲望」、後者が理性の指図によってのみ「他の人間を援助し、かつ他人と友情を結ぼうと努める欲望」と説明されている（E. III pro. 59 sch., 188, 二三四）。これは、既存の規範や象徴、世論や集合的アイデンティティといった表象をはなれて、自己の存在の維持と開かれた他者関係を築こうとする私的な日常感情であり、自己への配慮を基礎に他者関係をくみなおすフーコー的な実践的自己倫理として考えることも可能だろう。もちろんスピノザは、能動感情を理性や直観知の形成の問題と結びつけているので、政治の領域を越えた問題とならざるをえない。ここでのコンテクストに限定していえば、能動感情による自律的な寛容は、差異をできるだけ抑圧しないまま通約可能性を追求する社会倫理となり、公的同等性の水準を高めるうえで役立つ。

政治的領域における大衆の存在様式の水準を規定するもうひとつの要因は、人々の表象のあり方いかんにかかわらず、できるだけ「公的福祉（communis salus）の要求にかなうように」機能する法や制度・組織を整備することにある（TP. VI-3, 298, 六一）。スピノザによれば、国家の法の効力とは、個体的差異ないし集団的差異をもつさまざまな存在の実質的同等性を、公的自由としてどのくらい実現できるかという点にあり、そのためには、具体的現実にそくした差異ある権利や法の設定、また現実の力関係を調整しうる制度や政策が要請される。スピノザの『政治論』はそのための作業にささげられ、政治空間の組織化の手段としてスピノザが高い有効性を認めたのが、のちに自由主義的な政治制度として一括される諸制度、つまり法の支配、代議制、選挙、権力分立、都市連合、連邦制度といったさまざまな政治制度である。スピノザは自由主義者ではなく、これまでみてきたように、スピノザの国家や政治的なものの概念は、自由主義のそれを形而上学的な地平から相対化したものである。しかし自由主義的政治制度は、多数者の表象形式を、社会的差異にもとづく分裂の方向や、あるいは逆に排除をともなう抽象的一元化の方向のどちらの極にも移行させずに、スピノザ的な存在論的差異と普遍的平等の均衡点を政治的に設定するうえで、きわめて有効な手段なのである。

おわりに――異質者を内在させる民主政の可能性

一般的に近代国家論における民主主義論は、公共的な徳をもつ個人が公的世界を活動的に構築する参加型の自治、という共和主義型政治のパラダイムを縦糸とし、普遍的な自然権を実現しうる社会契約にのっとった主権国家の形成、という自然権〔法〕論のパラダイムを横糸としてきた。そして両パラダイムの融合は、家族・職能集団・地方自治体・教会といった中間団体や資本主義的な交換体系によって、国家主権を多元主義的に構成する市民社会論によってサポートされた。しかしスピノザの主権国家のヴィジョンはそうしたパラダイムと異なる特異なものだった。

スピノザの国家は、共和主義的な徳の政治が崩壊した後、公的政治世界にとっても私的市民社会にとっても

「他者」と規定される大衆の差異性が、表象をめぐる権力形成をおこなう場であった。そのような多数者に無条件に法的政治的資格をあたえる民主政とは、従来「政治的なもの」と規定された事柄を、きわめて動的で不安定なプロセスになげこむことであり、それは「政治的なもの」の崩壊とみることもできる。しかし、スピノザはむしろそこに、社会的差異としての普遍的同等性とさまざまに機能する諸表象とを、現実的に可能な様式で均衡させる機能を見出し、それを積極的に評価した。社会的差異としての同等性と諸表象との均衡点の種差は、ひとつには、公的空間も理性的能力ももちえない人々の日常生活の存在倫理ないしは感情形式によって、もうひとつには、自由主義的とよばれる議会制、分権制、法治主義等々の政治機構の組み方によって規定された。その根底には、差異にもとづく表象をつきあわせることによって、そのつきあわせかたを工夫しさえすれば、必ずや一定の通約可能性が開かれうる、というスピノザの存在論的な哲学とそれにもとづく政治学があった。スピノザの民主政論は「以下を欠く」まま空白で遺されたが、そうした工夫と手段によって、差異を内在させながら共通概念としての同等性に近づく、質のよい民主政が構築される可能性があると、スピノザは展望していたに違いない。

これはフランス革命以降国民国家の原型として定着していく、内的外的国境をもつ同質的な民族国家とは異なる国民国家の構想だった。歴史的には、急激な商業の発展と市民社会の早々の到来を経験しつつも、多元主義的な連邦制をめざしていた当時のネーデルランドに、他者として内在したユダヤ人スピノザによってしか考えられない構想だったかもしれない。しかし、「いまだかつて知られも試みもされないにもかかわらず、経験や実践に適合する」ような事柄はない（TP. I-3, 279, 一二）といいきる、徹底した現実主義者スピノザにとって、こうした国民国家の構想は、たんなる近代初期のユートピアではなく、きわめてアクチュアリティをもつ政治構想だったはずである。

しかしフランス革命からファシズムとスターリニズムにいたる国民国家の歴史は、スピノザの期待を裏切りつつ、かつスピノザの理論的洞察を的中させる方向に進んでいった。国民国家は、民族国家や階級国家や民主主義的独裁となり、それは国民国家にたいする決定的な幻滅をひきおこした。かつてアーレントは、ルソー的な同一的多数者としての人民の概念に対峙させて、「その尊厳がまさにその多様さに存するような限りなく変化に富む「多数者（manyness）」という概念がありうると述べた。しかし彼女は、主権は「支配の理念」であって「多数性（plurality）の条件」とは矛盾するとして（Arendt 1958, p. 234）、差異に富む「多数者」の存立と近代の国民国家の理念をあくまで相反するものと把握せざるをえなかった。これにたいしスピノザは、多数者の表象形成過程そのものとして存立する国家こそ、差異的権利と普遍的権利のその時々の均衡を設定するための有効な機関として、具体的政策を施行できる権力体になりうるという現実的見通しを、けっして棄てなかった。このようなスピノザの近代主権国家のオルタナティヴこそ、大衆民主主義とファシズムの時代にではなく、大衆民主主義と多文化主義の今日にこそ、生かされるべき現実的認識であると思われる。

註

（1）これにたいし、アーレントのイメージでは、アメリカ革命において現れる人民は生まれながらにではなく、政治体における法によって平等な権利義務の主体となる法的人格（person）を有する人々の集合体である。両者の差は、フランス革命が権力と法の源泉を無批判的に同一視し、どの憲法や議会も国法を強要するにたる十分な権威をもちえず、国民投票的な「選挙制専制主義」におちいったのにたいし、アメリカ共和制は、フランス・デモクラシーと同様人民に権力があったにもかかわらず、権力と法を明確に区別し、法としての憲法を権威の源泉としてもちえたがゆえに、人民は「法によって制限された、組織された民衆」となったとみなしている。Arendt, op. cit., 1963, ch. 4, を参照。

（2）ルソーのように、自然状態での弱さの平等と社会状態での強さの不平等を論じる者も、社会状態での平等の回復というテーマを掲げることによって、真の平等のメルクマールを強さにおく結果となる。それとはやや異なるモンテスキューにおいては、ホッブズの理論とは逆に、「自然状態」で人間は「自分の弱さしか感じない」から「互いにせめあおうとしない……平和が第一の自然的法律となる」が、それは「各人は自分がより劣っていると感じる。各人は平等（égal）だとはほとんど感じない」からなのであり（Montesquieu, op. cit., 1748, I-i-2, -3）、やはり、「弱さ」と「平等」は結びつかない。

（3）トドロフが指摘するように、近代西欧の思惟は、たとえば、人間／動物、スペイン人／インディオ、大人／子供、男性／女性、キリスト教／異教といったイメージ図式によって、自己とは異なる文化や価値をもつ他者を理解し、さらにそれは、理性／欲望、精神／身体、善／悪、完全／不完全、美徳／悪徳の各々の対立と対応され、後者にたいする前者の優位と克服によって、他者は内的に解消された（Tzvetan Todorov, *La conquête de l'amérique : la question de l'autre*, Seuil, 1982, 及川馥、大谷尚文、菊地良夫訳『他者の記号学――アメリカ大陸の征服』法政大学出版局、一九八六年、二一二頁）。

あとがき

本書の元になった既発表の論文は、年代順に以下のとおりであるが、一冊の著作にまとめるにあたって大幅に書き直し再構成した。

①「人民主権論の思想的系譜――ホッブズとルソーを結ぶスピノザ政治思想の位置」(『思想』一九八八年七月号、岩波書店)
②「スピノザ――「多数者(民衆)」による「自由な国家」構築の模索」(田中浩編『現代世界と国民国家の将来』、御茶の水書房、一九九〇年)
③「スピノザ政治思想における聖書解釈の意義――主権論と宗教論との関連をめぐって」(『一橋論叢』一橋大学一橋学会編、第一〇五巻 第二号、日本評論社、一九九一年)
④「フランス啓蒙思想とスピノザ――西欧近代思想史における異端の「抑圧」と「復活」」(『一橋論叢』一橋大学一橋学会編、第一〇八巻 第二号、日本評論社、一九九二年)
⑤「スピノザ政治論とカルヴィニズム――社会契約論から日常権力の解析学へ」(工藤喜作・桜井直文編『ス

ピノザと政治的なもの』平凡社、一九九五年）
⑥「Ｊ・アルトジウスの政治論における〈共生〉と〈主権〉」（『社会科学紀要』東京大学教養学部、第四四輯、一九九五年）
⑦「スピノザ主義者は〈自由主義〉の何を批判するか――〈自由な自己〉のアイデンティティと社会的権力」（鬼塚雄丞・丸山真人・森政稔編『ライブラリ相関社会科学〈自由な社会の条件〉』新世社、一九九六年）
⑧「デモクラシーのもう一つの可能性――スピノザ的国家における差異と平等」（『現代思想』一九九六年一一月臨時増刊号、青土社）
⑨「コノリーをめぐるニーチェとスピノザの対話」（『スピノザーナ』スピノザ協会年報　第一号、学樹書院、一九九九年）

①、②、③、④の各々は、本書の第一、第二、第三章に相当するが、執筆した年代が比較的古いこともあり、大幅に加筆、修正のうえ全体的に再編成しなおした。⑤が第四章、⑥が第三章補論、⑦および⑨が第五章、⑧が第六章に対応し、原型をとどめているが、加筆と修正をほどこした。

このようにながくスピノザの思想と取り組むことになるとは、当初思いもよらなかった。最初の論文を発表してから十年余、初めてスピノザを読むようになってからは、さらにながい年月が流れている。その間に世界はおおきく揺れ動き、私のささやかな境遇もさまざまに変化した。私の問題意識もスピノザの読み方もゆっくりと変わってきたが、いつもスピノザのテキストから力を与えられたという感慨がある。そのような私の思いとわずかな仕事がこうして一冊の書物という形をとることができたのは、多くの方々から賜った学恩や支援による。ひとりひとりの方に感謝を伝えたいが、ここでは本書の成立に直接ご尽力くださった方々にかぎり謝辞を述べたい。

田中浩先生には、一橋大学大学院の博士課程において指導教官としてお世話になって以来薫陶を賜り、政治思想史の本質を見抜く鋭い眼識とひろい学識に触れるなかで、学問はもとより人生や社会についても多くをご教示いただいた。先生は、私が行き場のない落ちこぼれの院生の時も、専業主婦の時も、教員になってからも、いつも変わらず学問を志す者同士として相対し、私を研究者として育ててくださった。本書の出版のためにもお骨折りいただいた。岩崎允胤先生には、一橋大学の学部と大学院の修士課程において指導教官としてお世話になった。古今東西の哲学に通じる先生は、思想に興味をもつ私を学問的なスタート・ラインへ導き、哲学の気高さ、厳しさ、おおらかさを教えてくださった。一橋大学社会学部の助手時代には、加藤哲郎先生、島崎隆先生、平子友長先生、岩佐茂先生のお世話になり、さまざまなご教示をいただいた。

スピノザ研究については、大学院の修士課程において齋藤博先生にスピノザ講読のご指導を賜ったのをはじめ、スピノザ協会での定期的な研究会に多くを負っている。工藤喜作先生、河井徳治先生、森尾忠憲先生、宗像惠先生、桜井直文先生、上野修先生、その他の諸先生方や諸氏から多くのご教示と励ましを受け、とくに本書の校正では、高木久夫氏および佐藤義和氏から貴重な援助と助言をいただいた。また現在の職場である東京大学大学院総合文化研究科国際社会科学専攻の諸先生方からは、社会科学のそれぞれ異なる専門分野から得難いご示唆や刺激を常にいただき、とくに思想史を専門とされる長尾龍一先生（現日本大学教授）、山脇直司先生、森政稔先生からは多くのご教示をいただいた。院生や学生の諸君から教えられることも多く、とくに本書の出版にあたっては、大学院生である岡田晃枝さん、青山賢治君、坂梨祥さんに、文献表の作成やテクストの入力でお世話をかけた。私のようにやや変則的な履歴の持ち主に、恵まれた学問と教育の場を与えてくださった国際社会科学専攻に深く感謝している。

この場で私的なことがらにふれるのはふさわしくないが、早川誠・薫ご夫妻へお礼を述べずにはいられないことをお許しいただきたい。共働きという同じ境遇にありながら、ご夫妻はこの十年余わが家の子育てをいつも惜しみなく支えてくださった。ご夫婦のご厚意がなければ、私の研究生活と家庭生活の両立はなかっただろう。

なお本書の出版にあたっては、平成十一年度科学研究費補助金「研究成果公開促進費」の交付を受けた。最後になったが、本書の編集と出版をお引き受けくださった未來社社長西谷能英氏、および編集の岩崎清氏には、私の不手際のため通常以上のご苦労をおかけした。あらためて深く感謝申し上げげる。

二〇〇〇年二月一九日

著　者

人名索引

あ行

か行

さ行

た行

な行

は行

ま行

や行

ら行

わ行

事項索引

あ行

か行

さ行

た行

な行

は行

ま行

や行

ら行

文献表

赤木昭三. 1993.『フランス近代の反宗教思想――リベルタンと地下写本』岩波書店.

Andeweg, Rudy B. and Irwin, Galen A. 1993. *Dutch Government and Politics*, Macmillan.

Arendt, Hannah. 1958. *The Human Condition*, University of Chicago Press.（志水速雄訳『人間の条件』ちくま学芸文庫, 一九九四年）

1961. *Between Past and Future*, Penguin Books, 1977.（引田隆也・齋藤純一訳『過去と未来のあいだ』みすず書房, 一九九四年）

1963. *On Revolution*, Viking Press.（志水速雄訳『革命について』合同出版, 一九六八年）

Althusser, Louis. 1965. *Pour Marx*, Maspero.（河野健二・田村俶・西川長夫訳『マルクスのために』平凡社ライブラリー, 一九九四年）

1988. *Filosofía y Marxismo Entrevista por Fernanda Navarro*, Siglo Veintiuno.（山崎カヲル訳『不確定な唯物論のために――哲学とマルクス主義についての対話』大村書店, 一九九三年）

[Anonymous]. 1965. De Boekerij van B. de. Spinoza, in *Catalogus van de Bibliotheek der Vereningin 'Het Spinozahuis' te Rijnsburg*, E. J. Brill.

碧海純一・伊藤正己・村上淳一編. 1976.『法学史』, 東京大学出版会.

Aristotle. 1926. *The Nicomachean Ethics*, with an English translation by H. Rackham, Loeb Classical Library, Harvard University Press.（高田三郎訳『ニコマコス倫理学』岩波文庫,（上）一九七一年（下）一九七三年）

1932. *Politics*, with an English translation by H. Rackham, Loeb Classical Library, Harvard University Press.（田中美知太郎他訳「政治学」『アリストテレス』世界の名著 8　中央公論社, 一九七九年）

浅野順一. 1955.『イスラエル豫言者の神学』創文社.

Assoun, Paul-Laurent. 1980. Spinoza, les libertins français et la politique (1665-1725), dans *Cahiers Spinoza* 3, Éditions Réplique.

Balet, Leo. 1962. *Rembrandt and Spinoza*, Philosophical Library.（奥山秀美訳『レンブラントとスピノザ』法政大学出版局, 一九七八年）

Balibar, Etienne. 1985. Spinoza ; l'anti-Orwell : La crainte des masses, dans *Les Temps Modernes*, septembre.

1998. *Spinoza and Politics*, translated by Peter Snowdon, Verso.

Balibar, Etienne, et Wallerstein, Immanuel. 1988. *Race, nation, classe : Les identités ambiguës*, Éditions la Découverte.

Belaief, Gail. 1971. *Spinoza's Philosophy of Law*, P. H. Klop.

Benjamin, Walter. 1915. Das Leben der Studenten, *Gesammelte Schriften*, II-1, Suhrkamp, 1989.（丘澤静也訳「学生の生活」『教育としての遊び』晶文社, 一九八一年）

Berlin, Isiah. 1969. *Four Essays on Liberty*, Oxford University Press（小川晃

一・小池ケイ・福田歓一・生松敬三訳『自由論』みすず書房，一九七一年）

Blom, H. W. 1979. Political Science in the Golden Age : Criticism, History and Theory in Dutch Seventeenth Century Political Thought, in *The Netherlands' Journal of Sociology*, 15, Elsevier Scientific Publishing.

Blom, J. C. H. and Lamberts, E. (eds.). 1999. *History of the Low Countries*, Berghahn Books, translated by James C. Kennedy.

Bodin, Jean. 1583. *Les six livres de la république*, Deuxième réimpression de l'édition de Paris, Scientia Verlag Aalen, 1977.

Boonin-Vail, David. 1994. *Thomas Hobbes and the Science of Moral Virtue*, Cambridge University Press.

Borkenau, Franz. 1934. *Der Übergang vom feudalen zum bürgerlichen Weltbild*, Wissenschaftliche Buchgesellschaft, 1973.（水田洋他訳『封建的世界像から市民的世界像へ』みすず書房，一九六五年）

Bourdieu, Pierre. 1980. *Le sens pratique*, Minuit.（今村仁司・港道隆訳『実践感覚』1，2. みすず書房，一九八八年）

Boxer, Charles R. 1963. *The Dutch Seaborne Empire 1600-1800*, Hutchinson.

Brumfitt, J. H. 1972. *The French Enlightenment*, Macmillan.（清水幾太郎訳『フランス啓蒙思想入門』，白水社，一九八五年）

Buber, Martin. 1952. *Zwischen Gesellschaft und Staat*, Verlag Lambert Schneider.

Burke, Peter. 1988. *Venice and Amsterdam: A Study of Seventeenth-Century Elites*, Second Edition, 1994, Polity Press.

Calvin, Johan. 1536. *Institutio Christianae Religionis, librum IV. continens, editio secunda emendata, 1559*, Joannis Calvini Opera Selecta, ediderunt Petrus Barth et Guilelmus Niesel, vol. V, Monachii in Aedibus Chr. Kaiser, 1962.（渡辺信夫訳『キリスト教綱要 IV』，新教出版社，一九六五年）

Carp, J. H. 1921. Naturrecht und Pflichtbegriff nach Spinoza, in *Chronicon Spinozanum* Bd. 1, Hagae Comitis Curis Societatis Spinozanae.

Carp, J. H. 1926. Die metaphysische Grundlage der spinozanischen Politik, in *Chronicon Spinozanum*, Bd. 4, Hagae Comitis Curis Societatis Spinozanae.

千葉眞. 1996.『アーレントと現代――自由の政治とその展望』岩波書店.

Connolly, William E. 1988. *Political Theory and Modernity*, Basil Blackwell.（金田耕一・栗栖聡・的射場敬一・山田正行訳『政治理論とモダニティー』昭和堂，一九九三年）

1991. *Identity/Difference: Democratic Negotiations of Political Paradox*, Cornell University Press（杉田敦・齋藤純一・権左武志訳『アイデンティティ／差異――他者性の政治』岩波書店，一九九八年）

Cranston, Maurice. 1957. *John Locke : A Biography*, Longmans.

Cunningham, Frank. 1987. *Democratic Theory and Socialism*, Cambridge University Press（中谷義和・重森臣広訳『民主主義理論と社会主義』日本経済評論社，一九九二年）

Curley, Edwin M. 1973. Spinoza's Moral Philosophy, in *Spinoza: A Collection*

of Critical Essays, Anchor.

Daalder, Hans. 1971. On Building Consociational Nations: The Cases of the Netherlands and Switzerland, in *International Social Science Journal*, vol. 23, no. 3.

d'Allonnes, Myriam Revault. 1993. Hannah Arendt et Spinoza : le politique sans la domination, dans *Spinoza au XXᵉ siècle*, sous la direction Olivier de Bloch, Presses Universitaires de France.

de Dijn, H. 1978. The Possibility of an Ethic in a Deterministic System Like Spinoza's, in *Spinoza's Philosophy of Man*, edited by J. Westlesen, Oslo Universitets-forlaget.

Deleuze, Gilles. 1968. *Spinoza et la Problème de l'expression*, Minuit.（工藤喜作・小柴康子・小谷晴勇訳『スピノザと表現の問題』法政大学出版局，一九九一年）

1970. *Spinoza : philosophie pratique*, Minuit, 1981.（鈴木雅大訳『スピノザ実践の哲学』平凡社，一九九四年）

d'Entrèves, Alexander Passerin. 1967. *The Notion of the State : An Introduction to Political Theory*, Clarendon Press.（石上良平訳『国家とは何か』みすず書房，一九七二年）

Den Uyl, Douglas J. 1985. Sociality and Social Contract: A Spinozistic Perspective, in *Studia Spinozana 1, Spinoza's Philosophy of Society*, Walther & Walther.

Den Uyl, Douglas J. and Warner, Stuart D. 1987. Liberalism and Hobbes and Spinoza, in *Studia Spinozana, 3, Spinoza and Hobbes*, Walther & Walther.

Derathé, Robert. 1970. *Jean-Jacques Rousseau et la science politique de son temps*, Librairie Philosophique J. Vrin. 1992.（西嶋法友訳『ルソーとその時代の政治学』九州大学出版会，一九八六年）

de Vries, Theun. 1970. *Baruch de Spinoza*, ro-ro-ro bildmonographien, Rowohlt.

Des-Cartes, R. 1649. *Les passions de l'âme*, Œuvres IX, Adam & Tannery, 1909.（花田圭介訳『情念論』デカルト著作集3，白水社，一九七三年）

1664. *Principia Philosophiae*, Œuvres IX, Adam & Tannery, 1909.（三輪正・本田英太郎訳『哲学原理』デカルト著作集3，白水社　一九七三年）

Diderot, Denis. 1751. AUTORITÉ POLITIQUE, dans *Encyclopédie, ou Dictionnaire Raisonné des Sciences, des Arts et des Métiers*, À neufchâtel, chez Samuel Faulche.（井上幸治訳「政治的権威」『ディドロ著作集　第三巻』法政大学出版局，一九八九年）

1755. DROIT DE LA NATURE, *dans Encyclopédie, ou Dictionnaire Raisonné des Sciences, des Arts et des Métiers*, À neufchâtel, chez Samuel Faulche.（井上幸治訳「自然法」『ディドロ著作集　第三巻』法政大学出版局，一九八九年）

1765. SPINOZA, dans *Encyclopédie, ou Dictionnaire Raisonné des Sciences, des Arts et des Métiers*, À neufchâtel, chez Samuel Faulche.（野沢協訳

「スピノザ哲学」『ディドロ著作集　第二巻　哲学 II』法政大学出版会，一九八〇年）

Dilthey, Wilhelm. 1977. Die Autonomie des Denkens, der konstruktive Rationalismus und der pantheistische Monismus nach ihrem Zusammenhang im 17- Jahrhundert, *Gesammelte Schriften*, Bd. II, Vandenhoeck & Ruprecht.

Eckstein, Walther. 1933. Zur Lehre vom Staatsvertrag bei Spinoza, in *Zeitschrift für öffentliches Recht* XIII, Wien Verlag von Juius Springer.

1944. Rousseau and Spinoza : Their Political Theories and their Conception of Ethical Freedom, in *Journal of the History of Ideas*, vol. V, num. 3, June.

Engels, Friedrich. 1894. *Herrn Eugen Dührings Umwälzung der Wissenschaft*, Marx Engels Werke 20, Dietz, 1962.（村田陽一訳『反デューリング論』国民文庫，大月書店，一九七〇年）

Eribon, Didier. 1989. *Michel Foucault*, Flammarion.（田村俶訳『ミシェル・フーコー伝』新潮社，一九九一年）

Feuer, Lewis Samuel. 1964. *Spinoza and the Rise of Liberalism*, Beacon Press.

Feuerbach, Ludwig. 1843. *Grundsätze der Philosophie der Zukunft*, Werke, Herausgegeben von Erich Thies, Bd. III, Suhrkamp, 1975.（松村一人・和田楽訳『将来の哲学の根本命題』岩波文庫，一九六七年）

Foucault, Michel. 1976. *La volonté de savoir, vol. 1 d'Histoire de la sexualité*, Gallimard.（渡辺守章訳『性の歴史 I　知への意志』新潮社，一九八六年）

Francès, Madeleine. 1937. *Spinoza dans les Pays Néerlandais de la seconde moitié du XVIIe siècle*, Félix Alcan.

1951. Les réminiscences spinozistes dans le《Contrat social》de Rousseau, dans *Revue Philosophique*, CXLI, 1951.

Freudenthal, Jacob. 1899. *Die Lebensgeschichte Spinozas in Quellenschriften, Urkunden und nichtamtlichen Nachrichten*, Veit（リュカス・コレルス，渡辺義雄編訳『スピノザの生涯と精神』学樹書院，一九九六年）

1927. *Spinoza. Leben und Lehre*, Carl Winter.（工藤喜作訳『スピノザの生涯』哲書房，一九八二年）

福田歓一. 1971.『近代政治原理成立史序説』岩波書店.

Fukuyama, Francis. 1992. *The End of History and the Last Man*, Free Press.（渡部昇一訳『歴史の終わり』三笠書房，一九九二年）

Gatens, Moira and Lloyd, Genevieve. 1999. *Collective Imaginings : Spinoza, Past and Present*, Routledge.

Gebhardt, Carl. 1925. Textgestaltung, in *Spinoza Opera II*, Carl Winter.

Geyl, Pieter. 1964. *The Netherlands in the Seventeenth Century 1648-1715*, Barnes & Noble.

Gierke, Otto Friedrich von. 1880. *Johannes Althusius und die Entwicklung der naturrechtlichen Staatstheorien*, Vierte Ausgabe, M. & H. Marcus, 1929.

1913. *Die Staats- und Korporationslehre der Neuzeit durchgeführt bis zur Mitte des siebzehnten, für das Naturrecht bis zum Beginn des neunzehnten*

Jahrhunderts, Das deutsche Genossenschaftsrecht, Bd. IV, Weidmannsche Buchhandlung.

Girard, René. 1961. *Mensonge romantique et vérité romanesque*, Éditions Bernard Grasset.（古田幸男訳『欲望の現象学』法政大学出版局，一九七一年）

Gray, John. 1986. *Liberalism*, 2nd edition, Open University Press, 1995.（藤原保信・輪島達郎訳『自由主義』昭和堂，一九九一年）

Grotius, Hugo. 1622. *Verantwoordingh van de Vuettelijcke Regieringh van Hollandt ende West-Vrieslandt, Midtsgaders eenigher nabuyrighe Provincien, sulcks die was voor de veranderingh, ghevallen in den Jare xvj[c] en xviij*. Defense of the Lawful Government of Holland, in *The Life and Legal Writings of Hugo Grotius*, Edward Dumbauld, Norman University of Oklahoma Press. 1969.

Gueroult, Martial. 1968. *Spinoza, Dieu*, Aubier.

1974. *Spinoza, L'âme*, Aubier.

Gullan-Whur, Margaret. 1998. *Within Reason: A Life of Spinoza*, Jonathan Cape.

Habermas, Jürgen. 1990. *Strukturwandel der Öffentlichkeit. Untersuchungen zu einer Kategorie der bürgerlichen Gesellschaft*, Suhrkamp.（細谷貞雄・山田正行訳『［第二版］公共性の構造転換』未來社，一九九四年）

Harrington, James. 1656. *James Harrington's Oceana*, edited by S. B. Liljegren, Hyperion Press, 1924.（田中浩訳「オシアナ」『ホッブズ・ロック・ハリントン』世界大思想全集，河出書房新社，一九六二年）

Harris, Errol E. 1995. *The Substance of Spinoza*, Humanities Press.

Hazard, Paul. 1935. *La crise de la conscience européenne*（1680-1715）, Bolvin.（野沢協訳『ヨーロッパ精神の危機　一六八〇〜一七一五』，法政大学出版局，一九七三年）

Hegel, Georg Wilhelm Friedrich. 1821. *Grundlinien der Philosophie des Rechts oder Naturrecht und Staatswissenschaft im Grundrisse*, Werke 7, Suhrkamp, 1970.（藤野渉・赤澤正敏訳「法の哲学」『ヘーゲル』世界の名著，中央公論社，一九六七年）

1830. *Enzyklopädie der philosophischen Wissenschaften im Grundrisse*, Werke 8, Suhrkamp, 1970.（松村一人訳『小論理学』岩波文庫，一九五一年）

1832-1845. *Vorlesungen über die Geschichte der Philosophie III*, Werke 20, Suhrkamp, 1971.

Hirst, Paul Q. 1994. *Associative Democracy*, Polity Press.

Hüglin, T. O. 1991. *Sozietaler Föderalismus. Die politische Theorie des Johannes Althusius*. Walter de Gruyter.

Hume, David. 1739-1740. *A Treatise of Human Nature*, edited by L. A. Selby-Bigge, 1888, 2nd edition, Clarendon Press, 1978.

1748. *Political Essays*, Cambridge Texts in the History of Political Thought, edited by Knud Haakonssen, Cambridge University Press. 1994.（小松茂夫訳『市民の国について』岩波文庫，一九八二年）

井上達夫．1999.『他者への自由——公共性の哲学としてのリベラリズム』創文社．

岩村信二. 1974.『血と契約』ヨルダン社.

Jaucour, Chevalier de. 1756. ÉTAT DE NATURE, dans *Encyclopédie, ou Dictionnaire Raisonné des Sciences, des Arts et des Métiers*, À neufchâtel, chez Samuel Faulche.（杉之原寿一訳「自然状態」桑原武夫訳編『百科全書』岩波文庫，一九七一年）

Joachim, Harold H. 1901. *A Study of the Ethics of Spinoza*, Oxford Clarendon Press.

Kant, Immanuel. 1784. Beantwortung der Frage : Was ist Aufklärung ?, in *Ausgewählte kleine Schriften*, Felix Meiner, 1969.（篠田英雄訳「啓蒙とは何か」『啓蒙とは何か』岩波文庫，一九七四年）

1786. Mutmaßlicher Anfang der Menschengeschichte, in *Ausgewählte kleine Schriften*, Felix Meiner, 1969.（篠田英雄訳「人間の歴史の憶測的起源」『啓蒙とは何か』岩波文庫，一九七四年）

1794. Das Ende aller Dinge, *Ausgewählte kleine Schriften*, Felix Meiner, 1969.（篠田英雄訳「万物の終り」『啓蒙とは何か』岩波文庫，一九七四年）

加藤節. 1979.『近代政治哲学と宗教』東京大学出版会.

1989.「スピノザ解釈の一パラダイム――倫理学と政治学の間」『成蹊法学』第二九号.

加藤晴久編. 1990.『ピエール・ブルデュー――超領域の人間学』藤原書店.

川出良枝. 1996.『貴族の徳，商業の精神――モンテスキューと専制批判の系譜』東京大学出版会.

川口博. 1970.「一五・一六世紀のネーデルランド全国議会について」『史林』第53巻第5号，史学研究会.

1986.「議会と主権――オランダ共和国の成立」『オランダとインドネシア――歴史と社会』栗原福也・永積昭監修，山川出版社.

1995.『身分制国家とネーデルランドの反乱』彩流社.

河井徳治. 1994.『スピノザ哲学論攷――自然の生命的統一について』創文社.

川上幸恵. 1998.「ムスリム移民の統合と柱状化」『日蘭学会会誌』，第二三巻第1号.

木田献一. 1971.『イスラエルの信仰と倫理』日本基督教団出版局.

清末尊大. 1977.「ジャン・ボダンの生涯」（三）『北大法学論集』28.

Klever, Wim N. A. 1989. Spinoza and Van den Enden in Borch's Diary in 1661 and 1662, in *Studia Spinozana 5, Spinoza and Literature*, Königshausen & Neumann.

1989. Hudde's Question on God's Uniqueness: A Reconstruction on the Basis of Van Limborch's Correspondence with John Locke, in *Studia Spinozana 5, Spinoza and Literature*, Königshausen & Neumann.

1991. A New Source of Spinozism : Franciscus Van den Enden, in *Journal of the History of Philosophy, 29-4*.

Klibansky, Raymond. 1968. A Preface to *Epistola de Tolerantia* of John Locke, Parallel Texts in English and Latin, Clarendon Press.

Kossmann, E. H. 1960. The Development of Dutch Political Theory in the Seventeenth Century, in *Britain and the Netherlands*, edited by J. S. Bromley

& E. H. Kossmann, Chatto & Windus.

1981. Popular Sovereignty at the Beginning of the Dutch Ancien Regime, in *The Low Countries History Yearbook*, XIV.

Kossmann, E. H. and Mellink, A. F. (eds.) 1974. *Texts concerning the Revolt of the Netherlands*, Cambridge University Press.

工藤喜作. 1997.「スピノザの国家論――ホッブズと関係して」神奈川大学人文学研究所編『国家とエスニシティ』勁草書房.

栗原福也. 1968.「オランダ共和国における大商人層の支配」(日蘭学会編, 栗原福也・永積昭監修『オランダとインドネシア――歴史と社会』山川出版社, 一九六八年)

Lacan, Jacques. 1957. *Le séminaire sur《La Lettre volée》: La Psychanalyse*, Presses Universitaires de France, vol. I. (佐々木孝次訳「《盗まれた手紙》についてのゼミナール」『エクリ』I, 弘文堂, 一九七二年)

Laclau, Ernesto and Mouffe, Chantal. 1985. *Hegemony and Socialist Strategy. Towards a Radical Democratic Politics*, translated by Winston Moore and Paul Cammack, Verso. (山崎カヲル・石澤武訳『ポスト・マルクス主義と政治――根源的民主主義のために』大村書店, 一九九二年.

Lazzeri, Christian. 1998. *Droit, pouvoir et liberté: Spinoza critique de Hobbes*, Presses Universitaires de France.

Levy, Ze'ev. 1989. *Baruch or Benedict: On Some Jewish Aspects of Spinoza's Philosophy*, Peter Lang.

Lijphart, Arend. 1975. *The Politics of Accommodation: Pluralism and Democracy in the Netherlands*, 2nd edition, University of California Press.

Locke, John. 1689. *A Letter concerning Toleration*, Works, vol. VI, Scientia Verlag Aalen, 1963. (浜林正夫訳「宗教的寛容に関する書簡」『ホッブズ・ロック・ハリントン』世界大思想全集　河出書房新社, 一九六二年)

1699. Second Reply to the Bishop of Worcester, *Works*, vol. 4, Scientia Verlag Aalen, 1963.

Macherey, Pierre. 1979. *Hegel ou Spinoza*, Éditions La Découverte, 1990. (鈴木一策・桑田禮彰訳『ヘーゲルかスピノザか』新評論, 一九八九年)

Marx, Karl & Engels, Friedrich. 1845. *Die deutsche Ideologie*, Marx Engels Werke 3, Dietz Verlag, 1969. (服部文男監訳『[新訳] ドイツ・イデオロギー』新日本出版社, 一九九六年)

Matheron, Alexandre. 1969. *Individu et communauté chez Spinoza*, Minuit.

松田克進. 1995.「スピノザと精神分析」日本倫理学会編『倫理学年報』第44集.

Mcneill, John T. 1967. *The History and Character of Calvinism*, Oxford University Press.

McSchea, Robert J. 1968. *The Political Philosophy of Spinoza*, Columbia University Press.

Meijer, W. 1902. Wie sich Spinoza zu den Collegianten verhielt, in *Archiv für Philosophie, I. Abtheilung : Archiv für Geschichte der Philosophie*, Bd. XV, H. 1.

Meinsma, K. O. 1909. *Spinoza und sein Kreis*, Karl Schnabel.

Menzel, Adolph. 1898. *Wandlungen in der Staatslehre Spinoza's*, J. G. Cottaschen Buchhandlung.
1902. Spinoza und die Collegianten, in *Archiv für Philosophie, I. Abtheilung; Archiv für Geschichte der Philosophie*, Bd. XV, H. 3.
1907. Der Sozialvertrag bei Spinoza, in *Zeitschrift für das Private- und Öffentliche-Recht der Gegenwart*, Bd. XXXIV.
Mintz, Samuel I. 1962. *The Hunting of Leviathan : Seventeenth-Century Reactions to the Materialism and Moral Philosophy of Thomas Hobbes*, Cambridge University Press.
Mill, John Stuart. 1859. *On Liberty*, reprinted by William Collins Sons, 1962.（早坂忠訳「自由論」,『ベンサム　J. S. ミル』世界の名著 38, 中央公論社）
Montesquieu, Charles De Secondat, Baron De. 1748. *De l'esprit des lois*, Garnier Frères.（根岸国孝訳『法の精神』河出書房新社，一九七四年）
森政稔. 1998.「〈ニーチェの政治学〉は存在するか」『現代思想』十一月臨時増刊号.
森尾忠憲. 1983.『デモクラシー論の先駆――スピノザの政治理論』学文社.
Mulier, Eco O. G. Haitsma. 1980. *The Myth of Venice and Dutch Republican Thought in the Seventeenth Century*, translated by Gerard T. Moran, Van Gorcum.
宗像惠. 1995.「スピノザと同時代の思潮」神戸大学『近代』発行会，一九九五年九月.
長尾龍一. 1994.『リヴァイアサン――近代国家の思想と歴史』講談社学術文庫.
中金聡. 1995.『オークショットの政治哲学』早稲田大学出版部.
並木浩一. 1979.『古代イスラエルとその周辺』新地書房.
1982.『旧約聖書における社会と人間――古代イスラエルと東地中海世界』教文館.
鳴子博子. 1998.「ルソーの一般意志論の解明――ヘーゲルの普遍意志とマルクスの固有の力との関連において」『中央大学社会科学研究年報』第 2 号.
Negri, Antonio. 1981. *The Savage Anomaly*, translated by Michael Hardt, University of Minnesota Press, 1991.
1997. *Le pouvoir constituant: Essai sur les alternatives de la modernité*, Presses Universitaires de France.（杉村昌昭・斉藤悦則訳『構成的権力――近代のオルタナティブ』松籟社，一九九九年）
Nisbet, Robert. 1973. *The Social Philosophers : Community & Conflict in Western Thought*, Thomas Y. Crowell.
Nietzsche, Friedrich. 1880-1881. *Morgenröte : Gedanken über die moralischen Vorurtheile*, Gesammelte Werke Bd. X. Musarion, 1925（茅野良男訳『曙光』ニーチェ全集 7，ちくま学芸文庫，一九九三年）
1881. *Sämtliche Briefe*, Kritische Studienausgabe. Bd. 6（Januar 1880- December 1884), dtv de Gruyter. 1986.（塚越敏訳『ニーチェ書簡集 I』ニーチェ全集別巻 1，ちくま学芸文庫，一九九四年）
1889. *Sämtliche Briefe*, Kritische Studienausgabe. Bd. 8（Januar 1887- Januar 1889, Nachträge/Register), dtv de Gruyter. 1986.（塚越敏訳『ニーチ

ェ書簡集Ⅱ』ニーチェ全集別巻2，ちくま学芸文庫，一九九四年）

1883-1885. *Also Sprach Zarathustra*, Gesammelte Werke Bd. VIII. Musarion, 1925.（吉沢伝三郎訳『ツァラトゥストラ』上・下，ニーチェ全集 9, 10，ちくま学芸文庫，一九九三年）

1888(1). *Umwertung aller Werte. Vorwort und erstes Buch : Der Antichrist*, Gesammelte Werke Bd. XVII. Musarion, 1926.（原佑訳『偶像の黄昏　反キリスト者』ニーチェ全集 14，ちくま学芸文庫，一九九四年）

1888(2). *Ecce homo. Wie man wird, was man ist,* Gesammelte Werke Band XXI, Musarion, 1928.（川原栄峰訳『この人を見よ　自伝集』ニーチェ全集 15，ちくま学芸文庫，一九九四年）

Oakeshott, Michael. 1962. *Rationalism in Politics and Other Essays*, Liberty Press, 1991.（嶋津格，森村進他訳『政治における合理主義』勁草書房，一九八八年）

大塚久雄．1960(1)．「オランダ型貿易国家の生成」『大塚久雄著作集』第六巻，岩波書店．一九六九年．

1960(2)．「経済の国民的自立」『大塚久雄著作集』第六巻，岩波書店．一九六九年．

小澤亘．1990．「ルソーにおける「宗教」と「政治」――ボシュエ・ホッブズ・スピノザとの対比による一考察」（『思想』一九九〇年四月号，岩波書店）

Paine, Thomas. 1776. *Common Sense and Other Political Writings*, edited by Nelson F. Adkins, Bobbs-Merril. 1953（小松春雄訳『コモン・センス』岩波文庫，一九七六年）

Pierson, Christopher. 1991. *Beyond the Welfare State ?*, Basil Blackwell（田中浩・神谷直樹訳『曲がり角にきた福祉国家――福祉の新政治経済学』未來社，一九九六年）

Pocock, John G. A. 1960. *Politics, Language, and Time*, The University of Chicago Press.

1975. *The Machiavellian Moment : Florentine Political Thought and the Atlantic Republican Tradition*, Princeton University Press.

Pollock F. 1921. Spinoza's Political Doctrine with Special Regard to His Relation to English Publicists, in *Chronicon Spinozanum*, Bd. I, Hagae Comitis Curis Societatis Spinozanae.

Price, J. L. 1974. *Culture and Society in the Dutch Republic During the 17th Century*, B. T. Bostford.

Pufendorf, Samuel. 1688. *De Jure Naturae et Gentium*, Libri Octo, cum integris commentarivivorum clarissimorum Jo. Nic, Hertii, atque Jo. Barbeyraci, recensvit et animadversionibus illustravit Gottfridus Mascovius, 1967.

Razumovski, I. P. 1952. Spinoza and the State, in *Spinoza in Soviet Philosophy*, selected and translated, and with an introduction by George L. Kline, Routledge and Kegan Paul, 1952.

Robinson, H. W. 1980 *Corporate Personality in Ancient Israel*, Revised Edition, Fortress Press.（『旧約聖書における集団と個』船水衛司訳，教文館，一九

七二年）
Rousseau, Jean-Jacques. 1750. *Discours sur les Sciences et les Arts*, Œuvres Complètes III, édition publiée sous la direction de Bernard Gagnebin et Marcel Raymond, Pléiade, Gallimard, 1964.（山路昭訳「学問芸術論」『ルソー全集　第四巻』白水社，一九七八年）

1762. *Citoyen de Genève à Christophe de Beaumont, Archevêque de Paris*. Œuvres Complètes IV, édition publiée sous la direction de Bernard Gagnebin et Marcel Raymond, Pléiade, Gallimard, 1969.（西川長夫訳「ボーモンへの手紙」『ルソー全集　第七巻』白水社，一九八二年）

1782. *Jugement sur la Polysynodie*, Œuvres Complètes III, édition publiée sous la direction de Bernard Gagnebin et Marcel Raymond, Pléiade, Gallimard, 1964.（宮治弘之訳「ポリシノディ論批判」『ルソー全集　第四巻』白水社，一九七八年）

斎藤博．1974．『スピノチスムスの研究』創文社．

1978. Spinozism and Japan, in *Speculum Spinozanum 1677-1977*, Routledge & Kegan Paul.

桜井直文．1995．「スピノザにおける力と権力――『政治論』の用語法をめぐって」工藤喜作・桜井直文編『スピノザと政治的なもの』平凡社．

佐々木毅．1970．『マキアヴェッリの政治思想』岩波書店．

関口正司．1989．『自由と陶冶――J・S・ミルとマス・デモクラシー』みすず書房．

柴田寿子．1988．「人民主権論の思想的系譜――ホッブズとルソーを結ぶスピノザ政治思想の位置」『思想』7月号，岩波書店．

1990．「スピノザ――「多数者（民衆）」による「自由な国家」構築の模索」，田中浩編『現代世界と国民国家の将来』御茶の水書房．

1991．「スピノザ政治思想における聖書解釈の意義――主権論と宗教論との関連をめぐって」『一橋論叢』一橋大学一橋学会編，日本評論社，第105巻 第2号．

1992．「フランス啓蒙思想とスピノザ――西欧近代思想史における異端の「抑圧」と「復活」」『一橋論叢』一橋大学一橋学会編，日本評論社，第108巻第2号．

1995．「スピノザ政治論とカルヴィニズム――社会契約論から日常権力の解析学へ」工藤喜作・桜井直文編『スピノザと政治的なもの』平凡社．

1995．「J. アルトジウスの政治論における〈共生〉と〈主権〉」『社会科学紀要』東京大学教養学部，第44輯．

1996．「スピノザ主義者は〈自由主義〉の何を批判するか――〈自由な自己〉のアイデンティティと社会的権力」，鬼塚雄丞・丸山真人・森政稔編『ライブラリ相関社会科学〈自由な社会の条件〉』新世社．

1996．「デモクラシーのもう一つの可能性――スピノザ的国家における差異と平等」『現代思想』十一月臨時増刊号，青土社．

1998．「神は嫉妬深いか？――同化主義とシオニズムのはざま」『現代思想』4月号．

1999．「コノリーをめぐるニーチェとスピノザの対話」『スピノザーナ』スピノザ協会年報　第1号，学樹書院．

重森臣広. 1990.「ホッブズ――市民的啓蒙の国家像」, 田中浩編『現代世界と国民国家の将来』御茶の水書房.

清水禮子. 1978.『破門の哲学』みすず書房.

Schmitt, Carl. 1922. *Politische Theologie. Vier Kapitel zur Lehre von der Souveränität*, Fünfte Auflage, Duncker & Humblot, 1990.（田中浩・原田武雄訳『政治神学』未來社, 一九七一年）

1926. *Die geistesgeschichtliche Lage des heutigen Parlamentarismus*, Siebente Auflage, Duncker & Humblot, 1991.（稲葉素之訳『現代議会主義の精神史的地位』みすず書房, 一九七二年）

1938. *Der Leviathan in der Thomas Hobbes*, Hanseatische Verlagsanstalt.（長尾龍一訳『リヴァイアサン――近代国家の生成と挫折』福村出版, 一九七二年）

Secretan, Catherine. 1987. La réception de Hobbes aux Pays-Bas au XVIIe siècle, dans *Studia Spinozana 3, Spinoza and Hobbes*, Walther & Walther.

Steffen, Hermann. 1968. *Recht und Staat im System Spinozas*, H. Bouvier

Strauss, Leo. 1930. *Die Religionskritik Spinozas als Grundlage seiner Bibelwissenschaft : Untersuchungen zu Spinozas theologisch-politischen Traktat*, Akademie-Verlag ; translated by E. M. Sinclair, *Spinoza's Critique of Religion*, Schocken Books, 1965.

1965. *Hobbes' politische Wissenschaft*, Hermann Luchterhand（添谷育志, 谷喬夫, 飯島昇藏訳『ホッブズの政治学』みすず書房, 一九九〇年）

高野清弘. 1990.『トマス・ホッブズの政治思想』御茶の水書房.

多木浩二. 1989.『絵で見るフランス革命――イメージの政治学』, 岩波新書.

田中浩. 1982.『ホッブズ研究序説――近代国家論の生誕』改訂増補版, 御茶の水書房, 一九九四年.

田中忠. 1987.「国家と支配権」, 大沼保昭編『戦争と平和の法――フーゴー・グロティウスにおける戦争・平和・正義』東信堂, 一九八七年.

Todorov, Tzvetan. 1982. *La conquête de l'Amérique: la question de l'autre*, Seuil.（及川馥, 大谷尚文, 菊地良夫訳『他者の記号学――アメリカ大陸の征服』法政大学出版局, 一九八六年）

Toland, John. 1999. Spinoza's Groundless System, in *Spinoza: Eighteenth and Nineteenth-Century Discussions, vol. 1, 1700–1800*, edited and introduced by Wayne I. Boucher, Thoemmes Press.

Tönnies, Ferdinand. 1925. *Thomas Hobbes Leben und Lehre,* Faksimile-Neudruck der 3 vermehrten Auflage, Friedrich Frommann 1971.

豊泉周治. 1995.「国家の政治からライフスタイルの政治へ」, 後藤道夫編『日常世界を支配するもの』大月書店.

Trevor-Roper, H. R. 1959. The General Crisis of the 17th Century, in *Past and Present*, No. 16.（今井宏編訳『十七世紀危機論争』創文社, 一九七五年）

津田晨吾. 1977.「アルトジウスの契約思想――その制度観をめぐって」, 飯坂良明・田中浩・藤原保信編著『社会契約説――近代民主主義思想の源流』, 新評論.

1990.「アルトジウスにおける国家の理論――国民主権と連邦国家」, 田中浩編

『現代世界と国民国家の将来』，御茶の水書房.

Tuck, Richard. 1979. *Natural Rights Theories: Their Origin and Development*, Cambridge University Press.

上野修. 1999.『精神の眼は論証そのもの——デカルト，ホッブズ，スピノザ』学樹書院.

1999.「スピノザ〈神学政治論〉における社会契約と敬虔」『山口大学文学会誌』第四十九巻.

上野喬. 1973.『オランダ初期資本主義研究』御茶の水書房.

Van Daal, J. and Heertje, Arnold. 1992. *Economic Thought in the Netherlands: 1650-1950*, Avebury.

Van der Wee, Herman. 1993. *The Low Countries in the Early Modern World*, translated by Lizabeth Fackelman, Variorum.

Van der Woude, Ad., and de Vries, Jan. 1997. *The First Modern Economy: Success, Failure, and Perseverance of the Dutch Economy, 1500-1815*, Cambridge University Press

Vaughan, C. E. 1925. *Studies in the History of Political Philosophy before and after Rousseau*, Russell & Russell, 1960.

Vaz Dias, A. M. and Van Der Tak, W. G. 1982. *Spinoza : Merchant & Autodidact*, Reprint from Studia Rosenthaliana, vol. XVI, num. 2.

Vernière, P. 1954. *Spinoza et la pensée française avant la Révolution*, Presses Universitaires de France, 1982.

Waldron, Jeremy. 1999. *The Dignity of Legislation*, Cambridge University Press.

Wallerstein, Immanuel. 1980. *The Modern World-System II: Mercantilism and the Consolidation of the European World-Economy, 1600～1750*, Academic Press.（川北稔訳『近代世界システム 1600—1750——重商主義と「ヨーロッパ世界経済」の凝縮』名古屋大学出版会，一九九三年）

1991. *Unthinking Social Science: The Limits of Nineteenth-Century Paradigms*, Polity Press.（本多健吉・高橋章監訳『脱・社会科学』藤原書店 1993 年）

1995. *After Liberalism*, The New Press.

Wallerstein, Immanuel, Arrighi, Giovanni, & Hopkins, Terence K. 1989. *Antisystemic Movements*, Verso.（太田仁樹訳『反システム運動』大村書店，一九九二年）

Walther, Manfred. 1990. Politik, Moralität und Freiheit in der Philosophie Spinozas, in *Selbstbehauptung und Anerkennung : Spinoza-Kant-Fichte-Hegel*, Academia Verlag Sankt Augustin.

Wartofsky, M. 1973. Action and Passion, in *Spinoza: A Collection of Critical Essays*, edited by Marjorie Grene, Doubleday and Anchor.

Watkins, John. 1965. *Hobbes's System of Ideas*, Gower, 1989.（田中浩，高野清弘訳『ホッブズ——その思想体系』未來社，一九八八年）

Weber, Max. 1904-1905. *Die protestantische Ethik und der Geist des Kapitalismus*, Gesammelte Aufsätze zur Religionssoziologie I, J. C. B. Mohr

(Paul Siebeck), 1988.（大塚久雄訳『プロテスタンティズムの倫理と資本主義の〈精神〉』上・下，岩波文庫）

1921. *Das antike Judentum, Die Wirtschaftsethik der Weltreligionen*, Gesammelte Aufsätze zur Religionssoziologie III, J. C. B. Mohr (Paul Siebeck) 1988.（内田芳明訳『古代ユダヤ教』みすず書房，一九六二年）

1922. *Wirtschaft und Gesellschaft. Die Wirtschaft und die gesellshaftlichen Ordnungen und Mächte. Nachlaß*, Bd. V: *Die Stadt*, Herausgegeben von Wilfried Nippel, Gesamtausgabe, Bd. 22, J.C. B. Mohr (Paul Siebeck), 1999.（世良晃志郎訳『都市の類型学』創文社，一九六五年）

Wieacker, Franz. 1952. *Privatrechtsgeschichte der Neuzeit unter besonderer Berücksichtigung der deutschen Entwicklung*, Vandenhoeck & Ruprecht, 1967.（鈴木禄弥訳『近世私法史』創文社，一九六一年）

Wilson, Charles Henry. 1968. *The Dutch Republic and the Civilisation of the Seventeenth Century*, World University Library, Weidenfeld & Nicolson.（堀越孝一訳『オランダ共和国』平凡社，一九七一年）

Winters, J. 1963. *Die 'Politik' des Johannes Althusius und ihre zeitgenössischen Quellen*, Freiburg Verlag Rombach.

Wolfson, Harry A. 1934. *The Philosophy of Spinoza*, Schocken Books, 1969.

Wolin, Sheldon S. 1960. *Politics and Vision: Continuity and Innovation in Western Political Thought*, George Allen & Unwin.（尾形典男，福田歓一，佐々木毅訳『西欧政治思想史 III　マキャヴェリとホッブズ』福村出版，一九七七年）

吉田和弘. 1996.「フロイトとスピノザに関する雑考」『Imago――フロイトと精神分析の現在』二月増刊.

Yovel, Yirmiyahu. 1989. *Spinoza and Other Heretics*, vols. I, II, Princeton University Press.（小岸昭，E. ヨリッセン，細見和之訳『スピノザ異端の系譜』人文書院，一九九八年）

Žižek, Slavoj. *1993. Tarrying with the Negative: Kant, Hegel, and the Critique of Ideology*, Duke University Press.（酒井隆史・田崎英明訳『否定的なもののもとへの滞留』太田出版，一九九八年）

著者略歴
柴田寿子（しばた・としこ）
1955年長野県生まれ。
一橋大学大学院社会学研究科博士課程単位取得。
東京大学大学院総合文化研究科（国際社会科学専攻）教授、学術博士。2009年、逝去。
著書『スピノザと政治的なもの』（共著、平凡社、1995年）
『スピノザの政治思想』（未來社、2000年）
『福祉国家／社会的連帯の理由』（共著、ミネルヴァ書房、2004年）
『グローバル化の行方』（共編著、サイエンス社、2004年）
『リベラル・デモクラシーと神権政治』（東京大学出版会、2009年）
『思想学の現在と未来』（共編著、未來社、2009年）
『EU時代の到来』（共監訳、未來社、2009年）

スピノザの政治思想
——デモクラシーのもうひとつの可能性——

2000年2月28日　初版　第1刷発行
2012年4月25日　　　　第3刷発行

定価（本体5800円＋税）

著　者　柴　田　寿　子
発行者　西　谷　能　英

発行所　株式会社　未　來　社
〒112-0002　東京都文京区小石川3-7-2
電話 03-3814-5521㈹　振替 00170-3-87385
URL: http://www.miraisha.co.jp/
Email: info@miraisha.co.jp

印刷＝精興社／製本＝榎本製本
ISBN 978-4-624-30097-5 C0033

クーペルス・カンデル編　田中・柴田監訳
EU時代の到来——ヨーロッパ・社会福祉・社会民主主義　四八〇〇円

田中浩編
思想学の現在と未来　二四〇〇円

ロディス＝レヴィス　飯塚勝久訳
デカルト伝　四八〇〇円

ワトキンス　田中・高野訳
ホッブズ——その思想体系　三八〇〇円

シュミット　田中・原田訳
独裁——近代主権論の起源からプロレタリア階級闘争まで　二八〇〇円

シュミット　田中・原田訳
政治的なものの概念　一三〇〇円

シュミット　田中・原田訳
政治神学　一八〇〇円

シュミット　田中・原田訳
大統領の独裁　一八〇〇円

シュミット　田中・原田訳
合法性と正当性　一八〇〇円

ピアソン　田中・神谷訳
曲がり角にきた福祉国家　三八〇〇円

（価格は税別）